古典文獻研究輯刊

二　編

潘美月・杜潔祥　主編

第 5 冊

陳振孫之經學及其《直齋書錄解題》經錄考證（下）

何廣棪　著

國家圖書館出版品預行編目資料

陳振孫之經學及其《直齋書錄解題》經錄考證（下）／何廣棪
著 — 初版 — 台北縣永和市：花木蘭文化出版社，2006〔民
95〕

目 12 +212 面：19×26 公分（古典文獻研究輯刊 二編；第 5 冊）

ISBN：986-7128-25-7（下冊：精裝）

1.（宋）陳振孫－學術思想－經學 2. 藏書目錄－中國－南宋
（1127-1279）3. 經學－目錄－研究與考訂

018.8524　　　　　　　　　　　　　　　　95003524

ISBN 986712825-7

古典文獻研究輯刊
二 編 第五 冊　　　　　　　　　ISBN：986-7128-25-7

陳振孫之經學及其《直齋書錄解題》經錄考證（下）

作　　者　何廣棪
主　　編　潘美月　杜潔祥
企劃出版　北京大學文化資源研究中心
出　　版　花木蘭文化出版社
發 行 所　花木蘭文化出版社
發 行 人　高小娟
聯絡地址　台北縣永和市中正路五九五號七樓之三
　　　　　電話：02-2923-1455／傳眞：02-2923-1452
電子信箱　sut81518@ms59.hinet.net
初　　版　2006 年 3 月
定　　價　二編 20 冊（精裝）新台幣 31,000 元

陳振孫之經學及其《直齋書錄解題》經錄考證(下)

何廣棪　著

目錄

下冊

禮　類

古禮經十七卷、古禮注十七卷

《古禮經》十七卷、《古禮注》十七卷，漢大司農北海鄭康成撰。相傳以爲高堂生所傳者也。

　　廣桉案：《漢書》卷三十〈藝文志〉第十〈六藝略・禮〉曰：「漢興，魯高堂生傳《士禮》十七篇。」是則《古禮經》即《士禮》，十七卷即十七篇，蓋以一篇爲一卷也。今人張舜徽《漢書藝文志通釋》二〈六藝略〉（四）〈禮〉「《經》七十篇」條曰：「漢人稱此十七篇爲《士禮》，今之《儀禮》是已。其篇目爲〈士冠禮〉第一，〈士昏禮〉第二，〈士相見禮〉第三，〈鄉飲酒禮〉第四，〈鄉射禮〉第五，〈燕禮〉第六，〈大射〉第七，〈聘禮〉第八，〈公食大夫禮〉第九，〈覲禮〉第十，〈喪服〉第十一，〈士喪禮〉第十二，〈既夕禮〉第十三，〈士虞禮〉第十四，〈特牲饋食禮〉第十五，〈少牢饋食禮〉第十六，〈有司徹〉第十七。此十七篇所言，乃十七件儀文禮節。惟冠、昏、喪、相見爲士禮，餘皆天子、諸侯、卿大夫之制。禮儀繁縟，不勝煩勞；文辭簡奧，尤難理解。自韓愈已苦難讀，故誦習之者甚少，注說之者尤稀。舊注之存於今者，以鄭玄《注》爲最古矣。此書首三篇篇題皆冠以『士』字，故漢人即名之曰《士禮》。漢後學者睹十七篇中有儀有禮，遂合稱《儀禮》。名十七篇爲《儀禮》，始見於《晉書・荀崧傳》。今鄭注本亦稱《儀禮》者，乃後人所改題也。」是則《解題》著錄此書作《古禮經》、《古禮注》者，猶存古稱也。

古禮釋文一卷

《古禮釋文》一卷，唐陸德明撰。

　　廣桉案：《經義考》卷一百三十一〈儀禮〉二著錄：「陸氏德明《儀禮釋文》一卷，存。」《古禮》即《儀禮》。《經典釋文》卷第一「注解傳述人」條云：「鄭玄注《儀禮》十七卷。馬融、王肅、孔倫、字敬序，會稽人。東晉廬陵太守，集眾家注。陳銓、不詳何人。裴松之、字士期，河東人，宋太中大夫、西鄉侯。雷次宗、蔡超、字希遠，濟陽人。宋丞相諮議參軍。田僑之、字僧紹，馮翊人。齊東平太守。

劉道拔、彭城人，海豐令。周續之。自馬融以下，並注《喪服》。右《儀禮》。」是德明撰《儀禮釋文》，殆據上述各家。

古禮疏五十卷

《古禮疏》五十卷，唐弘文館學士臨洛廣校案：盧校本作「臨洺」。賈公彥撰。
　　廣校案：《郡齋讀書志》卷第二〈禮類〉著錄：「《儀禮疏》五十卷。右唐賈公彥撰。」書名與《解題》略異。臨洛，盧文弨重輯本作「臨洺」。考《郡齋讀書志》卷第二〈禮類〉「《周禮疏》十二卷」條謂：「公彥，洺州人。」蓋臨洺即洺州。《解題》作「臨洛」者，顯非。

初有齊黃慶、隋李孟悊二家行於世，公彥據以為本而增損之。
　　案：《郡齋讀書志》「《儀禮疏》五十卷」條云：「齊黃慶、隋李孟悊各有《疏義》。公彥刪二《疏》為此書。」《解題》當據《郡齋讀書志》。然《郡齋讀書志》所述，公彥〈自序〉言之更詳，曰：「《儀禮》所註，後鄭而已。其為章疏，則有二家。信都黃慶者，齊之盛德；李孟悊者，隋日碩儒。慶則舉大略小，經註疏陋，猶登山遠望，而近不知；悊則舉小略大，經註稍周，似入室近觀，而遠不察。二家之疏，互有修短，時之所尚，李則為先。」又曰：「今以先儒失路，後宜易塗。故悉鄙情，聊裁此《疏》。未敢專，欲以諸家為本，擇善而從，兼增己義。仍取四門助教李元植詳論可否，僉謀已定，庶可施矣。函丈之儒、青衿之俊，幸以去瑕取玖，得無譏焉。」則公彥之撰此書，固非僅據黃、李二家以為增損，其中亦采及李元植之論。公武、直齋所述，似均有所未周也。

古禮十七卷、釋文一卷、識誤三卷

《古禮》十七卷、《釋文》一卷、《識誤》三卷，永嘉張淳忠甫所校，乾道中，太守章貢曾逮仲躬刻之。首有〈目錄〉一卷，載大、小戴、劉向篇第異同，以古監本、巾箱本、杭細本、嚴本校定，識其誤而為之〈序〉。
　　廣校案：此書《識誤》，《宋史》卷二百二〈志〉第一百五十五〈藝文〉一〈經類・禮類〉著錄：「張淳《儀禮識誤》一卷。」《四庫全書總目》卷二十〈經部〉二十〈禮類〉二「《儀禮識誤》三卷」條辨其誤曰：「其書《宋史・藝文志》作一卷，而陳振孫《書錄解題》作三卷。考淳〈自序〉言：『裒所校之字，次為二

卷，以〈釋文誤字〉爲一卷附其後，總爲三卷。」則〈宋志〉一卷，爲傳寫之誤明矣。」《四庫全書總目》又曰：「是書乃乾道八年兩浙轉運判官直祕閣曾逮刊《儀禮》鄭氏注十七卷、陸氏《釋文》一卷，淳爲之校定，因舉所改字句，彙爲一編。其所引據，有周廣順三年及顯德六年刊行之監本，有汴京之巾箱本，有杭之細字本，嚴之重刊巾箱本，參之以陸氏《釋文》、賈氏《疏》，叢訂異同，最爲詳審。」所考與《解題》相同，而更爲翔實。

謂「高堂生所傳《士禮》爾，今此書兼有天子、諸侯、卿大夫禮，決非高堂所傳。其篇數偶同，自陸德明、賈公彥皆云然」。不知何所據也。_{館臣案：朱}子曰：「張淳所云，不深攷於劉向所定之誤，又不察其所謂《士禮》者，特略舉首篇以名之。其云推而致於天子者，蓋專指冠、昏、喪、祭而言，若燕、射、朝、聘，則士豈有是禮而可推耶？」

　　案：淳〈自序〉曰：「劉歆言高堂生所得獨爲《士禮》。而今《儀禮》乃有天子、諸侯、大夫之禮居其大半，疑今《儀禮》非高堂生之書，但篇數偶同耳。」淳之此說，朱子已斥其非是。朱子曰：「張忠甫疑今《儀禮》非高堂生之書，但篇數偶同爾，此則不深考於劉歆說所訂之誤，又不察其所謂《士禮》者，特略舉首篇以明之。其曰推而致於天子者，蓋專指冠、昏、喪、祭而言，若燕、射、朝、聘，則士豈有是禮而可推耶？」據《經義考》卷一百三十二〈儀禮〉三「《識誤》」條所引。朱子又曰：「《儀禮》，人所罕讀，難得善本，而鄭《注》、賈《疏》之外，先儒舊說多不復見。陸氏《釋文》亦甚疏略。近世永嘉張淳忠甫校定印本，又爲一書以識其誤，號爲精密，然亦不能無舛謬。」再曰：「張忠甫所校《儀禮》甚子細，然卻於〈目錄〉中〈冠禮〉玄端處便錯了，但此本較他本爲最勝。」均同上引。是淳之此書，固爲得失參半。《四庫全書總目》亦謂：「今觀此書，株守《釋文》，往往以習俗相沿之字，轉改六書正體。則朱子所謂不能無舛謬者，誠所未免。然是書存，而古經漢注之訛文脫句藉以考識，舊槧諸本之不傳於今者亦藉以得見崖略；其有功於《儀禮》，誠非淺小。」是《四庫全書總目》乃參考朱子之說而有所申論。以《解題》於淳書未有論評，特多所徵引以資參考。

古禮經傳通解二十三卷、集傳集注十四卷

《古禮經傳通解》二十三卷、《集傳集注》十四卷，朱熹撰。以《古》十七篇爲主，而取《大》、《小戴禮》及他書傳所載繫於《禮》者附入之。二十三卷

已成書，缺〈書數〉一篇。其十四卷草定未刪改，曰《集傳集注》廣校案：盧校本「注」下有「云」字。者，蓋此書初名也。其子在刻之南康，一切仍其舊云。

　　廣校案：朱子〈乞修三禮箚子〉曰：「臣頃在山林，嘗與一二學者訂其說，欲以《儀禮》為經，而取《禮記》及諸經史、雜書所載及於禮者，皆以附於本經之下，具列注疏諸儒之說，略有端緒。」又朱子所作〈題跋〉曰：「《儀禮》是經《禮記》是解《儀禮》。且如《儀禮》有〈冠禮〉，《禮記》便有〈冠義〉；《儀禮》有〈昏禮〉，《禮記》便有〈昏義〉；以至〈燕〉、〈射〉之禮，莫不皆然。蓋《儀禮》，禮之根本；而《禮記》，乃其枝葉。《禮記》本秦漢上下諸儒解釋《儀禮》之書，又有他書附益於其間。今定作一書，先以《儀禮》篇目置於前，而附《禮記》於其後。如〈射禮〉則附以〈射義〉之類。若其餘〈曲禮〉、〈少儀〉又自作一項，以類相從。前賢嘗謂《儀禮》難讀，以經不分章，疏不隨經，而注、疏又各為一書，故讀者不能遽曉。今訂此本，盡去諸弊，恨不得令韓文公見之。」是朱子之編撰此書，全書體例早成竹在胸；《解題》所述，與之俱同，惟較精簡耳。至朱在〈跋〉亦曰：「右家君所著《家禮》五卷、《鄉禮》三卷、《學禮》十一卷、《邦國禮》四卷、《王朝禮》十四卷，今刊於南康道院。其曰《經傳通解》凡二十三卷，蓋先君晚歲之所新定，是為絕筆之書，次第具見於〈目錄〉。惟〈書數〉一篇缺而未補，而〈大射禮〉、〈聘禮〉、〈公侯大夫禮〉、〈諸侯相見禮〉八篇，則猶未脫稿也。其曰《集傳集注》者，此書之舊名也，凡十四卷，為王朝禮，而下〈卜筮篇〉亦缺，餘則先君所草定而未暇刪改者也。今皆不敢有所增益，悉從其稿。」所記與《解題》同而較詳備。直齋所撰，蓋取材於斯也。

古禮經傳續通解二十九卷

《古禮經傳續通解》二十九卷，外府丞長樂黃榦直卿撰。

　　廣校案：此書《宋史》卷二百二〈志〉第一百五十五〈藝文〉一〈經類・禮類〉著錄作「黃幹《續儀禮經傳通解》二十九卷。」然據楊復〈序〉，則其書〈喪禮〉十五卷、〈喪服圖式〉一卷，榦所撰；〈祭禮〉十四卷，書未就而榦即逝，由其門人楊復續成。合共三十卷。《解題》及〈宋志〉作二十九卷者，蓋未計〈喪服圖式〉一卷耳。

榦，朱侍講之高弟，以其子妻之。自號勉齋，因婦翁廕入仕，為吏亦以材稱。

　　案：《宋元學案》卷六十三〈勉齋學案〉曰：「黃榦，字直卿，閩縣人。父瑀，

監察御史，以篤行直道著聞。父歿，往見清江劉氏子澄，奇之，因命受業朱文公。自見文公後，夜不設榻，不解帶，少倦則微坐，一倚或至達曙。後文公以其子妻之。補將仕郎，銓中，授迪功郎，監台州酒務。丁母憂，調監嘉興府石門酒庫，歷通判安豐軍。尋知漢陽軍。以病乞祠，主管武夷沖佑觀。尋知安慶府，至，則金人破光山，乃請於朝，創郡城以備戰守，不俟報而興役。後二年，金人破黃州沙窩諸關，淮東、西皆震，獨安慶安堵如故。舒人德之，相謂曰：『生汝者，黃父也。』制置李珏辟爲參議官，再辭不受。既而朝命與徐僑兩易和州，且令先赴制府稟議。先生即日解印趨制府。先是，先生移書珏，有曰：『今日當先明保伍，立堡砦，蓄馬匹，制軍器，以資其用，不過累月，軍政可成。』珏不能用。……厥後光、黃、蘄相繼失，果如其言，遂力辭去。俄再命知安慶，不就。……未幾，召赴行在所奏事，除大理丞，不拜。爲御史李楠所劾，遂歸里。……俄命知潮州，辭不行。差主管亳州明道宮，踰月，遂乞致仕，特受承議郎。卒，贈朝奉郎，錄其子，諡文肅。」則榦之仕官，非僅至外府丞耳。

始晦庵著《禮書》，〈喪〉、〈祭〉二禮，未及論次，以屬榦續成之。然亦有未備者。

案：朱在〈儀禮經傳通解跋〉曰：「至於〈喪〉、〈祭〉二禮，則嘗以規摹次第屬之門人黃榦，俾之類次。他日書成，亦當相從於此，庶幾此書始末具備。」則朱子實未完成全書。楊復〈續儀禮經傳通解序〉曰：「昔文公朱先生既修家、鄉、邦、國朝禮，以〈喪〉、〈祭〉二禮屬勉齋先生編之。先生伏膺遺訓，取向來〈喪禮〉稿本，精專修改。書成，凡十有五卷。」又曰：「〈喪禮〉一十五卷，前已繕寫。〈喪服圖式〉今別爲一卷，附於正帙之外，以俟君子，亦先生平日之志云。」是榦據朱子稿本精專修改，所成者僅〈喪禮〉十五卷、〈喪服圖式〉一卷耳，〈祭禮〉則未及就。復〈又序〉曰：「嘉定己卯，〈喪禮〉始克成編，以次將修〈祭禮〉。即以其書稿本授曰：『子其讀之。』蓋欲通知此書本末，有助纂輯也。……自此朝披夕閱，不敢釋卷，時在勉齋左右，隨事咨問，抄識以待先生筆削。不幸先生即世，遂成千古之遺憾。……及張侯虙續刊〈喪禮〉，又取〈祭禮〉稿本併刊而存之，以待後之學者。故四方朋友皆有〈祭禮〉稿本，未有取其書而修定之者。復顧何人，敢任其責。伏自念齒髮浸衰，曩日幸有所聞，不可不及時傳述。竊不自揆，據稿本參以所聞，稍加更定，以續成其書，凡十四卷云。」則〈祭禮〉十四卷，乃復據黃榦之稿本續成者也。趙希弁《讀書附志》卷上〈儀注類〉著錄曰：「《儀禮經傳通解續卷祭禮》十四卷。右朱文公編集，而〈喪〉、

〈祭〉二禮未就，屬之勉齋先生。勉齋既成〈喪禮〉，而〈祭禮〉未就，又屬之楊信齋。信齋據二先生稿本，參以舊聞，定爲十四卷，爲門八十一。鄭逢辰爲江西倉，進其本於朝。信齋，福州人，名復，字茂才。書既奏，贈文林郎。」是《古禮經傳續通解》二十九卷撰成經過，諸家所言均甚備悉。特略予纂述，以補《解題》之未及。

集釋古禮十七卷、釋宮一卷、綱目一卷

《集釋古禮》十七卷、〈釋宮〉一卷、《綱目》一卷，盧陵李如圭寶之撰。淳熙_{廣校案：盧校本作「紹興」。盧校注：「聚珍本分爲三十卷，以朱子嘗與校定《禮書》，因謂當是紹熙癸丑進士。」}癸丑進士。_{館臣案：《文獻通攷》作紹興癸丑進士。}嘗爲福建撫幹。

廣校案：宋孝宗淳熙紀年無癸丑，故《文獻通考》卷一百八十〈經籍考〉七〈經‧禮〉同書條引「陳氏曰」，改爲「紹興癸丑」。然亦誤也。《四庫全書總目》曾考之曰：「《儀禮集釋》三十卷，《永樂大典》本。宋李如圭撰。如圭字寶之，盧陵人。官至福建路撫幹。考《文獻通考》引宋《中興藝文志》曰：『《儀禮》既廢，學者不復誦習。乾道間有張淳始訂其僞，爲《儀禮識誤》。淳熙中，李如圭爲《集釋》，出入經傳；又爲《綱目》，以別章句之旨；爲〈釋宮〉，以論宮室之制。朱熹嘗與之校定《禮書》，蓋習於《禮》者。』云云，則如圭當與朱子同時，而陳振孫《書錄解題》言如圭淳熙癸丑進士《文獻通考》引振孫語，又作紹興癸丑進士。考淳熙紀元凡十六年，中間實無癸丑。紹興癸丑爲高宗改元之三年，朱子校定《儀禮》乃在晚歲，疑當爲紹熙癸丑，陳氏、馬氏並譌一字也。」_{卷二十〈經部〉二十〈禮類〉二。}是《四庫全書總目》所考甚當。《宋元學案》卷六十九〈滄洲諸儒學案〉上「撫幹李先生如圭」條云：「李如圭，字寶之，盧陵人。紹熙癸丑進士，福建撫幹。文公與之校定《禮經》。所著有《集釋古經》十七卷、〈釋宮〉一卷、《儀禮綱目》一卷。_{鶴山}_{廣校案：即魏了翁。}_{稱其密緻，而惜其鄭、賈之言是信。補。}」則《宋元學案》亦作「紹熙癸丑進士」。如依《通考》以紹興三年爲如圭成進士之年，其遞至紹熙四年癸丑歲，年齒已過八十，恐無如許精力與朱子校定《禮書》，況能編撰《集釋古禮》十七卷乎？端臨改作「紹興癸丑」者，蓋未深考耳。此書《四庫全書》本稱《儀禮集釋》，且更作三十卷《四庫全書總目》謂：「如圭舊本本十七篇，篇自爲卷。其間文句稍繁者，篇頁太多，難於分帙，今析之得三十卷。」_{同上引。}如此分卷，似無甚根據也。

〈釋宮〉者，經所載堂室、門庭，今人所不曉者，一一釋之。

　　案：《四庫全書總目》曰：「《儀禮釋宮》一卷《永樂大典》本。宋李如圭撰。如圭既爲《儀禮集釋》，又爲是書以考論古人宮室之制，仿《爾雅·釋宮》，條分臚序，各引《經》、《記》、《注》、《疏》，參考證明。如據〈顧命〉東西序、東西夾、東西房之文，證寢廟之制異於明堂，而不用〈鄭志〉成王崩在鎬京，宮室因文、武不改作，故制同諸侯之說。注：案〈鄭志〉此條見〈顧命〉孔《疏》。又如大夫、士東房西室之說，雖仍舊《注》，而據〈聘禮〉賓館於大夫、士，證其亦有右房。據〈鄉飲酒〉及〈少牢饋食〉，證大夫、士亦有左房、東房之稱，與天子、諸侯言左對右，言東對西者同。其辨析詳明，深得經意，發先儒之所未發，大抵類此，非以空言說《禮》者所能也。」同上引。可見此書之撰作體例一仿《爾雅》，而其成就蓋有突過前人者，非僅以「今人所不曉者，一一釋之」爲其標的也。

周禮十二卷、周禮注十二卷

《周禮》十二卷、《周禮注》十二卷，漢鄭康成撰。案〈藝文志〉：《周官經》六篇，本注云：「王莽時劉歆置博士。」顏師古曰：「即今之《周禮》廣棪案：應作〈周官〉禮。也，亡其〈冬官〉，以〈考工記〉足之。」愚嘗疑《周禮》六典與《書·周官》不同。司徒掌邦教，敷五典，擾兆民；司空掌邦土，居四民，時地利。二官各有攸司。蓋自唐、虞九官，禹、契所職，則已然矣。今〈地官〉於教事殊略，而田野、井牧、鄉遂、稼穡之事，殆皆司空職耳。〈周官〉初無邦事之名，今所謂事典者，未知定爲何事？書缺亡而以〈考工記〉足之。天下之事，止於百工而已耶？先儒固有疑於是書者，若林存孝廣棪案：盧校本作「林孝存」。以爲武帝知《周官》末世瀆亂不經之書，作十論七難以排棄之。何休亦以爲六國陰謀之書，甚者或謂劉歆附益以佐王莽者也。惟鄭康成博覽，以爲周公致太平之迹，故其學遂行於世。愚案此書多古文奇字，名物度數，可考不誣。其爲先秦古書似無可疑。

　　廣棪案：此條引〈漢志〉顏師古曰「即今之〈周官〉禮也」，脫「官」字。又「林孝存」誤作「林存孝」。皆須改正。至直齋之「疑《周禮》六典與《書·周官》不同」；又謂：「今〈地官〉於教事殊略，而田野、井牧、鄉遂、稼穡之事，殆皆司空職耳。」又謂《周禮》「其爲先秦古書似無可疑」。皆深有所見，足信不誣。惟此條所述，乃多據賈公彥說。公彥〈周禮正義序〉曰：「〈周官〉，孝武之

時始出，祕而不傳。……至孝成皇帝，達才通人劉向子歆校理祕書，始得列序著於《錄》、《略》。然其亡其〈多官〉一篇，以〈考工記〉足之。時眾儒並出，共排以爲非是。唯歆獨識，其年尚幼，務在廣覽博觀，又多銳精於《春秋》，末年乃知周公致太平之迹具在斯。」又曰：「《周禮》起於成帝劉歆，而成於鄭玄，附離之者大半。故林孝存以爲武帝知《周官》末世瀆亂不驗之書，故作十論七難以排棄之。何休亦以爲六國陰謀之書。唯有鄭玄遍覽群經，知《周禮》者，乃周公致太平之迹，故能答林碩之論難，使《周禮》義得條通。」兩相比勘，《解題》據公彥〈序〉以立說者甚明。

愚所疑者，邦土、邦事灼然不同，其他繁碎駁雜，與夫劉歆、王安石一再用之而亂天下，猶未論也。

案：《解題》卷二〈禮類〉「《周禮疏》五十卷」條亦有「而其大可疑者，則邦土、邦事之不同也」之說，與此同。至《周禮》之「繁碎駁雜」，用之足以亂天下，直齋未有所論，馬端臨《文獻通考》卷一百八十〈經籍考〉七〈經·禮〉「《周禮》十二卷」條則嘗論之曰：「《周禮》一書，先儒信者半，疑者半。其所以疑之者，特不過病其官冗事多，瑣碎而煩擾耳。然愚嘗論之，經制至周而詳，文物至周而備，有一事必有一官，毋足怪者。有如閽、閣、卜、祝，各設命官；衣、膳、泉、貨，俱有司屬。自漢以來，其規模之瑣碎，經制之煩密，亦復如此，特官名不襲六典之舊耳，固未見其爲行《周禮》，而亦未見其異於《周禮》也。獨與百姓交涉之事，則後世惟以簡易闊略爲便，而以《周禮》行之，必至於厲民而階亂。王莽之王田、市易，介甫之青苗、均輸是也。後之儒者見其效驗如此，於是疑其爲歆、莽之僞書而不可行；或以爲無〈關雎〉、〈麟趾〉之意則不能行。愚俱以爲未然。」謹錄之以備參考。

康成之學，出於扶風馬融，而參取杜子春、鄭大夫、鄭司農之說。子春，河南緱氏人，生漢末，至永平初尚在，年九十餘。鄭眾、賈逵皆受業焉。大夫者，河南鄭興少贛也；司農者，鄭眾仲師，興之子也。融字季長。

案：賈公彥〈序周禮興廢〉曰：「至孝成皇帝，達才通人劉向子歆，校理秘書，始得列序著于《錄》、《略》，然亡其〈多官〉一篇，以〈考工記〉足之。時眾儒並出共排，以爲非是。唯歆獨識，其年尚幼，務在廣覽博觀；又多銳精于《春秋》，末年乃知周公致太平之迹，迹具在斯。奈遭天下倉卒，兵革並起，疾疫喪荒，弟子死喪，徒有里人河南緱氏杜子春尚在，永平之初，年且九十，家于南山，能通其讀，頗識其說。鄭眾、賈逵往受業焉。」又曰：「鄭玄〈序〉云：『世

祖以來，通人達士、大中大夫鄭少贛名興，及子大司農仲師名眾，故議郎衛次仲，侍中賈君景伯，郡太守馬季長皆作《周禮解詁》。』又云：『玄竊觀二三君子之文章，顧省竹帛之浮辭，其所變易，灼然如晦之見明；其所彌縫，奄然如符復析，斯可謂雅達廣攬者也。然猶有參錯、同事相違，則就其原文字之聲類，考訓詁，捃祕逸。謂二鄭者，同宗之大儒，明理于典籍，牾識皇祖大經、〈周官〉之義，存古字，發疑正讀，亦信多善，徒寡且約，用不顯傳于世。今讚而辨之，庶成此家世所訓也。』」是《解題》多本賈說所引鄭玄〈序〉文，惟中漏脫衛宏次仲之名，則失慎也。至玄之注《周禮》，多據二鄭《解詁》，以成其「家世所訓」《解題》亦未及之，蓋未嘗深稽玄〈序〉之旨矣。

周禮釋文二卷

《周禮釋文》二卷，唐陸德明撰。

　　廣棪案：《經義考》卷一百二十一〈周禮〉二著錄：「陸氏德明《周禮釋文》卷二，存。」與《解題》同。《經典釋文》卷第一〈注解傳述人〉曰：「馬融注〈周官〉十二卷，鄭玄注十二卷，王肅注十二卷，干寶注十三卷。右《周禮》。」是德明《周禮音義》上下二卷，殆參馬、鄭諸人之作而撰成。

周禮疏五十卷

《周禮疏》五十卷，唐賈公彥撰。

　　廣棪案：此書《四庫全書》本稱《周禮注疏》，四十二卷。《四庫全書總目》曰：「《周禮注疏》四十二卷，內府藏本。漢鄭玄注，唐賈公彥疏。……鄭《注》，〈隋志〉作十二卷；賈《疏》文繁，乃析為五十卷；〈新〉、〈舊唐志〉同。今本四十二卷，不知何人所併。」卷十九〈經部〉十九〈禮類〉一。《四庫全書》本雖分卷不同，而內容應無所異。

其〈序周禮廢興〉：「起於成帝劉歆，而成於鄭康成。」又言：「鄭眾以為《書‧周官》，即此〈周官〉也，失之矣。」《書》止一篇《周禮》乃六篇，文異數萬，非《書》類。是則然矣。但《周禮》六官，實本於〈周官〉，〈周官〉舉其凡，《周禮》詳其目，鄭眾之說，未得為失。而其大可疑者，則邦土、邦事之不同也。

案：賈公彥〈序周禮廢興〉云：「其名《周禮》爲《尚書‧周官》者，周天子之官也。〈書序〉曰：『成王既黜殷命，滅淮夷遷歸，在豐作〈周官〉。』是言蓋失之矣。案《尚書》〈盤庚〉、〈康誥〉、〈說命〉、〈泰誓〉之屬，三篇〈序〉皆云：某作若干篇。今多者不過三千言。又《書》之所作，據時事爲辭，君臣相誥命之語。作〈周官〉之時，周公又作〈立政〉，上下之別，正有一篇。《周禮》乃六篇，文異數萬，終始辭句，非《書》之類，難以屬之。時有若茲，焉得從諸？又云：斯道也，文、武所以綱紀周國，君臨天下。周公定之，致隆平龍鳳之瑞。然則《周禮》起於成帝劉歆，而成于鄭玄，附離之者大半。……故鄭氏《傳》曰：『玄以爲括囊大典，網羅眾家，是以《周禮》大行後王之法。』《易》曰：『神而化之，存乎其人。』此之謂也。」《解題》所述大略據此。然直齋以鄭眾謂《周禮》六官本《書‧周官》，「未得爲失」，則顯與公彥之說不同。

《館閣書目》案：「〈藝文志〉謂之《周官經》，此《禮記》所謂經禮者是也。」〈志〉有《周官經》六篇、《傳》四篇，但曰經傳云爾，迺便以爲經禮，尤爲可笑。

案：近人趙士煒〈中興館閣書目輯考〉已不見此條。《館閣書目》視《周禮》爲經禮，直齋不以爲然。蓋《漢書》卷三十〈藝文志〉第十〈六藝略‧禮〉僅著錄：「《周官經》六篇。」又：「《周官傳》四篇。」但云經傳，若便以爲經禮，實有未當也。

《廣川藏書志》云：「公彥此《疏》，據陳邵《異同評》及沈重《義疏》爲之，二書並見〈唐藝文志〉，今不復存。」

案：《隋書》卷三十二〈經籍志〉著錄：「《周官禮異同評》十二卷，晉司空長史陳劭撰。」又曰：「《周官禮義疏》四十卷，沈重撰。」《舊唐書》卷四十六〈經籍〉上著錄：「《周官論評》十二卷，陳邵駁，傅玄評。」又曰：「《周禮義疏》四十卷，沈重撰。」《唐書》卷五十七〈藝文志〉著錄：「傅玄《周官論詳》十二卷，陳邵駁。」又曰：「沈重《周禮義疏》四十卷。」是陳、沈之書，雖兩〈唐志〉均有著錄，《廣川藏書志》與《解題》似仍應提及〈隋志〉爲是。且兩〈唐志〉著錄書名亦異，其書名應以〈隋志〉爲準。至陳邵之名，〈隋志〉作「劭」，小注：「晉司空長史。」考《晉書》卷九十一〈列傳〉第六十一〈儒林〉有陳邵之傳，謂：「陳邵字節良，東海襄賁人，以儒學徵。爲陳留內史，累遷燕王師，撰《周禮評》，甚有條貫，行於世。」應同是一人，其名應作「邵」，〈隋志〉誤。

周禮新義二十二卷

《周禮新義》二十二卷，王安石撰。其〈序〉言：「自周衰至今，歷載千數，而太平之遺迹，掃蕩殆盡，學者所見，無復全經。於是時，乃欲訓而發之，臣誠不自揆，知其難也。館臣案：『自周衰』以下七句，原本脫漏，今據《文獻通考》補入。以訓而發之之爲難，又知夫立政造事，追而復之之爲尤難也。」

　　廣校案：《永樂大典》本《解題》所引安石此〈序〉數語，頗有漏脫《四庫全書》館臣乃據《文獻通考》補之。惟中間文字與今見安石原〈序〉仍有異同。安石之〈序〉，《經義考》亦未載，以其〈序〉與考證此書編撰之旨關係殊密，特逐錄之，俾作參考。其〈序〉曰：「士弊於俗學久矣，聖上閔焉，以經術造之。乃集儒臣訓釋厥旨，將播之學校，而臣某實董《周官》。唯道之在政事，其貴賤有位，其後先有序，其多寡有數，其遲速有時。制而用之存乎法，推而行之存乎人。其人足以任官，其官足以行法，莫盛乎成周之時。其法可施於後世，其文有見於載籍，莫具於《周官》之書。蓋其因習以崇之，賡續以終之，至於後世，無以復加，則豈特文、武、周公之力哉！猶四時之運，陰陽積而成寒暑，非一日也。自周之衰，以至於今，歷歲千數百矣，太平之遺蹟，掃蕩幾盡，學者所見，無復全經。於是時也，乃欲訓而發之，臣誠不自揆，然知其難也。以訓而發之之爲尤難，則又以知夫立政造事，追而復之之爲難。然竊觀聖上致法就功，取成於心，訓迪在位，有馮有翼，亹亹乎鄉六服承德之世矣！以所觀乎今，考所學乎古，所謂見而知之者。臣誠不自揆，妄以爲庶幾焉，故遂冒昧自竭，而忘其材之弗及也。謹列其書爲二十有二卷，凡十餘萬言。上之御府，副在有司，以待制詔頒焉。」原〈序〉與《解題》所引，文字殊有不同，宜相互校補以是正焉。

新法誤國，於此可推其原矣。

　　案：南宋高、孝之世，群儒多抨擊安石，直齋亦自未免。此謂安石以新法誤國，而推原於《周禮》。晁公武《郡齋讀書志》「《新經周禮義》二十二卷」條亦曰：「至於介甫，以其書理財者居半，愛之，如行青苗之類皆稽焉，所以自釋其義者，蓋以其所創新法盡傅著之，務塞異議者之口。」卷第二〈禮類〉。所見類乎直齋。然皆不無偏激之辭。《四庫全書總目》「《周官新義》十六卷附《考工記解》二卷」條曰：「安石以《周禮》亂宋，學者類能言之；然《周禮》之不可行於後世，微特人人知之，安石亦未嘗不知也。安石之意，本以宋當積弱之後，而欲濟之以富強；又懼富強之說必爲儒者所排擊，於是附會經義，以鉗儒者之口，

實非眞信《周禮》爲可行。迨其後,用之不得其人,行之不得其道,百弊叢生,而宋以大壞,其弊亦非眞緣《周禮》以致誤。羅大經《鶴林玉露‧詠安石放魚詩》曰:『錯認蒼姬六典書,中原從此變蕭疏。』是猶爲安石所紿,未究其假借《六藝》之本懷也。因是而攻《周禮》,因是而攻安石所注之《周禮》,是寬其影附之巧謀,而科以迂腐之薄譴矣。故安石怙權植黨之罪,萬萬無可辭,安石解經之說,則與所立新法各爲一事。程子取其《易解》,朱子、王應麟均取其《尚書義》,所謂言各有當也。今觀此書,惟訓詁多用《字說》,病其牽合;其餘依經詮義,如所解八則之治都鄙,八統之馭萬民,九兩之繫邦國者,皆具有發明,無所謂舞文害道之處,故王昭禹、林之奇、王與之、陳友仁等注《周禮》,頗據其說。」卷十九〈經部〉十九〈禮類〉一。是《四庫全書總目》之分析深入肯綮,所論較晁、陳爲圓融矣。惟《四庫全書總目》所據之《周官新義》爲《永樂大典》本,故卷數與《解題》不同。

熙寧八年,詔頒之國子監,且置之義解之首。其解止於〈秋官〉,不及〈考工記〉。

案:《郡齋讀書志》曰:「熙寧中,設經義局,介甫自爲《周官義》十餘萬言,不解〈考工記〉。」惟《四庫全書總目》則曰:「安石本未解〈考工記〉,而《永樂大典》乃備載其說,據晁公武《讀書志》,蓋鄭宗顏輯安石《字說》爲之,以補其闕。今亦並錄其解,備一家之書焉。」然《四庫全書總目》此說,殊不足盡信。今人孫猛《郡齋讀書志校證》云:「館臣所稱《讀書志》云云,不見衢、袁二本,蓋誤記。《經義考》卷一二九有鄭宗顏《考工記注》一卷,朱彝尊云:『葉氏《菉竹堂》作《周禮講義》,合王荊公《講義》共一卷。』《大典》輯本所據當即此本。」是則《四庫全書》本所附之《考工記解》二卷,乃鄭宗顏所撰,與安石無關,館臣不察,誤隸安石矣。

周禮中義八卷

《周禮中義》八卷,祠部員外郎長樂劉彝執中撰。彝,諸經皆有《中義》。

廣棪案:此書《宋史》卷二百二〈志〉第一百五十五〈藝文〉一〈經類‧禮類〉著錄作「劉彝《周禮中義》十卷」。彝任祠部員外郎,《宋史》本傳及《宋元學案》卷一〈安定學案〉「知州劉先生彝」條均未載。《解題》卷十三〈醫書類〉著錄:「《正俗方》一卷,知虔州長樂劉彝執中撰。」所記官職與此條相異,故

《宋元學案》亦稱彝爲「知州」。又考王安石《臨川集》卷四十有〈舉屯田員外郎劉彝狀〉，則彝所任者乃屯田員外郎，而非祠部員外郎。或直齋另有所本耶？檢王應麟《困學紀聞》卷四〈周禮〉載：「遂人治野，乃鄉遂公邑之制。匠人溝洫，乃采地之制。……劉氏《中義》以匠人溝洫，求合乎遂人治野之制，謂遂人言積數，匠人言方法。然《周禮》、〈考工〉，各爲一書。」是應麟有評及彝書之欠允者。《宋史》本傳載彝有《七經中義》一百七十卷，與《解題》所說合。

周禮詳解四十卷

《周禮詳解》四十卷，王昭禹撰。未詳何人。

　　廣棪案：《經義考》引王與之曰：「昭禹，字光遠，有《周禮詳解》，用荊公而加詳。」卷一百二十二「王氏昭禹《周易詳解》」條。《四庫全書總目》曰：「王與之作《周禮訂義》，類編姓氏世次，列於龜山楊時之後，曰字光遠，亦不詳其爵里，當爲徽、欽時人。」卷十九〈經部〉十九〈禮類〉一「《周禮詳解》四十卷」條。可略補《解題》所未及。

近世爲舉子業者多用之，其學皆宗王氏新說。

　　案：《宋元學案》卷九十八〈荊公新學略〉「王先生昭禹」條有全謝山〈題王昭禹周禮詳解跋〉，曰：「荊公《三經》，當時以之取士，而祖述其說以成書者，耿南仲、龔深父之《易》，方性夫、陸農師之《禮》，于今皆無完書。其散見諸書中，皆其醇者也。獨王光遠《周禮》至今無恙，因得備見荊公以《字說》解經之略。荊公《周禮》存于今者五官，缺〈地〉、〈夏〉二種，得光遠之書，足以補之。嘗笑孔穎達于康成依阿過甚，今觀此書亦然。」是此書確有依阿王說者，惟於王說散佚之餘，則反足補王書之所缺。然此書亦有不盡同於安石者。《四庫全書總目》「《周易詳解》四十卷」條曰：「然其發明義旨，則有不盡同於王氏之學者。如解『泉府以國服爲之息』云：『各以其所服國事賈物爲息，若農以粟米，工以器械，皆以其所有也。周之衰，不能爲民正田制地，稅斂無度，又從而貸之，則凶年饑歲無以爲償矣。下無以償，上之人又必責之，則稱貸之法，豈特無補於民哉！求以國服爲之息，恐收還其母而不得。』蓋已睹青苗之弊，而陰破其說矣。至其闡發經義，有足訂《注》、《疏》之誤者，如解『載師里布屋粟』，謂：『國宅無征，民居有征無布，以其不毛，使之有里布。民出耕在田廬，入居在里，其屋有田以出粟。今不耕田，則計屋而斂之，謂之屋粟。』不從先儒以

里布爲二十五家之泉，屋粟爲三夫之粟。又解『近郊十一，遠郊二十，而三甸稍縣都皆無過十二』，固當時正役，後因遠近劇易而制云云，皆爲先儒所未發。」是則此書固未盡宗安石之新說，且有貢獻於《周禮》經義之闡發者。

周禮講義四十九卷

《周禮講義》四十九卷，林之奇撰。

廣梭案：《經義考》卷一百二十二〈周禮〉三著錄：「林氏之奇《周禮講義》，《訂義》作《全解》。《玉海》三十九卷，未見。」又引王與之曰：「三山林之奇，字少穎，有《周禮全解》，祖荊公、昭禹所說。」則此書據王與之《周禮訂義》所述，其書名爲《周禮全解》；而據王應麟《玉海》所記，則卷數作三十九卷。其書朱彝尊亦未見，難考證其詳矣。

周禮說三卷

《周禮說》三卷，中書舍人永嘉陳傅良君舉撰。曰〈格君心〉、〈正朝綱〉、〈均國勢〉，各四篇。

廣梭案：此書《讀書附志》卷上〈經解類〉著錄：「《周禮說》三卷，右朝奉郎祕書少監陳傅良所進也。舊刊于《止齋文集》中，曹叔遠別爲一書而刻之，且爲之說。」惟《宋史》卷二百二〈志〉第一百五十五〈藝文〉一〈經類·禮類〉則作一卷。疑誤。傅良〈進周禮說序〉曰：「王道至於周備矣！文、武、周公、成、康之心，考其行，尚多見於《周禮》一書。而熙寧用事之臣，經術舛駁，顧以《周禮》一書理財居半之說，售富強之術。凡開基立國之道，斲喪殆盡，而天下遂日多故。老生宿儒發憤推咎，以是爲用《周禮》之禍，詆排不遺力。幸以進士舉猶列於學官。至論王道不行，古不可復，輒以熙寧嘗試之效藉口，則論著誠不得已也。故有〈格君心〉、〈正朝綱〉、〈均國勢〉各四篇。」據此〈序〉，可藉窺傅良撰作之旨。傅良，《宋史》卷四百三十四〈列傳〉第一百九十三〈儒林〉四有傳。其〈傳〉載：「陳傅良字君舉，溫州瑞安人。……紹熙三年，除起居舍人。明年，兼權中書舍人。」是此書撰於宋光宗紹熙四年（1193）時或略後。永嘉即溫州。

周禮井田譜二十卷

《周禮井田譜》二十卷，進士會稽夏休撰。紹興時表上之。淳熙中樓鑰刻之，永嘉陳止齋為之〈序〉。

廣棪案：樓鑰刻此書，有〈後序〉，曰：「會稽夏君休，以篤學名於鄉。紹興間有旨，郡給筆札，錄其所著書以進。郡出錢百萬，就姚江置局謄寫，凡千卷。《春秋》、《易》有〈解〉，《曆》有《書》，予從其孫婿袁起宗鼎得其《周禮井田譜》讀之。井田之廢久矣，林勛本《政書》最為有志於古，然僅載田制，他書亦未有如此之詳且明者。井邑丘甸，寓兵於民，凡出於井田者，無不毫分縷析，又皆圖以示人，如指諸掌。孟子曰：『夫仁政必自經界始，此先王經國之本也。』故為廣其傳，思與學者共講之。……夏君年八十餘，無一日不著書，其精且博如此。以上書補官，一試吏而止，不得少見於施用為可憾云。」則休之書與其為人可知。陳傅良止齋亦有〈序〉，曰：「夏君休所著《井田譜》，亦有志矣。鄭氏井邑若畫棋然，蓋祖〈王制〉。〈王制〉晚雜出。漢文帝時，以海內盡為九州，州必方千里，千里必為國二百一十。其後班固《食貨志》亦謂井方一里八家，各私田百畝，公田十畝，是為八百八十畝，為廬舍蓋二畝半云。凡若此，夏君皆不取，漢以來諸儒鮮或知之者。其說畿內廣成萬步謂之都，不能成都謂之鄙；雖不能鄙，即成縣者，與之為縣；成甸者，與之為甸。至一丘一邑盡然。以其不能成都，成鄙，故謂之閒田；以其不可為軍，為師，而無所專係，故謂之閒民。鄉遂市官，皆小者兼大者；他亦上下相攝，備其數，不必具其員。歲登下民數，於是損益之，是謂相除之法。皆通論也。餘至纖至悉，雖泥於數度，未必皆叶；然其意，要與時務合，不為空言。去聖人遠《周禮》一書尚多三代經理遺蹟，世無覃思之學，顧以說者謬，嘗試者復大謬，乃欲一切駁盡為慊。苟得如《井田譜》與近時所傳林勛本《政書》者數十家，各致其說；取其通如此者，去其泥不通如彼者，則周制可得而考矣！」讀傅良〈序〉，可審悉休書內容之仿佛矣。

休有《破禮記》二十卷，未見。

案：《中興藝文志》曰：「夏休以《禮記》多漢儒雜記，於義有未安者，乃援《禮經》以破之。然〈中庸〉、〈大學〉，實孔氏遺書也。」《經義考》卷一百四十二〈禮記〉五「夏氏休《破禮記》」條引。衛湜曰：「紹興間進士夏休撰《破禮記》二十卷，斷章析句，妄加譏詆，〈中庸〉、〈大學〉猶且不免，其不知量甚矣。」同上引。則休之此書，蓋援《儀禮》以破《禮記》，然頗不慊於時人之論也。

周禮丘乘圖說一卷

《周禮丘乘圖說》一卷，項安世撰。

　　廣棪案：《經義考》卷一百二十九《周禮》十著錄：「項氏安世《周禮丘乘圖說》，〈宋志〉一卷，未見。」此書彝尊亦未見，殆無可考矣。

周禮說五卷

《周禮說》五卷，黃度撰。不解〈考工記〉。

　　廣棪案：此書《經義考》稱作「黃氏《周禮五官說》」，卷一百二十九〈周禮〉十。其書名與《解題》不同。葉適爲此書撰〈序〉，有「新昌黃文叔始述五官，而爲之說」之語，蓋以不解〈考工記〉，故書名乃作《周禮五官說》耶？

葉水心序之。

　　案：葉適〈序〉曰：「〈周官〉晚出，而劉歆遽行之，大壞矣，蘇綽又壞矣，王安石又壞矣！凡千四百年，更三大壞，而是書所存無幾矣！《詩》、《書》、《春秋》，皆孔子論定，孟軻諸儒相與弼承，世不能知，而信其所從。井冽于遂，眾酌飲焉惟其量爾，故治雖不足，而書有餘也。孔子未嘗言《周官》，孟子亦以爲不可得聞。一旦驟至，如奇方大藥，非黃帝、神農所名，無制使服食之法；而庸夫、鄙夫妄咀吞之，不眩亂顛錯幾希。故用雖有餘，而書不足也。雖然，以余考之，周之道固莫聚于此書，他經其散者也；周之籍固莫切于此書，他經其緩者也。公卿敬群，有司廉，教法齊備，義利均等，固文、武、周、召之實政在是也，奈何使降爲度數、事物之學哉！新昌黃文叔始述五官，而爲之說。亹亹乎孔、孟之以理貫事者，必相發明也；惻惻乎文、武之以己刑民者，必相經緯也。守天下非私智也，設邦家非自尊也。養民至厚，取之至薄；爲下甚逸，爲上甚勞。洗滌三壞之腥穢，而一以性命道德起後世之公心，雖未能表是書而獨行，猶將合他經而共存也。其功大矣！同時永嘉陳君舉亦著《周禮說》十二篇，蓋嘗獻之紹熙天子，爲科舉家宗尚。君舉素善文叔，議論頗相出入。所以異者，君舉以後準前，由本朝至漢，溯而通之；文叔以前準後，由春秋戰國至本朝，沿而別之。其序鄉遂、溝洫，辨二鄭是非，凡一字一語，細入毫芒，不可損益也。」見《水心集》卷十二〈序〉類。其對度之書，表彰不遺餘力矣。

周禮綱目八卷、攄說一卷

《周禮綱目》八卷、《攄說》一卷，紹興府教授括蒼林椅奇卿撰。嘉定初上之朝。廣棪案：盧校注：『樓攻媿云：『專論成周法度官職，以類相從，皆攝精要，周公遺制，可舉而行。』』

　　廣棪案：何鏜《括蒼彙紀》曰：「林椅字奇卿，麗水人，紹熙庚戌進士。以《周禮》爲周公經世之書，凡民極所由立，日用之常、誠僞之變，莫不區別，纖悉畢備，乃隨類條列之，名曰《周禮綱目》。翰林學士樓鑰、禮部尚書倪思表進，除工部架閣。」《經義考》卷一百二十三〈周禮〉四「林氏椅《周禮綱目》」條引。盧文弨重輯本《解題》校注曰：「樓攻媿云：『專論成周法度官職，以類相從，皆攝精要，周公遺制，可舉而行。』」可知此書梗概。據《括蒼彙紀》所記，椅之書乃藉樓、倪二人表進，惟其表上之年，王與之曰：「林氏《周禮綱目》於開禧間曾進。」則與《解題》所記頗異。考開禧、嘉定皆宋寧宗年號。據《宋史》鑰本傳，鑰之任翰林學士在韓侂冑被誅後。侂冑之被誅在開禧三年（1207）十一月，則鑰之爲翰林學士固應在嘉定元年（1208），此亦即椅書表進之年。王與之謂開禧曾進，或憶記有誤也。

鶴山周禮折衷二卷

《鶴山周禮折衷》二卷，樞密臨邛魏了翁華父之門人稅與權所錄。條列經文，附以傳注。鶴山或時有所發明，止於〈天官〉，餘皆未及也。

　　廣棪案：此書《經義考》卷一百二十五〈周禮〉六著錄，據《文獻通考·經籍考》作稅與權撰。其實誤也。稅氏有〈後序〉曰：「右《周禮折衷》上下篇，本名《江陽周禮記聞》。會失其上篇，先生猶子高斯衛蒐錄以見歸，二篇始完。間舉似泉使、考功郎王辰應氏，貽書云：『鄭諸說於是論定，宜以《鶴山周禮折衷》名之。』」竊嘗聞先生謂此一經多可疑者，自先、後鄭傳注以來，數千百年無敢輒議；亦以官聯須密，意其爲成王、周公遺制，至五峰胡子斷以爲劉歆傅會，荊舒禍天下，根於鄭注『國服』一條。逮吾先生屢發其義，蓋未病前一年遊蔣山，有詩尤爲著明，今附載於此：『連年飲建鄴，寤寐北山靈。三過又不入，風雨盲其程。一朝決會期，萬籟不敢聲。斷潢卷夕潦，別巘浮帝青。因思山中人，昔者相熙寧。不知學何事，莽制爲周經。群公咸其輔，弗誤宗康成。相承章、蔡後，九州半羶腥。歷年百七十，眾寐未全醒。《三經》猶在校，從祀猶在庭。

追維禍之首，千古一涕零。大鈞高難問，山空木泠泠。』是遊也，先生同產兄，今禮部侍郎高定子實為本道轉運副使，領賓客群從行。端平三年七月三日也。」則此書固如《解題》所言，乃與權錄了翁之說，非與權自撰也。

大戴禮十三卷

《大戴禮》十三卷，漢信都王太傅梁戴德延君、九江太守聖次君皆受《禮》於后蒼，所謂《大》、《小戴禮》者也。漢初以來，迄於劉向校定中書，諸家所記，殆數百篇。戴德刪其煩重，為八十五篇。聖又刪為四十九篇。相傳如此。

廣棪案：《隋書》卷三十二〈志〉第二十七〈經籍〉一〈經〉載：「漢初，河間獻王又得仲尼弟子及後學者所記一百三十一篇，獻之，時亦無傳之者。至劉向考校經籍，檢得一百三十篇，向因第而敘之。而又得《明堂陰陽記》三十三篇、《孔子三朝記》七篇、《王氏史氏記》二十一篇、《樂記》二十三篇，凡五種，合二百十四篇。戴德刪其煩重，合而記之，為八十五篇，謂之《大戴記》。而戴聖又刪大戴之書，為四十六篇，謂之《小戴記》。漢末，馬融遂傳小戴之學。融又足〈月令〉一篇、〈明堂位〉一篇、〈樂記〉一篇，合四十九篇。」是《解題》所謂「諸家所記，殆數百篇」者，其數實為二百十四篇。又其謂「聖又刪為四十九篇」者，乃合馬融所足之三篇而言也。

今小戴四十九篇行於世，而大戴之書所存止此。自〈隋〉、〈唐志〉所載卷數，皆與今同。而篇第乃自三十九而下止於八十一，其前缺三十八篇，末缺四篇，所存當四十三，而於中又缺四篇，第七十二復出一篇，實存四十篇。意其缺者，即聖所刪耶？

案：《郡齋讀書志》卷第二〈禮類〉著錄曰：「《大戴禮記》十三卷。右漢戴德纂，亦河間王所獻百三十一篇，劉向校定，又得《明堂陰陽記》三十三篇。德刪其煩重，為八十五篇。今書止四十篇，其篇目自三十九篇始，無四十三、四十四、四十五、六十一四篇，有兩七十四，蓋因舊闕錄之。」是則《解題》所謂「而於中又缺四篇」者，即《郡齋讀書志》所云「無四十三、四十四、四十五、六十一四篇」也，《郡齋讀書志》正補《解題》所未明述。惟有關此書復出一篇，《解題》謂「第七十二復出」，《郡齋讀書志》謂「有兩七十四」，所言顯有不同。孫猛《郡齋讀書志校證》曰：「按《書錄解題》卷二稱復出者為第七十二，淳熙

乙未韓元吉〈序〉稱重出者爲第七十三。今《雅雨堂叢書》本戴震校書跋謂：唐、宋以前本，無〈明堂篇〉，〈明堂篇〉屬〈盛德篇〉，〈盛德〉原爲第六十六，〈千乘〉當屬第六十七，依次而至八十一，原無重出，其後析出〈明堂〉，居六十七，以下篇次遞改而又未改至末，故中間重出一篇。至晁、陳、韓所記重出者各異，蓋所見不同：公武所見改至第七十四，振孫所見改至第七十二，元吉所見改至第七十三。」孫氏乃據戴震〈跋〉以立說者。今人高明撰《大戴禮記今註今譯》，其〈自序〉則曰：「《大戴禮記》的原本，是八十五篇，鄭玄的〈六藝論〉說得很明白，陳邵的〈周禮論序〉、《隋書‧經籍志》、徐堅的《初學記》也都這樣說，可見這是大家公認的。可是〈隋〉、〈唐志〉所載的，只有十三卷，據《史記索隱》說：『四十七篇亡，見存者有三十八篇。』顯然的，到了隋、唐時代《大戴禮記》已殘闕不全，只賸下十三卷、三十八篇了。北宋慶曆中所編的《崇文總目》，載有兩本，一本是十卷，三十五篇，另一本是三十三篇，較之隋、唐時代，更見殘闕。南宋淳熙四年所編的《中興書目》，載有十三卷，四十篇本，反較《崇文總目》的兩本篇卷爲多。淳熙二年，潁川韓元吉在建安郡齋所刻的《大戴禮記》，就是十三卷、四十篇本。《中興書目》所載，大概就是韓元吉刻本。《日本靜嘉堂秘籍志》所著錄的宋本，也就是這個韓本。明嘉靖年間吳郡袁褧據韓本加以覆刻，就是所謂嘉趣堂本，國立中央圖書館藏有這書兩部。商務印書館的《四部叢刊》，又據袁本加以影印。我們檢看《四部叢刊》本，始於第三十九，終於第八十一，中間闕去第四十三、第四十四，第四十五，第六十一四篇，從卷首的目次來看，第七十二是重複的；從內容來看，重複的不是第七十二，而是第七十四；這就是韓元吉本的原貌。陳振孫的《直齋書錄解題》說『今本有兩七十二』，大概是據韓元吉本的目次而記載的；晁公武的《郡齋讀書志》說『重第七十四』，大概是就內容說的。」據是，則陳、晁二書所著錄之《大戴禮記》皆爲韓本，直齋觀目次，謂「第七十二復出一篇」，蓋以〈文王官人〉與〈諸侯遷廟〉同編爲第七十二；晁氏視內容，謂「有兩七十四」，是見〈諸侯釁廟〉與〈小辨〉同編爲第七十四。高明所推，似較孫氏爲合理。惟茲所見《大戴禮記今註今譯》之目次，則有兩七十三，乃以〈諸侯遷廟〉與〈諸侯釁廟〉同爲第七十三，又與陳、晁所說不合。其所據以作如是編次者，或依韓元吉〈序〉，蓋該〈序〉謂「而重出者一篇，兩篇七十三」也。

然〈哀公問〉、〈投壺〉二篇，與今《禮記》文不異，他亦間有同者。〈保傅傳〉，世言賈誼書所從出也。今考〈禮察篇〉湯武、秦定取舍一則，盡出誼〈疏〉

中，反若取誼語勦入其中者。〈公符篇〉全錄漢昭帝冠辭。則此書殆後人好事者采獲諸書為之，故駁雜不經，決非戴德本書也。

案：《大戴禮記》今所見本，直齋之前已多有疑其篇章中有僞，以爲非戴德本書者。朱子《語類》卷八十八載：「黃義剛錄：安卿問：『《大戴・保傅篇》多與賈誼〈策〉同，如何？』曰：『〈保傅〉中說秦無道之暴，此等語必非古書，乃後人采賈誼〈策〉爲之。亦有孝昭冠辭。』是朱子已認定〈保傅〉爲僞，非《大戴》原書之文；至錄孝昭冠辭亦同。而《大戴》篇章文字，其內容與經、子同，韓元吉作〈序〉亦已言之。韓〈序〉曰：「然〈哀公問〉、〈投壺〉二篇，與《小戴》書無甚異；〈禮察篇〉與〈經解〉亦同；〈曾子大孝篇〉與〈祭義〉相似；……〈勸學〉、〈禮三本〉見於《荀卿子》。至於取舍之說及〈保傅〉則見於賈誼〈疏〉，間與經、子同者尙多。」故史繩祖亦曰：「《大戴記》一書，雖列之十四經，然其書大抵雜取《家語》之書，分析而爲篇目。又〈勸學〉一篇，全是《荀子》之辭；〈保傅〉一篇，全是賈誼〈疏〉。以子、史雜之於經，固可議矣。其〈公符篇〉載成王冠祝曰：『成王冠，周公使祝雍祝王，曰：「達而勿多也。」祝雍曰：「使王近於民，遠於年，嗇於時，惠於財，親賢使能。陛下離顯先帝之光耀，以承皇天嘉祿。欽順仲春之吉日，遵並大道郟，或秉集萬福之休靈。始加昭明之元服，推遠稚兔之幼志。崇積文、武之寵德，肅勤高祖清廟。六合之內靡不息，陛下永永與天無極。」』然予考之《家語・冠頌》，則《大戴》所取，前後文皆同。惟《家語》云：『周公冠成王而朝於祖，命祝雍作頌曰：「祝王達而未幼。」祝雍辭曰：「使王近於民，遠於年，嗇於時，惠於財。親賢而任能。」其頌曰：「令月吉日，王始加元服，去王幼志服袞職。欽若昊天，六合是式。率爾祖考，永永無極。」此周公之制也。』《大戴》所載辭冗長，視此典雅，固不類矣。而祝辭內有先帝及陛下字，皆秦始皇方定皇帝及陛下之稱，周初豈曾有此，可謂不經之甚。《家語》止稱王字，辭達而義明。當以《家語》爲正。」則韓、史二氏亦疑《大戴》篇章爲後人所僞，與直齋同。二氏所言，或即《解題》所本。韓、史二氏之說引自《經義考》卷一百三十八〈禮記〉一「《戴氏德禮記》」條。

題九江太守，迺戴聖所歷官，尤非是。

案：《漢書》卷八十八〈儒林傳〉第五〈后蒼傳〉謂聖字次君，嘗爲信都王太傅；而德則題九江太守。其實誤也。《隋書》卷三十二〈經籍志〉已明載：「《大戴禮記》十三卷，漢信都王太傅戴德撰。」又載：「《禮記》二十卷，漢九江太守戴聖撰，鄭玄注。」足糾《漢書》之訛。而《郡齋讀書志》亦謂：「題曰九江太守

戴德撰。按九江太守，聖也。德爲信都王太傅。蓋後人誤題。」

禮記二十卷

《禮記》二十卷，即所謂《小戴禮》也。凡四十九篇。

廣梭案：據〈隋志〉，聖刪大戴之書，爲四十六篇，餘三篇乃馬融所足。前於「《大戴禮》十三卷」條已述及，頗以《解題》爲未是。然《四庫全書總目》則未以〈隋志〉所論爲然，斥「其說不知所本」，從而考之曰：「今考《後漢書・橋元傳》云：『七世祖仁，著《禮記章句》四十九篇，號橋君學。』仁即班固所謂小戴授梁人橋季卿者，成帝時嘗官大鴻臚，其時已稱四十九篇，無四十六篇之說。又孔《疏》稱：『《別錄》：《禮記》四十九篇《樂記》第十九。』四十九篇之首《疏》皆引鄭〈目錄〉。鄭〈目錄〉之末必云：此於劉向《別錄》屬某門。〈月令目錄〉云：『此於《別錄》屬〈明堂陰陽記〉。』〈明堂位目錄〉云：『此於《別錄》屬〈明堂陰陽記〉。』〈樂記目錄〉云：『此於《別錄》屬〈樂記〉。』蓋十一篇今爲一篇，則三篇皆劉向《別錄》所有，安得以爲馬融所增。《疏》又引玄《六藝論》曰：『戴德傳《禮》八十五篇，則《大戴禮》是也；戴聖傳《禮》四十九篇，則此《禮記》是也。』玄爲馬融弟子，使三篇果融所增，玄不容不知，豈有以四十九篇屬於戴聖之理。況融所傳者乃《周禮》，若小戴之學，一授橋仁，一授楊榮。後傳其學者有劉祐、高誘、鄭玄、盧植。融絕不預其授受，又何從而增三篇乎？知今四十九篇實戴聖之原書，〈隋志〉誤也。」是亦足破〈隋志〉之說，則《解題》謂《小戴禮》凡四十九篇，亦有所依據也。

漢儒輯錄前記，固非一家之言，大抵駁而不純。

案：孔穎達〈禮記正義序〉曰：「其《禮記》之作，出自孔氏，但正禮殘缺，無復能明。故范武子不識殽烝，趙鞅及魯君謂儀爲禮。至孔子沒後，七十子之徒共撰所聞，以爲此《記》。或錄舊禮之義，或錄變禮所由，或兼記體履，或雜序得失，故編而錄之，以爲《記》也。〈中庸〉是子思伋所作；〈緇衣〉，公孫尼子所撰。鄭康成云：『〈月令〉，呂不韋所修。』盧植云：『〈王制〉，謂漢文時博士所錄。』其餘眾篇，皆如此例，但未能盡知所記之人也。」劉敞曰：「今之《禮》，非醇經也。周道衰，孔子沒，聖人之徒合百說而雜編之，至漢而始備。其間多六國、秦漢之制，離文斷句，統一不明。惟〈曾子問〉一篇最詳，而又不可信。」《經義考》卷一百三十九〈禮記〉二引。《解題》所述，與孔、劉所論無異，殆直

齋立說之根據耶！

獨〈大學〉、〈中庸〉為孔氏之正傳，然初非專為《禮》作也。

案：程子曰：「《禮記》雜出漢儒，然其間傳聖門緒餘，其格言甚多。如〈樂記〉、
〈學記〉、〈大學〉之類，無可議者。〈檀弓〉、〈表記〉、〈坊記〉之類，亦甚有至
理，惟知言者擇之。」《經義考》卷一百三十九〈禮記〉二引，下同。朱子亦曰：「《禮
記》雖雜出諸儒，亦無害義處。如〈中庸〉、〈大學〉，出於聖門無可疑者。」直
齋所論，一秉程、朱；然其謂〈學〉、〈庸〉初非專爲《禮》作，則眞知灼見也。

唐魏徵嘗以《小戴禮》綜彙不倫，更作《類禮》二十篇，蓋有以也。

案：《舊唐書》卷七十一〈列傳〉第二十一載：「魏徵以戴聖《禮記》編次不倫，
遂爲《類禮》二十卷，以類相從，刪其重複，采先儒訓注，擇善從之，研精覃
思數年而畢，太宗覽而善之，賜物千段。」《魏鄭公諫錄》亦載：「詔曰：『《禮
經》殘闕，其來已久。漢代戴聖爰記舊聞，古今所宗，條目雜亂。先儒傳授，
多歷年數，咸事因循，莫能釐正。特進鄭國公徵，文高翰林，學綜冊府，服膺
典禮，有志討論，乃依聖所記，更事編錄，以類相從，別爲編第，并更注解，
文義粲然。遂得先聖微言，因茲重闡，後之學者，多有弘益，宜付秘省。』」《經
義考》卷一百四十〈禮記〉三引，下同。朱子曰：「魏徵以《小戴禮》綜彙不倫，
更作《類禮》二十篇，數年而成。太宗美其書，錄寘內府。今此書不復見，惜
哉！」《解題》所述，殆據上述記載。然朱子既不見徵之《類禮》，直齋必亦不
之見。其後宋金恕所序之魏徵《類禮》二十卷，乃贗本也。

禮記注二十卷

《禮記注》二十卷，漢鄭康成撰。

廣棪案：《經義考》卷一百三十九〈禮記〉二著錄：「鄭氏玄《禮記注》，〈隋志〉
二十卷，存。」與《解題》同。《經義考》下引《後漢書》曰：「玄本習《小戴》，
後以《古經》校之，取其義長者爲鄭氏學。又注小戴所傳《禮記》四十九篇。」
足證玄嘗撰《禮記注》。《經義考》又引李覯曰：「鄭康成注《禮記》，其字誤處，
但云『某當爲某』；〈玉藻〉全失次序，亦止於注下發明，未嘗便就經文改正。
此蓋尊經重師，不敢自謂己見爲得。」可悉玄注《禮》之法。朱子曰：「鄭康成
考《禮》，名數大功。事事都理會得，如漢律令亦皆有注，儘有許多精力。」又
引衛湜曰：「鄭氏注《禮》，雖間有拘泥，而簡嚴該實，非後學可及。嘗讀朱文

公《中庸章句》，以『戒謹其所不睹，恐懼其所不聞』，與『莫見乎隱，莫顯乎微』爲兩事，剖析精詣，前所未有。今觀鄭《注》，已具有斯旨。」閱朱、衛所論，可知玄注《禮》之業績。惟《經義考》郝敬曰：「《小戴記》四十九篇，大都先賢流傳，後儒補緝，非眞先聖之舊。而康成信以爲仲尼手澤，遇文義難通處，則稱竹簡爛脫而顛倒其序；根據無實，則推夏、殷異世而逃遁其說；節目不合，則游移大夫、士庶間而左右兩可；解釋不得，則託爲殊方語音而變換其文。牽強穿鑿，殊乖本初。蓋鄭既以《記》爲經，不敢矯《記》之非；世儒又以鄭爲知《禮》，不敢議鄭之失。千餘年所以卒瞀瞀然。」郝氏之說，亦可謂褒貶任聲矣。

禮記釋文四卷

《禮記釋文》四卷，唐陸德明撰。

　　廣棪案：《經典釋文》卷第一〈注解傳述人〉云：「盧植注《禮記》二十卷、鄭玄注二十卷、王肅注三十卷、孫炎注二十九卷、字叔然，樂安人。魏秘書監徵，不就。業遵注十二卷、字長儒，燕人，宋奉朝請。庾蔚之《略解》十解。字季隋，穎川人。宋員外常侍。右《禮記》。」德明撰《禮記釋文》四卷，殆據此。

禮記正義七十卷

《禮記正義》七十卷，唐孔穎達等撰。舊有《義疏》行於世者，惟皇甫侃、熊安生二家。館臣案：此句原本脫「生」字，今校補。皇勝於熊，故據皇氏爲本，有不備則以熊氏補焉。

　　廣棪案：此條之「皇甫侃」，「甫」字衍，應爲「皇侃」。考〈隋志〉有皇侃《禮記講疏》九十九卷、《禮記講疏》四十八卷《經典釋文‧序錄》有皇侃《禮記義疏》五十卷，〈新〉、〈舊唐志〉有皇侃《禮記義疏》一百卷、《禮記義疏》五十卷。均無作「皇甫侃」者，《解題》蓋據《禮記正義》孔穎達〈序〉而誤。穎達〈禮記正義序〉曰：「博物通人，知今溫古，考前代之憲章，參當時之得失，俱以所見，各記舊聞，錯總鳩聚，以類相附《禮記》之目，於是乎在。去聖逾遠，異端漸扇。故大、小二戴，共氏而分門；王、鄭兩家，同經而異注。爰從晉、宋，逮于周、隋，其傳《禮》業者，江左尤盛。其爲《義疏》者，南人有賀循、賀瑒、庾蔚、崔靈恩、沈重、宣、皇甫侃等；北人有徐道明、李業興、李寶鼎、

侯聰、熊安等。廣棪案：此處所列人名，或脫，或衍，或誤。庾蔚，實庾蔚之；宣乃范宣；皇甫侃乃皇侃；徐道明又為徐遵明之誤。茲據阮元《禮記注疏校勘記》予以糾正。其見於世者，唯皇、熊二家而已。熊則違本經，多引外義，猶之楚而北行，馬雖疾而去逾遠矣。又欲釋經文，唯聚難義，猶治絲而棼之，手雖繁而絲益亂也。皇氏雖章句詳正，微稍繁廣；又既遵鄭氏，乃時乖鄭義，此是木落不歸其本，狐死不首其丘。此皆二家之弊，未為得也。然以熊比皇，皇氏勝矣。雖體例既別，不可因循。今奉敕刪理，仍據皇氏以為本；其有未備，以熊氏補焉。」《解題》所述，殆據此。然此書之務申鄭氏，直齋則未之及。陳澔〈禮記集說序〉既曰：「鄭氏祖讖緯，孔《疏》惟鄭之從，雖有他說，不復收載，固為可恨。然其灼然可據者，不可易也。」《四庫全書總目》卷二十一〈經部〉二十一〈禮類〉三「《禮記正義》六十三卷」條亦曰：「故其書務申鄭《注》，未免有附會之處。然採摭舊文，詞富理博，說《禮》之家，鑽研莫盡。譬諸依山鑄銅，煮海為鹽，即衛湜之書尚不能窺其涯涘，陳澔之流益如莛與楹矣。」卷二十一〈禮類〉三。是《解題》之評《禮記正義》，僅及其皮毛，未盡中肯綮，殊不及陳澔與《四庫全書總目》所論之為得其要領也。

芸閣禮記解十六卷

《芸閣禮記解》十六卷，秘書省正字京兆呂大臨與叔撰。案《館閣書目》作一卷，止有〈表記〉、〈冠〉、〈昏〉、〈鄉〉、〈射〉、〈燕〉、〈聘義〉、〈喪服四制〉凡八篇，今又有〈曲禮〉上下、〈中庸〉、〈緇衣〉、〈大學〉、〈儒行〉、〈深衣〉、〈投壺〉八篇。

廣棪案：據《解題》所述，此書《中興館閣書目》作一卷，凡解八篇。頗疑內容既甚富贍，作一卷或有誤。惟衛湜《禮記集說》曰：「藍田呂與叔《禮記解》，《中興館閣書目》止一卷。今書坊所刊十卷，有《禮記》上下、廣棪案：應作〈曲禮〉上下。〈孔子閒居〉、〈中庸〉、〈緇衣〉、〈深衣〉、〈儒行〉、〈大學〉八篇。」亦稱《館閣書目》作一卷。而所記書坊刊行作十卷，又所解之文亦為八篇，有〈孔子閒居〉而無〈投壺〉，與《解題》所記略異。《郡齋讀書志》卷第二〈禮類〉則著錄：「《芸閣禮記解》四卷。右皇朝呂大臨與叔撰。與叔師事程正叔《禮》學甚精博，〈中庸〉、〈大學〉，尤所致意也。」則此書又另有四卷本，意公武所見本，必有解及〈學〉、〈庸〉者，故於《志》中述及之。

此晦庵朱氏所傳本，刻之臨漳射垛，書坊稱《芸閣呂氏解》者，即其書也。《續書目》始別載之。

案：《解題》所謂《續書目》者，即《中興館閣續書目》。今人趙士煒輯有《中興館閣續書目》，其〈禮類〉下有《禮記傳》十六卷，未著撰人。惟《宋史》卷二百二〈志〉第一百五十五〈藝文〉一〈經類‧禮類〉則著錄：「呂大臨《大學》一卷，又《中庸》一卷《禮記傳》十六卷。」〈宋志〉著錄之《禮記傳》十六卷，應與《中興館閣續書目》著錄者同，其書乃大臨撰，士煒偶有未照耳。《經義考》卷一百四十一〈禮記〉四著錄：「《禮記傳》，〈宋志〉十六卷，未見。」下引張萱曰：「呂氏《禮記傳》十六卷，今闕第三卷。宋淳熙中，朱晦庵刻之臨漳學官。」證以《解題》所記，則〈宋志〉著錄之《禮記傳》，疑即《解題》之《芸閣禮記解》，乃朱子刻於臨漳之同一書。《經義考》分為二書著錄，似猶有未達之一間。

禮記解二十卷

《禮記解》二十卷，新安方愨撰。館臣案：此句原本脫，今校補。政和二年表進，自為之〈序〉。以王氏父子獨無解義，乃取其所撰《三經義》及《字說》，申而明之，著為此《解》，由是得上舍出身。其所解文義亦明白。

廣棪案：《宋元學案》卷九十八《荊公新學略》「侍郎方先生愨」條載：「方愨，字性夫，桐廬人。性至孝，父死，廬墓三年。領鄉薦，表進《禮記解》于朝。詔賜上舍釋褐，而頒其書于天下，學者宗之。居官以剛廉稱。雲濠案：先生政和八年進士，仕至禮部侍郎。家置萬卷書堂，雖老，手不釋卷。朱文公嘗曰：『方氏《禮記解》儘有說得好處，不可以新學而黜之。』」《浙江通志》亦載：「方愨，字性夫，桐廬人。父死，廬墓覃思積年，注《禮記集解》，政和三年領鄉薦，至京師，表進於朝。詔賜上舍釋褐，而頒其書於天下。八年中進士，仕至禮部侍郎。」《經義考》卷一百四十一〈禮記〉四「方氏愨《禮記解》」條引。所載之資料均較詳贍，可補《解題》之闕。惟表進之年《浙江通志》作政和三年至京師後，意亦必有所據；且明記愨中進士之年，與雲濠案語合，故未敢以《解題》所記為必準。至衛湜《禮記集解》曰：「方氏、馬氏及山陰陸氏三家，書坊鋟板傳於世。方氏最為詳悉，有補初學。然雜以《字說》，且多牽合，大為一書之累。間與長樂陳氏《講義》同者。方〈自序〉亦謂：『諸家之說於王氏合者，悉取而用之。』則其說不皆自己出也。」同上引。所述與《解題》互為補足。蓋方書為安石新學而撰也。

禮記解七十卷

《禮記解》七十卷，馬希孟彥醇撰。未詳何人，亦宗王氏。

　　廣棪案：馬氏生平《宋元學案》卷九十八〈荊公新學案〉「進士馬先生希孟」條載：「馬希孟，雲濠案：一作晞孟。字彥醇。盧陵人。熙寧癸丑登第。著有《禮記解》七十卷。陳振孫曰：『亦宗王氏者。』」《江西通志》略同，可補《解題》之未備。此書朱子評之曰：「方、馬二〈解〉，合當參考，儘有好處，不可以其新學而黜之。」《經義考》卷一百四十一〈禮記〉四「馬氏晞孟《禮記解》」條引，下同。衛湜《禮記集解》則曰：「方氏、馬氏及山陰陸氏三家，方氏最詳，馬氏頗略。」則此書固宗安石。然方氏書二十卷，而馬書七十卷，衛湜反謂方詳馬略，未知當否？今以二書自彝尊以來均日未見，無從究詰矣。

中庸大學廣義一卷

《中庸大學廣義》一卷，司馬光撰。

　　廣棪案：《宋史》卷二百二〈志〉第一百五十五〈藝文〉一〈經類・禮類〉著錄：「司馬光《中庸大學廣義》一卷」。與《解題》同。《經義考》卷一百五十一〈禮記〉十四著錄：「司馬氏光《中庸廣義》一卷，未見。《一齋書目》有。」書名脫「大學」二字。

中庸、大學說各一卷、少儀解附

《中庸》、《大學說》各一卷、《少儀解》附，張九成撰。曲江本《中庸》六卷《大學》二卷。

　　廣棪案：《解題》著錄九成《中庸說》、《大學說》各一卷；又有曲江本，作《中庸說》六卷、《大學說》二卷。檢《藏園訂補郘亭知見傳本書目》卷三〈經部〉八〈四書類〉著錄：「補《中庸說》一卷，宋張九成撰。宋刊本，十行十八字，白口，左右雙闌。日本西京東福寺藏書。已收入《續古逸叢書》及《四部叢刊三編》中。」疑直齋所藏之《中庸說》一卷，或即此本；所惜《大學說》一卷已散佚。《經義考》卷一百五十二〈禮記〉十五著錄：「張氏九成《中庸說》，〈宋志〉一卷《杭州府志》六卷。未見。」又卷一百五十六〈禮記〉十九著錄：「張氏九成《大學說》，〈宋志〉一卷《杭州府志》二卷。未見。」其《杭州府志》所

載，疑即曲江本。至彝尊謂九成《中庸說》一卷本未見，蓋不知日本西京東福寺仍藏有是書也。《少儀解》一書，《經義考》卷一百五十〈禮記〉十三著錄：「張氏九成《少儀論》一卷，存。」書名略有不同，未知孰是。

兼山中庸說一卷

《兼山中庸說》一卷，太中大夫河南郭忠孝立之撰。

廣枝案：《宋史》卷二百二〈志〉第一百五十五〈藝文〉一〈經類·禮類〉亦著錄此書，作一卷，書名無「兼山」二字。黎立武曰：「楊氏曰：『不偏之謂中，不易之謂庸。中者，天下之正道；庸者，天下之定理。』游氏曰：『以德行言曰中庸，以性情言曰中和。』郭氏《中庸說》謂：『中為人道之大，以之用於天下、國家。』又云：『極于下至正謂之中，通天下至變謂之庸。』蓋兼山深於《易》，故得中庸之義焉。兼山登程門，終始中庸之道，體用之說，實得於心傳面命者也。程子嘗為〈中庸〉作注，至是焚稿，而屬兼山以書傳之。乃知游氏、楊氏所得於師者，初年之論也。」《經義考》卷一百五十一〈禮記〉十四「郭氏忠孝《中庸說》」條引。此書可謂得程子真傳矣。

中庸集解二卷

《中庸集解》二卷，會稽石𢎂子重集錄周敦頤、程顥、程頤、張載、呂大臨、謝良佐、游酢、楊時、侯仲良、尹焞凡十家之說，晦翁為之〈序〉。

廣枝案：陳耆卿曰：「石𢎂，字子重。其祖自會稽徙臨海。中紹興十五年進士，補迪功郎，歷將作監、太常主簿，終朝散郎。」《經義考》卷一百五十二〈禮記〉十五「石氏𢎂《中庸集解》」條引。《解題》稱「會稽石𢎂子重」，仍據其祖貫也。此書朱子〈序〉曰：「《中庸》之書，子思子之所作也。昔者曾子學於孔子，而得其傳矣。孔子之孫子思學於曾子，而得其傳於孔子者焉。既而懼夫傳之久遠，而或失其真也，於是推本所傳之意，質以所聞之言，更相反覆，作為此書，孟子之徒實受其說。孟子沒，而不得其傳焉。漢之諸儒雖或傳誦，然既雜乎傳記之間而莫之貴，又莫有能明其所傳之意者。至唐，李翺始知尊信其書，為之論說；然其所謂滅情以復性者，又雜乎佛老而言之，則亦異於曾子、子思、孟子之所傳矣。至於本朝，濂溪周夫子始得其所傳之要，以著於篇。河南二程夫子又得其遺旨而發揮之，然後其學布於天下。然明道不及為書，今世所傳陳忠肅

公之所序者，乃藍田呂氏所著之別本也。伊川雖嘗自言〈中庸〉今已成書，然亦不傳於學者。或以問於和靖尹公，則曰：『先生自意不滿而火之矣。』二夫子於此既皆無書，故今所傳，特出於門人所記平居問答之辭。而門人所記行於世者，唯呂氏、游氏、楊氏、侯氏為有成書。若橫渠先生，若謝氏、尹氏，則亦或記其語之及此者耳。又皆別自為編，或頗雜出他說，蓋學者欲觀其聚而不可得，固不能有以考其異而會其同也。熹之友會稽新昌石君懟子重，乃始集而次之，合為一書，以便觀覽，名曰《中庸集解》，復第其錄如右而屬熹序之。熹惟聖門傳授之微旨見於此篇者，諸先生言之詳矣。熹之淺陋，蓋有行思坐誦，沒世窮經而不得其所以言者，尚何敢措一辭於其間。然嘗竊謂：秦、漢以來聖學不傳，儒者惟知章句、訓詁之為事，而不知復求聖人之意，以明夫性命、道德之歸。至於近世先知先覺之士始發明之，則學者既有以知夫前日之為陋矣。然或乃徒誦其言以為高，而又初不知深求其意。甚者遂至於脫略章句，陵籍訓詁，坐談空妙，展轉相述，而其為患反有甚於前日之遺漏者。嗚呼，是豈古昔聖賢相傳之本意，與夫近世先生、君子之所以望於後人者哉！熹誠不敏，私竊懼焉。故因子重之書，特以此言題其篇首，以告夫同志之讀此書者。使之毋跂於高，毋駭於奇。必沈潛夫句讀、文義之間，以會其歸；必戒懼夫不睹不聞之中，以踐其實。庶乎優柔厭飫，真積力久，而於博厚、高明、悠久之域，忽不自知其至焉。則為有以真得其傳，而無徒誦坐談之弊矣。抑子重之為此書，采掇無遺，條理不紊，分章雖因眾說，然去取之間不失其當。其謹密詳審，蓋有得乎行遠自邇、登高自卑之意。雖〈哀公問政〉以下六章，據《家語》本；一時問答之言，今從諸家不能復合，然不害於其脈理之貫通也。又以簡帙重繁，分為兩卷，亦無他義例云。」朱〈序〉所言甚詳明，原原本本，縷述自古迄宋之《中庸學》；且於其書之有益於聖學傳授，及其書采掇與編理之義例，亦於〈序〉末處言及之，惜《解題》未嘗采擇也。

大學章句一卷、或問二卷、中庸章句一卷、或問二卷

《大學章句》一卷、《或問》二卷、《中庸章句》一卷、《或問》二卷，朱熹撰。

廣棪案：王應麟曰：「淳熙十六年二月甲子，文公序《大學章句》。三月戊申，序《中庸章句》。二書各有《或問》。」《經義考》卷一百五十六〈禮記〉十九「朱子熹《大學章句》」條引，下同。黃榦曰：「先生於〈大學〉修改無虛日，〈誠意〉一章，未終前三日所更定。」足見朱子重視此書之一斑。黃震曰：「會稽石懟集

濂溪以下十人之說，晦庵因其《集解》刪成《輯略》，別爲《章句》，比總其歸。又爲《或問》，以明其所以去取之意，已無餘蘊矣。」《經義考》卷一百五十二〈禮記〉十五「《中庸章句》」條引。是朱子先據石氏《中庸集解》以成《輯略》，繼撰《章句》與《或問》也。

其說大略宗程氏，會眾說而折其中。又記所辨論取舍之意，別為《或問》以附其後，皆自為之〈序〉。

案：朱子二書均有〈自序〉。《解題》此處本〈中庸章句自序〉。〈自序〉曰：「程夫子兄弟者出，得有所考，以續夫千載不傳之緒；得有所據，以斥夫二家似是之非。蓋子思之功於是爲大，而微程夫子則亦莫能因其語而得其心也。惜乎其所以爲說者不傳，而凡石氏之所輯錄，僅出於門人之所記，是以大義雖明，而微言未析。至其門人所自爲說，則頗詳盡而多所發明，然倍其師說而淫於老、佛者，亦有之矣。熹自蚤歲即嘗受讀而竊疑之，沈潛反覆蓋亦有年，一旦恍然似有以得其要領者，然後乃敢會眾說而折其衷，既爲定著《章句》一篇，以俟後之君子。而一二同志復取石氏書，刪其繁亂，名以《輯略》，且記所嘗論辨取舍之意，別爲《或問》以附其後。然後此書之旨，支分節解，脈絡貫通，詳略相因，巨細畢舉，而凡諸說之同異得失，亦得以曲暢旁通而各極其趣。雖於道統之傳不敢妄議，然初學之士或有取焉，則亦庶乎升高行遠之一助云爾。」《解題》所述，實就此刪裁而成。

至〈大學〉則頗補正其脫簡闕文。

案：朱子〈大學章句序〉曰：「天運循環，無往不復。宋德隆盛，治教休明。於是河南程氏兩夫子出，而有以接乎孟氏之傳，實始尊信此篇而表章之；既又爲之次其簡編，發其歸趣。然後古者大學教人之法，聖經賢傳之指，粲然復明於世。雖以熹之不敏，亦幸私淑而與有聞焉。顧其爲書猶頗放失，是以忘其固陋，采而輯之，間亦竊附己意，補其闕略，以俟後之君子。」是朱子於〈大學〉，亦「頗補正其脫簡闕文」也。

中庸輯略一卷

《中庸輯略》一卷，館臣案：《宋史·藝文志》作二卷。朱熹既為《章句》，復取石子重所集解，刪其繁亂，名以《輯略》。其取舍之意，則《或問》詳之。

廣桉案：《解題》此段所述，全據朱子〈中庸章句自序〉，已引見上條，不復辨。

惟此書卷數，除〈宋志〉作二卷外，趙希弁亦曰：「晦翁先生既定著《章句》於經文之下，又述平時問答所疑，以爲《或問》。〈中庸〉又述《輯略》兩卷，蓋集伊洛諸儒之說也。希弁所藏各兩本，嶽麓書院精舍及白鹿洞書院所刊者。」《經義考》卷一百五十二〈禮記〉十五「朱子熹《中庸輯略》」條引。唐順之〈朱熹中庸輯略序〉亦曰：「《中庸輯略》凡二卷，初，宋儒新昌石𡼖子重采兩程先生與其高第弟子游、楊、謝、侯諸家之說〈中庸〉者，爲之《集解》，凡幾卷，朱子因而芟之爲《輯略》。其後朱子既自采兩程先生語入《章句》中，其於諸家則又著爲《或問》以辨之。自《章句》、《或問》行，而《輯略》、《集解》兩書因以不著於世。友人御史新昌呂信卿宿有志於古人之學，且謂子重其鄉人也，因購求此二書，而余以所藏宋板《輯略》本授之。」是趙、唐二氏所藏此書宋板均作兩卷，疑《解題》作一卷者，或筆誤也。

曲禮口義二卷

《曲禮口義》二卷，<small>廣棪案：盧校本此句下有「《學記口義》二卷」。</small>戴溪撰。

廣棪案：盧文弨重輯本《解題》「《曲禮口義》二卷」下有「《學記口義》二卷」。惟《宋史》卷二百二〈志〉第一百五十五〈藝文〉一〈經類・禮類〉載：「戴溪《曲禮口義》二卷、《學記口義》三卷。」宋慈抱《兩浙著述考・經術考・禮類・禮記》亦載：「《曲禮口義》二卷，宋永嘉戴溪撰。溪有《易總說》等已詳前。此書見《直齋書錄》、《文獻通考》、《宋史・藝文志》、《國史經籍志》、《授經圖》及《經義考》，今佚。又有《學記口義》三卷，亦佚。《溫州經籍志》云：『二書無傳本，以衛氏《禮記集說》所引考之，蓋綜論《禮》意，不甚考證名物，與所著《續讀詩記》體例相近。』」是則《學記口義》應爲三卷，盧氏著錄作二卷，或筆誤耳。

中庸說一卷

《中庸說》一卷，項安世撰。

廣棪案：《經義考》卷一百五十二〈禮記〉十五著錄：「項氏<small>安世</small>《中庸說》，〈宋志〉一卷，未見。《一齋書目》<small>有</small>。」是此書《宋史・藝文志》著錄同，而彝尊亦未見。

禮記集說一百六十卷

《禮記集說》一百六十卷，直秘閣崑山衛湜正叔集諸家說，自《注》、《疏》而下為一書，各著其姓氏。寶慶二年表上之，由此寓直中祕。

廣枝案：湜此書〈自序〉有曰：「予晚學孤陋，濫承緒業，首取鄭《註》、孔《義》，剪除蕪蔓，採摭樞要；繼遂博求諸家之說，零篇碎簡，收拾略遍。至若說異而理俱通，言詳而意有本，抵排孔、鄭，援據明白，則亦併錄，以俟觀者之折衷。其有沿襲陳言，牽合《字說》，於義舛駁，悉置弗取。日編月削，幾二十餘載而後成，凡一百六十卷，名曰《禮記集說》。傳《禮》業者，苟能因眾說之淺深，探一經之旨趣，詳而度數，精而性理，庶幾貫通而盡識之矣。」可悉湜撰此書甚有義法，其去取之間，幾經斟酌，日編月削，幾二十餘載而後成。《解題》僅謂湜「集諸家說，自《注》、《疏》而下為一書，各著其姓名」，此說與實況相距甚遙也。盧熊《蘇州府志》曰：「湜字正叔，好古博學，除太府寺丞，將作少監，皆不赴。嘗集《禮記》諸家傳注，為一百六十卷，名曰《禮記集說》，寶慶二年上之，終朝散大夫，直寶閣，知袁州，學者稱為櫟齋先生。」《經義考》卷一百四十二〈禮記〉五「衛氏湜《禮記集說》」條引。所載仕履，較《解題》為詳，可補直齋所未及。

魏鶴山為作〈序〉。

案：魏了翁〈序〉曰：「平江衛氏，世善為《禮》。正叔又自鄭《注》、孔《義》、陸《釋》，及百家之所嘗講者，會稡成書，凡一百六十卷，如范甯、何晏例，各記其姓名，以聽覽者之自擇，此非特以備《禮》書之闕也。灑掃、應對、進退、恭敬、辭遜、撙節，非由外心以生也，非忠信之薄也，非人情之偽也。凡皆人性之固有，天秩之自然，而非有一毫勉強增益也。學者誠能即是僅存而推尋之，內反諸心，隨事省察，充而至于動容周旋之會，揖遜征伐之時。則是禮也，將以宅天衷而奠民極，豈形器云乎哉！正叔名湜，自號櫟齋，今為武進令。寶慶元年冬十有一月甲申，臨邛魏了翁序。」則此書蓋成於寶慶元年湜任武進令時，了翁頗予推譽也。

孔子閒居講義一卷

《孔子閒居講義》一卷，龍圖閣學士慈溪楊簡敬仲撰。

廣枝案：趙彥悈為此書作〈後序〉曰：「曾定遠既刊先生《己易》，又刊所解〈孔

子閒居〉。〈閒居〉，眞聖人之言，伊洛諸賢未嘗及之。道之不明也，我知之矣。
不肖者不及，賢者又過之。中庸，庸常也。棄日用平常，而趨乎異說，吾不知
之矣！」曾熠〈後序〉曰：「知丞趙公嘗言：楊先生昔著《孔子閒居解》，熠請
之而未獲。近乃寄示，誠足以開示後學，因鋟木傳之。夫孔子之言見於《六經》、
《論》、《孟》者，人所尊信；惟雜出傳記者，雖戴聖所傳，人猶未之盡信。惟
〈大學〉、〈中庸〉，先儒所推尊，故學者講誦。至若〈孔子閒居〉，昔賢未嘗留
意。今先生首發明而誨解之，得非所謂五至三無，皆斯人良知良能，苗裔發見
於心端，誠可體察而用力者與！彼坐談高遠，而不隱諸內心者，可以自省矣。」
是則此書一名《孔子閒居解》。《解題》無一字之評，讀趙、曾二氏〈後序〉，頗
知此書道乎中庸，不談高遠，亦至有功於聖學者。

三禮義宗三十卷

《三禮義宗》三十卷，梁國子博士清河崔靈恩撰。凡一百四十九條，其說推
本《三禮》，參取諸儒之論，博而覈矣。案本傳四十七卷《中興書目》一百五
十六篇，皆與今卷、篇數不同。

　　廣棪案：李受曰：「靈恩達於《禮》，總諸儒《三禮》之說而評之，爲《義宗》。
　　論議洪博，後世鮮能及。」《經義考》卷一百六十三〈通禮〉一「崔氏靈恩《三禮義
　　宗》」條引。《崇文總目》卷一〈禮類〉著錄：「《三禮義宗》三十卷，原釋：『梁
　　明威將軍崔靈恩撰。其書合《周禮》、《儀禮》、二戴之學，敷述貫串，該悉其義，
　　合一百五十六篇，推衍閎深，有名前世。』見《文獻通考》。」錢東垣輯釋本。《郡
　　齋讀書志》卷第二〈禮類〉著錄：「《三禮義宗》三十卷。右梁崔靈恩撰。靈恩，
　　武城人。少篤學，尤精《禮》、《傳》，仕魏，歸梁爲博士。甚拙樸，及解析經理，
　　盡極精致。正始之後，不尚經術，咸事虛談，公卿士大夫蓋取具文而已，而靈
　　恩經明行修，製《義宗》、《詩》、《易》、《春秋》百餘卷，終桂州刺史。此書在
　　唐一百五十篇，今存者一百二十七篇，凡兩戴、王、鄭異同，皆援引古誼，商
　　略可否，爲《禮》學之最。」上述所引，於靈恩《禮》學備極推崇，與《解題》
　　同；而所言此書篇數則相異，更未有言及「凡一百四十九條」者，疑《解題》
　　「條」字乃「篇」字之誤。惟《經義考》同卷引王方慶曰：「梁崔靈恩撰《三禮
　　義宗》，但捃摭前儒，因循故事。」則二者評價高下不同，眞可謂褒貶任聲矣。

《書目》又云：「慶曆中，高陽許聞誨爲之〈序〉。」家本亦無此〈序〉。

案：《經義考》同卷引王應麟曰：「《義宗》始於明天地以下歲祭，終於明《周禮》、《儀禮》、《禮記》廢興義。慶曆中，高陽許聞誨爲之〈序〉。」意應麟亦未得見許〈序〉也。

三禮圖二十卷

《三禮圖》二十卷，國子司業、太常博士、河南聶崇義撰。自周顯德中受詔，至建隆二年奏之。蓋用舊圖六本參定，故題《集註》，詔國學圖於宣聖殿後北軒之屋壁。至道中，改作於論堂上，以版代壁。判監李至爲之〈記〉。

廣枝案：此書之名應爲《三禮圖集注》，《解題》或省稱之。崇義〈自序〉曰：「《舊圖》十卷，形制闕漏，文字省略，名數、法式上下差違，既無所從，難以取象。蓋久傳俗，不知所自也。臣崇義先於顯德三年冬，奉命差定郊廟器玉，因敢刪改。其或名數雖殊，制度不別，則存其名而略其制者，瑚簋、車輅之類是也。其名義多而《舊圖》略，振其綱而目不舉者，則就而增之，射侯、喪服之類是也。有其名而無其制者，亦略而不圖，仍別序目錄，共爲二十卷。凡所集注，皆周公正經，仲尼所定，康成所注，傍依疏事。事有未達，則引漢法以況之；或圖有未周，則於目錄內詳證以補其闕。又按詳近禮，周知沿革。至大宋建隆二年四月辛丑，第敘既訖。冠冕、衣服，見吉凶之象焉；宮室、車旗，見古今之制焉；弓矢、射侯，見尊卑之別焉；鐘鼓、管磬，見法度之均焉；祭器、祭玉，見大小之數焉；圭璧、繅籍，見君臣之序焉；喪葬、飾具，見上下之紀焉。舉而行之，易於詳覽。」可見此書之內容及撰作之要旨。至其所用以參定之舊圖凡六本，即鄭玄、阮諶、夏侯伏朗、張鎰、梁正及開皇所撰之六家《三禮圖》也。朱彝尊《曝書亭集》卷三十四〈序〉一〈聶氏三禮圖序〉曰：「《六經》有圖《三禮》尤不可少。鄭康成、阮諶、梁正、夏侯伏朗之書，吾不得而見之矣。博采諸圖成書者，洛陽聶崇義也。當周顯德中，崇義以國子司業兼太常博士，與國子祭酒汝陰尹拙同寮，其論祭玉，援引《周禮》正文，拙無以難。迨宋建隆初，考正《三禮圖》，表上于朝。時拙已遷太子詹事，被詔集儒學之士重加參議，拙多所駁正，崇義復引經釋之。書成，拜紫綬、犀帶、白金、繒帛之賜，頒其書于學官，繪圖宣聖殿後北軒之壁。至道初，舊壁崩剝，命易以版，作論堂之上。咸平中，車駕幸學，親覽觀焉。斯亦儒者稽古之榮矣。」朱〈序〉於《解題》頗多增補，並可相互發明。至《解題》所提及之李至《宋史》卷二百六十六〈列傳〉第二十五有傳，略云：「至字言幾，眞定人。幼沈靜好學，及長，

辭華典贍。舉進士。太宗時累拜右諫議大夫，參知政事。時議親征范陽，至切諫。以目疾求解機政，旋判國子監，請刊刻《二傳》、《二禮》、《孝經》、《論語》、《爾雅》七經疏。又引吳淑等檢正譌謬，與李沆裁處之。眞宗即位，拜工部尙書，參知政事，又以目疾求解，授武信軍節度使。剛嚴簡重，人士罕登其門，徙河南。咸平四年卒，年五十五。」則至之任判監，當太宗至道之時，惜其所爲〈記〉，今已不復見矣。

吾鄉郡庠安定胡先生所刱論堂繪《三禮圖》，當是依倣京監。嘉熙戊戌風水，堂壞，今不存矣。

案：安定胡先生，即胡瑗《宋史》卷四百三十二〈列傳〉第一百九十一〈儒林〉二有傳，其傳未及此事。逮黃宗羲撰《宋元學案》，其書卷一〈安定學案〉「文昭胡安定先生瑗」條僅載：「滕宗諒知湖州，聘爲教授。先生倡明正學，以身先之。雖盛暑，必公服坐堂上，嚴師弟子之禮。視諸生如子弟，諸生亦愛敬如父兄。其教人之法，科條纖悉俱備。立『經義』、『治事』二齋：經義則選擇其心性疏通，有器局，可任大事者，使之講明《六經》。治事則一人各治一事，又兼攝一事，如治民以安其生，講武以禦其寇，堰水以利田，算曆以明數是也。凡教授二十餘年。慶曆中，天子詔下蘇、湖取其法，著爲令于太學。」亦未具載於論堂繪《三禮圖》事。《解題》所記，足補史籍之闕。至理宗嘉熙二年戊戌（1238），因風水而堂毀，惜哉！

禮象十五卷

《禮象》十五卷，陸佃撰。以改舊圖之失，其尊、爵、彝、鼎，皆取公卿家及祕府所藏古遺器，與聶《圖》大異。

廣棪案：《經義考》卷一百四十一〈禮記〉四著錄：「《禮象》，〈宋志〉十五卷，存。未見全本。按：陸氏《禮象》，丹徒張先生鵬巡撫山東，獲之章丘李中麓家，惜已殘闕矣。」則此書彝尊已未見全本。朱氏《曝書亭集》卷三十四〈序〉一〈聶氏三禮圖序〉，記聶《圖》作於論堂上後，續曰：「乃有賈安宅等，言其未見古器，出於臆度，而陳用之撰《太常禮書》，陸師農撰《禮象》，皆以正聶氏之失，而補其闕遺。有詔毀論堂畫壁。然寶學士儼〈序〉稱：『其采《三禮》舊圖，凡得六本，鑽研尋繹，推較詳求，原始要終，體本正末，能事盡焉。』則非出于臆度也。永嘉陳伯廣跋卷尾云：『觀其圖度，未必盡如古昔，苟得而考之，

不猶愈于求諸野乎？』斯言得之。」則當時攻聶《圖》者，固不止陸佃一家，然亦有以崇義學有本源，所爲書有根有據，非出於臆度者也。

岷隱戴先生分教吾鄉，作閣齋館池上，畫此圖於壁，而以「禮象」名閣，與論堂《禮圖》相媲云。

案，岷隱戴先生，即戴溪。溪分教湖州，作「禮象」閣，其與胡瑗繪《三禮圖》於論堂事足相媲美《宋史》等無所記，亦可補史籍之未備。

禮書一百五十卷

《禮書》一百五十卷，太常博士長樂陳祥道用之撰。論辯詳博，間以繪畫。於唐代諸儒之論，近世聶崇義之《圖》，或正其失，或補其闕。

廣棪案：《郡齋讀書志》卷第二〈禮類〉著錄：「《太常禮書》一百五十卷。右皇朝陳祥道用之撰。祥道元祐初以左宣義郎仕太常博士，解《禮》之名物，且繪其象，甚精博。……今世傳止五十卷，予愛之而恨其闕少，得是本於敘州通判盧彭年家，其象且以五采飾之，於是始見其全書云。」則此書未嘗缺，書名之「太常」二字，疑爲晁氏所加。《四庫全書總目》卷二十二〈經部〉二十二〈禮類〉四亦著錄此書，所爲評曰：「綜其大致，則貫通經傳，縷析條分，前說後圖，考訂詳悉。陳振孫稱其論辨精博，間以繪畫，唐代諸儒之論，近世聶崇義之《圖》，或正其失，或補其闕。晁公武，元祐黨家；李廌，蘇門賓客；皆與王氏之學異趣。公武則稱其書甚精博；廌亦稱其《禮》學通博，一時少及。則是書固甚爲當時所重，不以安石之故廢之矣。」因悉此書備受推崇，《郡齋讀書志》與《四庫全書總目》所評，與《解題》幾無異辭也。

元祐中表上之。

案：《郡齋讀書志》謂：「朝廷聞之，給札繕寫奏御。」與《解題》所記不同。《四庫全書總目》於祥道仕履及表上《禮書》事，皆有辨。曰：「祥道，字用之，福州人。李廌《師友紀談》稱其許少張榜登科。又稱其元祐七年進《禮圖》、《儀禮注》，除館閣校勘。明年用爲太常博士，賜緋衣。不旬餘而卒。又稱其仕宦二十七年，止於宣義郎。《宋史》則作官至秘書省正字。然晁公武《讀書志》載是書，亦稱左宣義郎、太常博士陳祥道撰，與廌所記同。廌又稱嘗爲《禮圖》一百五十卷、《儀禮說》六十餘卷，內相范公爲進之，乞送祕閣及太常寺。陳振孫《書錄解題》則稱元祐中表上之。晁公武則稱朝廷聞之，給札繕寫奏御。《宋史·

陳暘傳》則稱禮部侍郎趙挺之上言：『暘所著《樂書》二十卷，案：《樂書》實二百卷《宋史》字誤。貫穿明備，乞援其兄祥道進《禮書》故事給札。』則廌、振孫所記爲確，公武朝廷聞之之說，非其實也。」惟余嘉錫先生《四庫提要辨證》卷一〈經部〉一〈禮類〉四「《禮書》一百五十卷」條則曰：「嘉錫案：《續資治通鑑長編》卷四百二十二云：『元祐四年二月癸卯，翰林學士許將言：「太常博士陳祥道尤深於《禮》，嘗著《增廣舊圖》，及考先儒異同之說，著《禮書》一百卷，望試以禮官，取所爲書付之有司。」詔以陳祥道爲太常博士。』據此，則李廌謂七年進書，明年始除太常博士者非也。又《長編》卷四百五十云：『元祐五年十一月壬戌，給事中范祖禹言：「太祖時聶崇義所撰《三禮圖》畫於國子監講堂。伏見太常博士專於《禮》、《樂》，所進《禮書》一百五十卷，比之聶崇義《圖》尤爲精密，請付太常寺，與崇義《圖》參用。」詔兩制看詳以聞。』《玉海》卷六十九『元祐《禮書》』一條略同。此即李廌所謂內相范公爲進之，乞付祕閣及太常之說也。然《禮書》自是元祐五年許將所進，不關范祖禹，祖禹但乞付太常，與《三禮圖》參用耳。且事在五年，非七年，廌之說又非也。《容齋三筆》卷十六，記王順伯所藏高子允諸公謁刺中有陳祥道，且云『皆元祐四年朝士，惟彭器資爲中書舍人，餘皆館職』。然據《長編》，許將進《禮書》之時，稱其官爲太學博士，書進於二月癸卯，爲月之二日，則其自館職遷太學博士，當在其年正月間。《長編》卷四百七十八又云：『元祐七年十月辛未，正字陳祥道爲館閣校勘。』與李廌之言頗合，然不言其因進書得官，蓋自是尋常遷轉。又卷四百八十云：『元祐八年正月庚子，翰林侍講學士、國史院修撰范祖禹言：「太常博士陳祥道注解《儀禮》三十二卷，精詳博洽，非諸儒所及。乞下兩制看詳，並所進《禮圖》付太常，以備禮官討論。」從之。』詳考《長編》，則《禮圖》及《儀禮注》不進於一年，范祖禹先後兩次上言，一言《禮書》，原注：即《禮圖》。一言《儀禮注》，雖均請付太常，卻非一事，與諸書皆不合。又《長編》卷四百八十三云：『元祐八年戊午，禮部言祕書省正字陳祥道狀，蒙差兼權太常博士。』則祥道之仕履《長編》載之頗詳，李廌著書，得自傳聞，年月事蹟，無不舛誤《提要》亦未能博考也。」是則《四庫全書總目》既欠博考，而其立說所依據之李廌《師友紀談》又多舛誤，據《續資治通鑑長編》卷四百二十二所載，祥道《禮書》乃元祐四年二月癸卯藉翰林學士許將上言所進，固非自行表上者，亦非如晁氏所言：「朝廷聞之，給札繕寫奏御」。是《解題》與《郡齋讀書志》所記，兩皆失之。至《四庫全書總目》之誤，余氏《辨證》已糾之矣。

夾漈鄉飲禮七卷

《夾漈鄉飲禮》七卷，鄭樵撰。

廣梭案：《經義考》卷一百三十五〈儀禮〉六著錄：「鄭氏樵《鄉飲禮》，〈宋志〉三卷，又《圖》三卷。佚。」檢《宋史》卷二百二〈志〉第一百五十五〈藝文〉一〈經類‧禮類〉著錄：「鄭樵《鄉飲禮》七卷。」與《解題》同。朱氏《經義考》所載有誤，所言未知所本。

春秋類

春秋經一卷

《春秋經》一卷，每事為一行，廣德軍所刊古監本也。

廣校案：《四庫全書》本《解題》據《永樂大典》將此條與下二條，分作三條；惟《文獻通考》卷一百八十二〈經籍考〉九〈經・春秋〉著錄引「陳氏曰」，則三條合為一條，文字亦有異同，如此條即闕最後之「也」字。又案：葉德輝《書林清話》卷三「宋司庫州軍郡府縣書院刻書」條中，葉氏歷引群籍以述宋世州軍刻書，計有江陰軍學、宣州軍州學、惠州軍州學、建昌軍學、興化軍學、衢州軍州學、邵武軍學、撫州軍學、泉州軍州學、全州軍州學、象州軍州學、高郵軍學、建昌軍學、興國軍學、武岡軍學、臨江軍學、袁州軍學等地所刻書，而獨闕《解題》此條所著錄之廣德軍刊古監本《春秋經》一卷。是則《書林清話》所記，仍不免有所遺漏。後見同卷所記郡齋刻書則載：「淳熙丙申，三年。張杅守桐川，用蜀小字本《史記》改中字本，重雕於廣德郡齋。越二年，趙山甫蒞郡，取褚少孫所續別為一帙。至辛丑，八年。澄江耿秉始次其卷第，合而印之，見陸《志》陸〈跋〉。」考陸心源《儀顧堂題跋》卷二正有「〈宋耿秉槧本史記跋〉」條，足證葉氏之書亦有記及廣德一地之刻書。惟《解題》所記之《春秋經》一卷，乃廣德軍所刊，而《儀顧堂題跋》所言之《史記》，乃廣德郡齋所刊耳。

春秋經一卷

《春秋經》一卷，朱熹所刻廣校案：《文獻通考》作「晦庵又刻」。於臨漳四經之一。其於《春秋》獨無所論著，惟以《左氏》經文刻之。

廣校案：此書朱子有〈序〉，曰：「某之先君子好《左氏》書，每夕讀之，必盡一卷乃就寢，故某自幼未受學時已耳熟焉。及長，稍從諸先生長者問《春秋》義例，時亦窺其一二大者，而終不能有以自信於其心；以故未嘗輒措一詞於其間，而獨於其君臣父子大倫大法之際為有感也。近刻《易》、《詩》、《書》於郡庠《易》用呂氏本《古經傳》十二篇，而紬《詩》、《書》之〈序〉，置之經後，

以曉當世，使得復見古書之舊，而不錮於後世諸儒之說。顧《三禮》體大，未能緒正。獨念《春秋》大訓，聖筆所刊，不敢廢塞。而河南邵氏《皇極經世》學，又以《易》、《詩》、《書》、《春秋》爲皇帝王霸之書，尤不可以不備。乃復出《左氏》經文，別爲一書，以踵三經之後。其《公》、《穀》二經所以異者，類多人名、地名，而非大義之所係，故不能悉具。異時有能放呂氏之法，而爲三經之音訓者，尚有以成吾之志也哉！右書臨漳所刻四經後。」讀此〈序〉，當對朱子於《春秋》獨無論著之故，及其僅刻《左氏》經文之旨，皆瞭然洞悉矣。

春秋古經一卷

《春秋古經》一卷，禮部侍郎眉山李燾仁父所述。廣棪案：《文獻通考》此條作「李燾仁甫又定《春秋古經》一卷」。

廣棪案：《文獻通考》卷一百八十二〈經籍考〉九〈經春秋〉此條作「李燾仁甫又定《春秋古經》一卷」。「述」之與「定」，其意義顯有不同。燾有〈後序〉，其略曰：「自杜預集解《左氏》，合經傳爲一。貞觀十六年，孔穎達承詔修《疏》。永徽四年，長孫無忌等重上《正義》，丘明《傳》學愈益盛矣。而仲尼遺經無復單行，學者或從杜〈解〉抄出，獨存《左氏》，擯落二家。幸陸德明與穎達同時於太學，自釋音義，兼存二家，本書仍各注《左氏》別字，顧亦無決擇。德明為國子博士，貞觀十七年也。惟貞元末，陸淳《纂例》列《三傳》經文差繆凡二百四十一條，自言考校從其有義理者，然往往亦言未知孰是，兼恐差繆不止二百四十一條。惜啖、趙《集傳》今俱失墜，無從審覆耳。〈唐志〉：『陸質集注《春秋》二十卷，又集傳《春秋纂例》十卷、《春秋微旨》二卷、《春秋辯疑》七卷。』今存者惟《纂例》、《微旨》、《辯疑》耳。余患苦此久矣。嘗欲即三家所傳，純取遺經，心以爲是者則大書之，仍細書其不然者於其下。數十年間，遊走東西，志弗獲就。會潼川謝疇元錫來，從余遊，其治《春秋》極有功，因付以斯事。居三月而成書，旁蒐遠引，不一而足，反說以約，厥功彌著。余撫其書喜甚，亟刻板與學者共之。」是則此書之撰作體例固燾所述，而由謝疇「旁蒐遠引」、「反說以約」而定之也。今人徐規撰有〈李燾年表〉，見載《文史》第二輯，中云：「《春秋古經》一卷（與弟子謝疇同定）。據《宋元學案補遺》八引〈李文簡集〉云：『謝疇，字元錫，潼川人。從李仁甫遊，著《春秋古經》十二篇。仁甫爲之〈序〉，稱其治《春秋》極有功。』規謂此書乃燾與弟子謝疇同定，最得其實。《解題》、《通考》所述，均不免有所未照也。

春秋左氏傳三十卷

《春秋左氏傳》三十卷，自昔相傳以為左丘明撰，其好惡與聖人同也。

　　廣棪案：此本劉歆說。歆欲立《左傳》博士，嘗上〈疏〉曰：「左丘明好惡與聖人同，親見夫子。而公、穀在七十子後。傳聞之與親見，其略不同也。」見《漢書》卷三十六〈楚元王傳〉第六附〈劉歆〉。惟直齋則不以歆說為然。

而其末記晉知伯反喪於韓、魏，在獲麟後二十八年，去孔子沒亦二十六年，不應年少後亡如此。又其書稱「虞不臘矣」、「見於嘗酎」及「秦庶長」，皆戰國後制，故疑非孔子所稱左丘明，別是一人為史官者。

　　案：程子曰：「《左傳》非邱明作。『虞不臘矣』并『庶長』皆秦官、秦語。」《經義考》卷一百六十九〈春秋〉二「左邱子明《春秋傳》」條引，下同。呂大圭曰：「宗《左氏》者，以為邱明受經於仲尼，好惡與聖人同。觀孔子謂『左邱明恥之，丘亦恥之』，乃『竊比老彭』之意，則其人當在孔子之前。而左氏傳《春秋》，其事終於智伯，乃在孔子之後。說者以為與聖人同者為左邱明，而傳《春秋》者為左氏，蓋有證矣。或以為六國時人，或以為楚左史倚相之後，蓋以所載『虞不臘』等語。蓋秦人以十二月為臘月，而左氏所述楚事極詳。蓋有無經之傳，而未有無傳之經，亦一證也。」《解題》此處所述，幾全本程、呂二子。至「見於嘗酎」一語，出《左傳》襄公二十二年。杜預注曰：「酒之新熟重者為酎，嘗新飲酒為嘗酎。」考《禮記‧月令》曰：「孟夏之月，天子飲酎。」鄭玄注：「酎之言醇也，謂重釀之酒也。」則飲酎，嘗酎，自古有之，未知直齋何以視為戰國後制。宋金恕嘗撰〈春秋左氏傳序〉，曰：「自孔子作《春秋》，而左氏為之《傳》。班固〈藝文志〉云：『《左氏傳》三十卷。曰左丘明，魯太史。』是固以左氏為丘明也。前乎固者，司馬遷亦嘗言之，曰：『孔子作《春秋》，丘明為之《傳》。』則左氏為丘明，無疑也。固之序《春秋》也，則又曰：『仲尼思存前聖之業，以魯，周公之國，禮文備物，史官有法，故與左丘明觀其史記，據行事，仍人道，口授弟子。丘明恐弟子各安其意，以失其真，故論本事而作《傳》。』則左氏之為丘明，無疑也。晉杜預集《左氏春秋註》，則曰：『左丘明受經於仲尼。』則左氏既為丘明，而又與孔子同時，親受其經，無疑也。至唐之世，去左氏遠矣，而啖助獨起而疑之。曰：『謂左氏為丘明，非也。』唯趙匡亦從而疑之曰：『左氏不知出於何代。』此皆後儒好為異說，出其臆見，以炫其聰明，創無所據之論，以為或不然之辭。遂使後人紛紛聚訟，或曰丘明，或曰非丘明，或曰孔子時人，或曰六國時人。嗚呼！遷之去左氏未遠也，固之考校至精也，預之用心

至專也。以三君子遞相師承之說不足信，而啖、趙之徒相去近千年，而爲此茫茫無所據之論，泛泛不必然之辭，轉足信乎？或者又引伊川之說，謂《傳》無丘明字，不可考。然其所爲《傳》無丘明字者，果何據乎？不過據今所讀之《傳》，見其第曰《左氏傳》，不曰《左丘明傳》，故謂之無丘明字也。不思今之所讀公、穀二《傳》，亦不過曰《公羊氏傳》而已，未嘗曰《公羊高傳》也；又不過曰《穀梁氏傳》而已，未嘗曰《穀梁喜傳》、《穀梁赤傳》、《穀梁俶傳》也。且公羊之名一，而穀梁之名三。然其名雖或曰喜，或曰赤，或曰俶，而要知其爲一人，未嘗疑之曰別有一穀梁也。獨於左氏則曰：此非丘明也。以爲非丘明，則是遷之說不足據也，固與預之說不足憑也。以可憑可據之說而疑之，彼之臆爲說者，果足信也耶？即伊川之言亦第以爲不可考，蓋不敢臆斷之辭也，亦未嘗必以爲非丘明也。朱子之注《論語》也，曰：『左丘明，古之聞人也。』他日又舉鄧著作之說曰：『左丘姓，而明名，傳《春秋》者乃左氏也。』即朱子之意，亦未嘗以傳《春秋》者必非丘明，特以爲左氏，而非左丘氏耳。安知其意不以爲左氏而名丘明，非左丘氏而名明者乎？由此觀之，見于《論語》者，左丘氏而名明者也；傳《春秋》者，左氏而名丘明者也。故謂此之左丘明，非彼之左丘明可也；謂此之左氏，必非丘明不可也。左丘明既爲古之聞人，安知左氏非慕而效之者乎？夫聖門如子淵、子貢、子夏之稱，此皆人之所尊師而不敢犯者，而後世猶且效之，不嫌其同，況他人乎？至班氏謂孔子與之觀史記，杜氏謂其受經于仲尼，此皆必有所據而云然。而後儒必以爲非丘明也，非孔子時人也，以前史爲不足據，而必欲伸其臆說，此何爲者耶？昔者劉歆欲立《左氏》博士，今觀其《疏》有曰：『左丘明好惡與聖人同，親見夫子。而公、穀在七十子後，傳聞之與親見，其詳略不同也。』夫歆父子在天祿校中經書，其時求書之詔屢下，而謁者陳農更復搜採無遺，充積祕府。使非確有所見，何以謂其親見夫子，而且知其好惡與聖人同耶？吾故讀《左氏》之書，而準之以遷、固之史，復證之以歆與預之說經，斷然以爲丘明所作，且斷然以爲受經于仲尼之丘明之所作也。於是爲之〈序〉，而欲後之讀《左氏》者，亦斷然如予之無疑也，可乎？」上引宋金恕所考，誠屬鞭辟入裏，考證周延，足解前人以《左傳》非丘明作之惑。至《左傳》一書中有「戰國後制」及獲麟後史事，斯乃丘明之徒及其後學所遞增，近人已考之詳且審矣。故直齋之疑，亦可休矣。

其釋經義例，雖未盡當理，而具得當時事實，則非二《傳》之比也。

案：《解題》此處所述，既本《史通・申左》之旨，〈申左〉言二《傳》不如《左

氏》。又據朱子之《語錄》。《語錄》曰:「《左氏》之病,是以成敗論是非,而不本義理之正。」又曰:「左氏曾見國史,考事頗精,只是不知大義,專去小處理會,往往不曾講學。」《文獻通考》卷一百八十二〈經籍考〉九〈經‧春秋〉「《春秋左氏傳》三十卷」條引。是《史通‧申左》力言《公》、《穀》不及《左氏》;朱子謂丘明釋經,不本義理。皆為《解題》論說所本。至啖助《春秋集傳纂例》略謂:《左氏》「比餘《傳》,其功最高,博采諸家,敘事尤備,能令百代之下,頗見本末,因以求意,經文可知」。其推崇《左傳》在《公》、《穀》諸家之上,則與知幾《史通‧申左》同其見地!

春秋公羊傳十二卷

《春秋公羊傳》十二卷,齊人公羊高,稱受經於子夏,傳子至玄孫壽。當漢景帝時,壽乃與弟子齊胡母廣棪案:盧校本作「毋」。子都著於竹帛,及董仲舒亦傳之,〈說題辭〉云:「傳我書者,公羊高也。」此亦傅會之言,蓋鄭康成亦有《公羊》善讖之說,往往言讖文者多宗之。

　　廣棪案:此條據《郡齋讀書志》撰就,而文字略有刪改。晁《志》卷第三〈春秋類〉著錄曰:「《春秋公羊傳》十二卷。右戴宏〈序〉曰:『子夏傳之公羊高,高傳其子平,平傳其子地,地傳其子敢,敢傳其子壽。至漢景帝時,壽弟子胡母子都著以竹帛。其後,傳董仲舒,以《公羊》顯於朝。又四傳至何休,為《經傳集詁》,廣棪案:休撰者名《春秋公羊解詁》。其書遂大傳。』鄭玄曰:『《公羊》善於讖。』休之注引讖最多。」是《解題》所述較省略耳。惟此書《漢書‧藝文志》作十一卷,此據晁《志》作十二卷,蓋誤。晁《志》作十二卷者,乃就何休《春秋公羊解詁》而言。何氏《解詁》,陸德明《經典釋文‧序錄》正作十二卷。直齋偶有失慎也。

春秋穀梁傳十二卷

《春秋穀梁傳》十二卷,魯人穀梁赤,一名俶,字元始,亦稱子夏弟子。自荀卿、申公至蔡千秋、江翁,凡五傳。宣帝好之,遂盛行於世。

　　廣棪案:此條據《郡齋讀書志》刪定。晁《志》卷第三〈春秋類〉著錄:「《春秋穀梁傳》十二卷。右范甯注。應劭《風俗通》稱穀梁名赤,子夏弟子;糜信則以為秦孝公同時人;阮孝緒則以為名俶,字元始,皆未詳也。自孫卿五傳至

蔡千秋，漢宣帝好之，遂盛行於世。」是《解題》據《郡齋讀書志》。惟晁《志》
謂「自孫卿五傳至蔡千秋」，及《解題》謂「自荀卿、申公至蔡千秋、江翁，凡
五傳」之說，均未盡詳實。宋金恕〈春秋穀梁傳序〉曰：「穀梁子傳孫卿，卿傳
申公，申公傳瑕丘江公。江公在武帝時為博士，與董仲舒議《春秋》，子孫世習
之，其時魯榮廣及王孫皓星公並受焉。於是沛有蔡千秋，字少君；梁有周慶，
字幼君；及丁姓，姓丁名姓。字子孫者，皆從廣受《穀梁》，而千秋又事皓星公。」
則足補晁、陳二書之未及。至《解題》所記之「江翁」，「翁」字疑「公孫」二
字之訛，蓋陸德明〈三傳釋文自序〉曰：「會千秋病死，徵江公孫為博士，詔劉
向受《穀梁》，欲令助之。江博士復死，乃徵周慶、丁姓待詔，使卒授十人。」
是江公孫乃穀梁後傳弟子，宋金恕之〈序〉亦遺漏之。

春秋左氏經傳集解三十卷

《春秋左氏經傳集解》三十卷，晉鎮南大將軍京兆杜預撰。其述作之意〈序〉
文詳之矣。

> 廣棪案：預之〈自序〉曰：「古今言《左氏春秋》者多矣，今其遺文可見者十數
> 家，大體轉相祖述，進不得為錯綜經文，以盡其變；退不守丘明之《傳》，於丘
> 明之《傳》有所不通，皆沒而不說，更膚引《公羊》、《穀梁》，適足自亂。預今
> 所以為異，專修丘明之《傳》以釋經。經之條貫，必出於《傳》；《傳》之義例，
> 總歸諸凡。推變例以正褒貶，簡二《傳》以去異端，蓋丘明之志也。其有疑錯，
> 則備論而闕之，以俟後賢。然劉子駿創通大義，賈景伯父子、許惠卿，皆先儒
> 之美者也。末有潁子嚴者，雖淺近，亦復名家。故特舉劉、賈、許、潁之違，
> 以見同異；分經之年與《傳》之年，相附比其義類，各隨而解之，名曰《經傳
> 集解》。」讀此〈序〉，當可詳悉預述作之法。

專修丘明之《傳》以釋經，後世以為左氏忠臣者也。其弊或棄經而信《傳》，
於《傳》則忠矣，如經何？

> 案：《郡齋讀書志》卷第三〈春秋類〉著錄：「《春秋左氏傳》三十卷。右晉杜預
> 元凱集劉子駿、賈景伯父子、許惠卿、潁子嚴之《注》，分經之年與《傳》之年
> 相附，故題曰《春秋經傳集解》。其發明甚多，古今稱之。然其弊則棄經信《傳》，
> 如成公十三年麻隧之戰《傳》載秦敗績，而經不書，以為晉直秦曲；則韓役書
> 『戰』，時公在師，復不須告，克獲有功，亦無所諱；於《左傳》之例皆不合，

不曰《傳》之謬，而猥稱『經文闕漏』，其尤甚至如此。」是則《解題》謂預撰《經傳集解》，「其弊或棄經而信《傳》」，蓋本晁《志》也。

春秋釋例十五卷

《春秋釋例》十五卷，杜預撰。

廣棪案：此書元世曾有作四十卷者，吳萊所撰〈後序〉曰：「《春秋左氏》，漢初本無傳者，劉子駿始建明之，欲立學官，諸儒莫應。然傳之者亦已眾多，賈景伯、服子慎並為訓解。及晉而杜元凱又作《經傳集解》三十卷、《釋例》四十卷。」是其證。自明以來，此書已佚。茲所見之《四庫全書》本，乃就《永樂大典》輯出，仍作十五卷。

預既為《集解》，別集諸例及地名、譜第、曆數，相與為部，凡四十部。

案：預〈春秋左傳集解自序〉曰：「又別集諸例及地名、譜第、曆數，相與為部，凡四十部，十五卷，皆顯其異同，從而釋之，名曰《釋例》。將令學者觀其所聚異同之說《釋例》詳之也。」《解題》所述據預〈序〉。

唐劉賁為之〈序〉。

案：賁〈序〉略曰：「聖人文乎魯史，志乎周道，筆削隱顯，有權有義，一正于周制而已。權焉，故有諱國惡，避世禍，矯事以變文也。義焉，故有例典禮，貶僭亂，尊王以行法也。……晉主中國，元凱以《春秋》為安危，故述茲例。意欲安中國而御四夷，釋權義以正《禮經》。後儒有以知可例者文也，可釋者志也。善言《春秋》者，不以文害志。故志定而後斷物，物得其斷，則例可得焉，例可忘焉。故序。」賁之〈序〉，《四庫全書》本列於書首。

春秋公羊傳解詁十二卷

《春秋公羊傳解詁》十二卷，漢司空掾任城何休邵公撰。

廣棪案：此書卷數，各朝著錄略有異同。《郡齋讀書志》及〈宋志〉均作十二卷。惟〈隋志〉與《通志·藝文略》作十一卷，〈新〉、〈舊唐志〉作十三卷，與《解題》著錄不同。

休為太傅陳蕃屬。蕃敗，坐黨錮，作《解詁》，覃思不窺門十七年。又作《公羊墨守》、《左氏膏肓》、《穀梁廢疾》。黨禁解，拜議郎，終諫議大夫。

案：《後漢書》卷七十九〈儒林列傳〉第六十九下〈何休〉曰：「何休，字邵公，任城樊人。父豹，少府。休以列卿子拜郎中，辭病去。陳蕃辟之。蕃敗，休坐廢錮，迺作《春秋解詁》，覃思不闚門十有七年。又以《春秋》駁漢事六百餘條，妙得《公羊》本意。休善曆算，與其師博士羊弼追述李育意，以難二《傳》，作《公羊墨守》、《左氏膏肓》、《穀梁廢疾》。黨禁解，拜議郎，再遷諫議大夫。」《解題》所述據此。考〈隋志〉著錄：《春秋公羊墨守》十四卷、《春秋左氏膏肓》十卷、《春秋穀梁廢疾》三卷，皆何休撰。

其書多引讖緯，其所謂「黜周王魯」、「變周文，從殷質」之類《公羊》皆無明文。蓋為其學者相承有此說也。

案：《解題》「《春秋公羊傳》十二卷」條已有「蓋鄭康成亦有《公羊》善讖之論，往往言讖文者多宗之」之說，與此同。呂大圭曰：「《春秋》三《傳》，何、范、杜三家各自為說，而說之謬者，莫如何休。如『元年春，王正月。』《公羊》不過曰『君之始年』爾。何休則曰：『《春秋》紀新王受命於魯。』滕侯卒，不名。不過曰：『滕，微國而侯，不嫌也。』而休則曰：『《春秋》王魯，託隱公以為始。』黜周王魯《公羊》未有明文也，而休乃倡之，其誣聖人也甚矣！《公羊》曰：『母弟稱弟，母兄稱兄。』其言已有失矣。』而休又從而為之說曰：『《春秋》變周之文，從商之質。質家親親，明當親厚於群公子也。』使後世有親厚於同母弟兄，而薄於父之枝葉者，未必不由斯言啓之。」呂氏所見，與直齋同也。

三科九旨，詳其^{廣棪案：盧校本作「具」。}《疏》中。

案：《解題》所言《疏》者，乃指徐彥所作《疏》。《春秋公羊傳疏·隱公》卷第一曰：「問曰：『《春秋》說云《春秋》設三科九旨，其義如何？』答曰：『何氏之意，以為三科九旨正是一物。若摠言之謂之三科。科者，段也。若析而言之謂之九旨。旨者，意也。言三個科段之內，有此九種之意。故何氏〈作文謚例〉云：「三科九旨者，新周、故宋、以《春秋》當新王，此一科三旨也。」又云：「所見異辭、所聞異辭、所傳聞異辭，二科六旨也。又內其國而外諸夏、內諸夏而外夷狄，是三科九旨也。」』」《解題》謂「詳具《疏》中」者，乃指此。

春秋穀梁傳集解十二卷

《春秋穀梁傳集解》十二卷，晉豫章太守順陽范甯武子撰。甯嘗謂王、何之罪，深於桀、紂，著論以排之。仕為中書侍郎。其甥王國寶憚之，乃相驅扇，

因求外補抵罪。會赦免。

> 廣棪案：此據《晉書》卷七十五〈列傳〉第四十五〈范汪〉所附〈甯傳〉。略謂：
> 「范甯字武子，東晉南陽順陽人。……甯少篤學，多所通覽。……時以浮虛相
> 扇，儒雅日替，甯以為其源始於王弼、何晏，二人之罪，深於桀紂。乃著論退
> 之。……頃之，徵拜中書侍郎，在職多所獻替，有益政道。……王國寶者，甯
> 之甥也。以諂媚事會稽王道子，懼甯所不容，乃相驅扇；甯因被疏隔，求補豫
> 章太守。臨發，上書陳時政，帝善之。甯在郡，又大設庠序，改革舊制，不拘
> 當憲。……甯以此抵罪。帝以甯所務惟學，事久不判。會赦，免。」《解題》所
> 述，殆據此《傳》隱括，惟脫漏居豫章郡事。故「會赦免」一語，則上無所承。

甯以為《春秋》惟《穀梁氏》無善釋，故為之注解。其〈序〉云：「升平之末，
先君稅駕於吳，帥門生故吏、兄弟子姪研講《六籍》、《三傳》。」蓋甯父汪為
徐、兗二州，北伐失利，屏居吳郡時也。汪沒之後，始成此書。所集諸家之
說，皆記姓名。其稱何休曰及鄭君釋之者，即所謂《發墨守》、《起廢疾》者
也；稱邵曰者，甯從弟也；稱泰曰、雍曰、凱曰者，其諸子也。汪，范晷之
孫。晷在〈良吏傳〉。自晷至泰五世，皆顯於時。甯父子、祖孫同訓釋經傳，
行於後世，可謂盛矣。泰之子蔚宗<small>廣棪案：盧校本作「泰之子曄」。又校注曰：「今本
《後漢書》刻本並未諱，以非本字故。」</small>亦著《後漢書》，以不軌誅死，其家始亡。

> 案：此書甯有〈自序〉，略曰：「升平之末，歲次大梁。先君北藩回軫，頓駕於
> 吳。乃帥門生故吏、我兄弟子姪，研講《六籍》，次及《三傳》。《左氏》則有服、
> 杜之注《公羊》則有何、嚴之訓解《穀梁傳》者雖近十家，皆膚淺末學，不經
> 師匠，辭理典據既無可觀，又引《左氏》、《公羊》以解此《傳》，文義違反，斯
> 害也已。於是乃商略名例，敷陳疑滯，博示諸儒同異之說。昊天不弔，泰山其
> 頹，匍匐墓次，死亡無日。日月逾邁，跂及視息。乃與二三學士及諸子弟各記
> 所識，并言其意，業未及終，嚴霜夏墜。從弟凋落，二子泯沒。天實喪予，何
> 痛如之。今撰諸子之言，各記其姓名，名曰《春秋穀梁集解》。」《解題》所言
> 「其〈序〉云」者以下，蓋據此隱括。至汪祖范晷《晉書》卷九十〈列傳〉第
> 六十〈良吏〉有傳。泰《宋書》卷六十〈列傳〉第二十有傳，曄字蔚宗，同書
> 卷六十九〈列傳〉第二十九有傳，茲不贅引。

三傳釋文八卷

《三傳釋文》八卷，唐陸德明撰。

廣棪案：《經義考》卷一百七十六〈春秋〉九著錄：「陸氏德明《春秋釋文》八卷，存。按陸氏《釋文》：《左傳》六卷《公羊》、《穀梁》各一卷。」書名與《解題》不同。考《經典釋文》卷第一〈注解傳述人〉條云：「士燮注《春秋經》十一卷、字彥威，蒼梧人。吳衛將軍龍編侯。賈逵《左氏解詁》三十卷、服虔《解誼》三十卷、王肅《注》三十卷、董遇《章句》三十卷、杜預《經傳集解》三十卷、字元凱，京兆杜陵。晉鎮南大將軍，開府儀同三司，當陽穆侯。孫毓《注》二十八卷、杜預《春秋釋例》十五卷、四十篇、服虔《音》一卷、魏高貴鄉公《音》三卷、曹髦，字士彥，魏廢帝。嵇康《音》三卷、字叔夜，譙國人，晉中散大夫。杜預《音》三卷、李軌《音》三卷、荀訥《音》四卷、字世言，新蔡人。東晉尚書左民郎。徐邈《音》三卷。右《左氏》。梁東宮學士沈文阿撰《春秋義疏》闕下帙，陳東宮學士王元規續成之。元規又撰《春秋音》。何休注《公羊》十二卷、王愆期《注》十二卷、字門子，河東人。東晉散騎常侍、辰陽伯。高龍《注》十二卷、字文，范陽人。東晉河南太守。孔衍《集解》十四卷、字舒元，魯人。東晉廣陵相。李軌《音》一卷、江惇《音》一卷。右《公羊》。漢更始《穀梁章句》十五卷、唐固《注》十二卷、字南山，東海人。魏樂平太守。孔衍《集解》十四卷、徐邈《注》十二卷、徐乾《注》十三卷、字文祚，東莞人。東晉給事中。范甯《集注》十二卷、段肅《注》十二卷、不詳何人。胡訥《集解》十卷。右《穀梁》。」德明撰《三傳釋文》蓋據此。

春秋左氏傳正義三十六卷

《春秋左氏傳正義》三十六卷，唐孔穎達等撰。自晉、宋傳杜學為義疏者，有沈文阿、蘇寬、劉炫。沈氏義例麤可，經傳極疎；蘇氏不體本文，惟攻賈、服；劉炫好規杜失，比諸義疏猶有可觀。今據以為本，其有疎漏，以沈氏補焉。

廣棪案：孔穎達〈自序〉略曰：「晉世杜元凱又為《左氏集解》，專取丘明之《傳》，以釋孔氏之經，所謂子應乎母，以膠投漆，雖欲勿合，其可離乎？今校先儒優劣，杜為甲矣。故晉、宋傳授，以至於今，其為義疏者，則有沈文阿、蘇寬、劉炫。然沈氏於義例粗可，於經傳極疎；蘇氏則全不體本文，唯旁攻賈、服，使後之學者鑽仰無成；劉炫於數君之內，實為翹楚，然聰惠辯博，固亦罕儔，而探賾鉤深，未能致遠。其經註易者，必具飾以文辭；其理致難者，乃不入其

根節。又意在矜伐，性好非毀，規杜之失凡一百五十餘條。習杜義而攻杜氏，猶蠹生於木而還食其木，非其理也。雖規杜過，義又淺近，所謂捕鳴蟬於前，不知黃雀在其後。……然比諸義疏，猶有可觀。今奉敕刪定，據以爲本，其有疏漏，以沈氏補焉。」《解題》所述蓋本穎達〈自序〉。

春秋公羊傳疏三十卷

《春秋公羊傳疏》三十卷，不著撰者名氏。〈唐志〉亦不載。《廣川藏書志》云：「世傳徐彥撰，不知何據。然亦不能知其定出何代，意其在貞元、長慶後也。景德中，侍講邢昺校定傳之。」

　　廣棪案：《崇文總目》卷一〈春秋類〉著錄：「《春秋公羊疏》三十卷，原釋：『不著撰人名氏，援證淺局，出于近世，或云徐彥撰。皇朝邢昺等奉詔是正，始令太學傳授，以備《春秋》三家之旨。』見《文獻通考》。」《郡齋讀書志》卷第三〈春秋類〉著錄：「《春秋公羊傳疏》三十卷。右不著撰人。李獻臣云：『徐彥撰，亦不詳何代人也。《崇文總目》謂其「援證淺局，出於近世」。以何氏三科九旨爲宗。』」是宋人之於此書之撰者徐彥及其年代，多在疑似之間，未敢作肯定。至清乾隆時《四庫全書》館臣始從董逌之說，定此書爲唐人徐彥撰。《四庫全書總目》卷二十六〈經部〉二十六〈春秋類〉一「《春秋公羊傳注疏》二十八卷」條曰：「彥《疏》，〈唐志〉不載。《崇文總目》始著錄，稱不著撰人名氏，或云徐彥。董逌《廣川藏書志》亦稱世傳徐彥，不知時代，意其在貞元、長慶之後。考《疏》中『邲之戰』一條，猶及見孫炎《爾雅注》完本，知在宋以前。又『葬桓王』一條，全襲用楊士勛《穀梁傳疏》，知在貞觀之後。中多設問答，文繁語複，與邱光庭《兼明書》相近，亦唐末之文體。董逌所云，不爲無理。故今從逌之說，定爲唐人焉。」然道光間，阮元撰〈春秋公羊傳注疏校勘記序〉，則據王鳴盛《蛾術編》另立新說。阮〈序〉曰：「徐彥《疏》，〈唐志〉不載，《崇文總目》始著錄，亦無撰人名氏。宋董逌云世傳徐彥所作。其時代里居不可得而詳矣。王鳴盛云：即《北史》之徐遵明。不爲無見也。蓋其文章似六朝人，不似唐人所爲者。」二者聚訟，及今仍多以爲唐人徐彥所作也。

春秋穀梁傳疏十二卷

《春秋穀梁傳疏》十二卷，唐國子四門助教楊士勛撰。

廣棪案：《崇文總目》卷一〈春秋類〉著錄：「《春秋穀梁疏》三十卷，原釋：『唐國子四門助教楊士勛撰，皇朝邢昺等奉詔是正，令太學傳授。』見《文獻通考》。」所記書名與卷數均與《解題》不同。陳鱣《經籍跋文》曰：「何小山煌嘗據宋本校汲古閣注疏，改正甚多。《穀梁傳疏》十二卷，照宋鈔本。是《疏》本單行，卷第仍范〈解〉之舊。《通考》、《玉海》并引《崇文總目》作三十卷，〈唐〉、〈宋志〉、陳《錄》俱作十二卷，疑《崇文總目》誤。」是直齋所記者乃此書之單疏本，卷第依范寧《集解》作十二卷《解題》不誤；而《崇文總目》作三十卷，反失據也。惟此書亦有作二十卷者《讀書附志》卷上〈經類〉著錄：「《春秋穀梁傳註疏》二十卷。右唐國子四門助教楊士勛撰。昭德先生《讀書志》中有諸經註疏，獨無《穀梁註疏》云。」是其證。今《四庫全書》本亦作二十卷。

國語二十一卷

《國語》二十一卷，自班固志〈藝文〉，有《國語》二十一篇，左丘明所著，至今與《春秋傳》並行，號為《外傳》。今考二書，雖相出入，而事辭或多異同，文體亦不類，意必非出一人之手也。司馬子長云：「左丘失明，厥有《國語》。」又似不知所謂。館臣案：晁公武《讀書志》云：「班固〈藝文志〉：《國語》二十一篇，〈隋志〉二十二卷；〈唐志〉二十一卷。今書篇次與〈漢志〉同。蓋歷代儒者析簡併篇，互有損益，不足疑也。」

廣棪案：班固撰《漢書・藝文志》，明以《國語》二十一篇歸丘明，後世聚訟紛紜，莫衷一是。晁公武《郡齋讀書志》卷第三〈春秋類〉著錄：「《春秋外傳國語》二十一卷。右魯左丘明撰，吳韋昭弘嗣集鄭眾、賈逵、虞翻、唐固四家說成此解，皇朝宋庠為《補音》三卷。班固〈藝文志〉有《國語》二十一篇，〈隋志〉云二十二卷，〈唐志〉云二十一卷。今書篇次與〈漢志〉同，蓋歷代儒者析簡併篇，互有損益，不足疑也，要之〈藝文志〉審矣。陸淳謂『與《左傳》文體不倫，定非一人所為』，蓋未必然。范甯云『《左氏》豔而富』，韓愈云『《左氏》浮夸』，今觀此書，信乎其富豔且浮夸也，非左氏而誰？柳宗元稱〈越語〉尤奇駿，豈特〈越〉哉！自〈楚〉以下類如此。」所見與直齋大異其趣。今人亦多有是非相反之論，而難以為定。張舜徽《漢書藝文志通釋》曰：「按：《漢書・司馬遷傳・贊》云：『孔子因魯史而作《春秋》，而左丘明論輯其本事以為之《傳》。又纂異同為《國語》。』此與本〈志〉自注之辭，皆指實《國語》為左丘明作，實本《史記・自序》『左丘失明，厥有《國語》』而申言之也。以今

考之《左傳》、《國語》，絕非一家之書。兩書斷限不齊，詳略又異；所載史實，多有不合；甚至同記一事，而互有牴牾。從文體看，復不相類。其非出自一手，昭然易辨。蓋此書乃戰國初年人所纂輯者，但不能詳其果出誰手。古書此類甚多，不足怪也。」舜徽以此書實非丘明撰。而倉修良主編《中國史學名著評介》第一卷中，則引有陳仰光評介《國語》一篇，中曰：「清初學者顧炎武論及《左傳》成書曾云：『左氏之書，成之者非一人，錄之者非一世。』（《日知錄》卷四〈春秋闕疑之書〉。）這個論斷頗為有理。《國語》的情況和《左傳》非常相似，如果我們認為《左傳》的成書是由左丘明開始，歷經數代人之手，最終由戰國時期的學者完成，那麼《國語》的成書可能也是先由左丘明編著本書中的某些篇章，在輾轉流行中又經人們匯集同類材料補充，最後由戰國時期的學者最終成書。因為左丘明是受到孔子尊重的『君子』，故後人就把著作權全歸之於他，這也是順理成章的。這裏值得指出的是：左丘明著《左傳》與《國語》處境是不一樣的，他在撰作《左傳》時很可能還未失明，而著《國語》時則已失明，故只能口誦，而由他人記述。這從司馬遷的敘述裏可以得到對照。太史公講到其撰《左傳》是說：『魯君子左丘明……成《左氏春秋》。』（《史記·十二諸侯年表》。）而《國語》則稱：『左丘失明，厥有《國語》。』引人注意的是：一、這裏講的是『失明』，說明左丘明原來不是個盲人；二、這裏用的是『厥有』，這是強調語氣，厥，乃、才之意，也是有排他意味的，即是說左丘明在失明以後的困難處境下還著成《國語》，而不是其他什麼著作。《左傳》和《國語》兩書除了編著目的不同以外，一個是由左丘明親手撰作，再經流傳補充，最終由後人完成；一個是由左丘明口誦某些篇章，由別人記述整理，再經流傳補充，最終由後人成篇，這可能也是造成兩書大相迥異的重要原因之一吧。」是則仰光仍肯定左氏與《國語》成書之密切關係。讀仰光所論，則深覺「左丘失明，厥有《國語》」二語，亦殊非如直齋所斥「又似不知所謂」者矣。

唐啖助亦嘗辨之。

啖助乃姓名。隨齋批注。

案：隨齋批注：「啖助乃姓名。」《解題》此語，蓋據《新唐書》卷二百〈列傳〉第一百二十五〈儒學〉下〈啖助〉所記。該〈傳〉略謂：「啖助，字叔佐，趙州人，後徙關中。天寶末，調臨海尉，丹陽主簿。善為《春秋》，考三家短長，縫袒漏闕，號《集傳》，凡十年乃成。復攝其綱，條為〈例統〉。助愛《公》、《穀》二家，以《左氏》解義多謬，其書乃出於孔氏門人。且《論語》孔子所引率前

世人，老彭、伯夷等，類非同時；而言左邱明恥之，丘亦恥之，邱明者，蓋如史佚、遲任。又《左氏傳》、《國語》，屬綴不倫，序事乖剌，非一人所為？蓋左氏集諸國史以釋《春秋》，後人謂左氏，便傳著邱明，非也。」《解題》所謂「唐啖助亦嘗辨之」者，實指此。

國語注二十一卷

《國語注》二十一卷，吳尚書僕射侍中吳郡韋昭撰。

> 廣棪案：《經義考》卷二百九〈春秋〉四十二著錄：「韋氏昭《春秋外傳國語注》，〈隋志〉二十二卷，〈唐志〉二十卷。存。」所著錄書名與卷數，皆與《解題》不同。《四庫全書總目》卷五十一〈史部〉七〈雜史類〉辨之，曰：「《國語》二十一卷，戶部員外郎章銓家藏本。吳韋昭注。……惟昭所注本，〈隋志〉作二十二卷，〈唐志〉作二十卷，而此本首尾完具，實二十一卷。諸家所傳南北宋版，無不相同。知〈隋志〉誤一字，〈唐志〉脫一字也。」《四庫全書總目》所辨可據。

采鄭眾、賈逵、虞翻、唐固，合五家為之《注》。

> 案：昭此書有〈自序〉曰：「至於章帝，鄭大司農為之訓註，解疑釋滯，昭晰可觀；至於細碎，有所闕略。侍中賈君敷而衍之，其所發明大義，略舉為已憭矣；然於文間時有遺忘。建安、黃武之間，故侍御史會稽虞君、尚書僕射丹陽唐君，皆英才碩儒，洽聞之士也。采摭所見，因賈為主而損益之。觀其辭義，信多善者；然所理釋，猶有異同。昭以末學，淺闇寡聞，階數君之成訓，思事義之是非，愚之頗有所覺。今諸家並行，是非相貿。雖聰明疏達識機之士知所去就，然淺聞初學猶或未能祛過。竊不自料，復為之解。因賈君之精實，採唐、虞之信善，亦所以覺。增潤補綴，參之以《五經》，檢之以《內傳》；以《世本》考其流，以《爾雅》齊其訓；去非要，存事實，凡所發正三百七事。又諸家紛錯，載述為煩，是以時有所見。庶幾頗近事情，裁有補益。猶恐人之多言，未詳其故，欲世覽者察之。」《解題》據此而言韋昭「合五家為之《注》」也。

昭字子正，事孫皓，以忤旨誅死。〈吳志〉避晉諱，作韋曜。

> 案：《三國志》卷六十五〈吳書〉二十〈王樓賀韋華傳〉第二十載：「韋曜，字弘嗣，吳郡雲陽人也。」所記之字，與《解題》不同，未知直齋何所據，恐有誤。裴松之注曰：「曜本名昭，史為晉諱，改之。」是《解題》所述避諱事據裴注。惟盧弼《三國志集解》引錢大昕曰：「《三國志》於晉諸帝諱多不回避，如

〈后妃傳〉『不本淑懿』,〈高堂隆傳〉『留其淑懿』,〈吳主王夫人傳〉『追尊大懿』,〈皇后步夫人傳〉『有淑懿之德』;以至太師、軍師、昭烈、昭獻、昭文、昭德、昭告之類,不勝枚舉。〈蜀後主傳〉『景耀六年,改元炎興』,亦未回避。而〈諸臣傳〉但稱『景耀六年』,不書『炎興』之號,最為得體。此韋曜之名,注家以為避晉諱。然考書中,段昭、董昭、胡昭、公孫昭、張昭、周昭輩,皆未追改,何獨於曜避之。疑弘嗣本有二名也。」大昕所考甚允當,恐《解題》所據之裴注亦出自臆度。至昭事孫皓,每忤旨《三國志》昭傳記之甚詳,後昭因獄吏上辭,華覈亦連上疏救之,「皓不許,遂誅曜」。《解題》所述據《三國志》。

國語補音三卷

《國語補音》三卷,丞相安陸宋庠公序撰。

> 廣棪案:庠《宋史》卷二百八十四〈列傳〉第四十三有傳。略謂:「宋庠,字公序,安州安陸人,徙雍邱。天聖初舉進士。皇祐中拜兵部侍郎、同中書門下平章事、集賢殿大學士,遷工部尚書,再遷兵部尚書,以檢校太尉、同平章事充樞密使。封莒國公,改封鄭國公。讀書至老不倦,善正譌謬,嘗校《國語》,撰《補音》三卷。卒諡元獻。」庠既拜同中書門下平章事,故《解題》稱之為丞相。此書《聚樂堂書目》作九卷,考之庠〈自序〉不合,恐為後人隨意分之耳。

以先儒未有為《國語》音者,近世傳《舊音》一卷,不著撰人名氏,蓋唐人也。簡陋不足名書,因而廣之。悉以陸德明《釋文》為主,陸所不載,則附益之。

> 案:庠此書有〈自序〉,中云:「又按先儒未有為《國語》音者,蓋《外》、《內傳》文多相涉,字音亦通故邪!然近世傳《舊音》一篇,不著撰人名氏,尋其說,乃唐人也。何以證之?據解『犬戎』,樹惇引『鄯州羌』為說。夫改鄯善國為州,自唐始耳。然其音簡陋不足名書,但其間時出異聞,義均雞肋。庠因暇輒記其所關,不覺盈篇。今因舊本而廣之,凡成三卷。其字音反切,除存本說外,悉以陸德明《經典釋文》為主,亦將稽舊學,除臆說也。惟陸音不載者,則以《說文》、《字書》、《集韻》等附益之,號曰《國語補音》。其間闕疑,請俟鴻博。非敢傳之達識,姑以示兒曹云。」《解題》所述,據此隱括。

春秋繁露十七卷

《春秋繁露》十七卷，漢膠西相廣川董仲舒撰。案〈隋〉、〈唐〉及〈國史志〉卷皆十七，《崇文總目》凡八十二篇《館閣書目》止十卷，萍鄉所刻亦財三十七篇。

廣棪案：〈隋〉、〈新〉、〈舊唐志〉及趙士煒《宋國史藝文志輯本》著錄此書皆作十七卷。《崇文總目》卷一〈春秋類〉著錄：「《春秋繁露》十七卷，董仲舒撰。原釋：『其書盡八十二篇，義引宏博，非出近世。然其間篇第亡舛，無以是正。又即用〈玉杯〉、〈竹林〉題篇，疑後人取而附著云。』見《玉海‧藝文類》凡兩引，及《文獻通考》、《書錄解題》引首句。」《中興館閣書目》曰：「《春秋繁露》十卷。《繁露》之名，先儒未有釋者。按《逸周書‧王會解》：『天子南面立，絻無繁露。』《注》云：『冕之所垂也。』有聯貫之象《春秋》屬辭比事，仲舒立名或取諸此。」均與《解題》所述同，而較詳悉。至樓鑰〈春秋繁露後序〉曰：「開禧二年，今編修胡君仲方宰萍鄉，得羅氏蘭臺本，刊之縣庠，考證頗備。……然止於三十七篇，終不合《崇文總目》及歐陽文忠公所藏八十二篇之數。」此亦與《解題》謂「萍鄉所刻亦財三十七篇」之說同。

今乃樓攻媿得潘景憲本，卷篇皆與前〈志〉合，然亦非當時本書也。

案：鑰〈後序〉曰：「余老矣，猶欲得一善本。聞婺女潘同年叔度景憲多收異書，屬其子弟訪之，始得此本，果有八十二篇。是萍鄉本猶未及其半也，喜不可言。」與《解題》所述同。黃震《黃氏日抄》卷五十六〈讀諸子〉二「《春秋繁露》」條曰：「近世胡尚書榘為萍鄉宰日，刊之縣齋，僅三十七篇而已；其後得攻媿樓參政校定本，十七卷、八十二篇之舊復全。其兄胡槻既刊之江東漕司，其後岳尚書珂復刊之嘉禾郡齋，世遂以為定本。攻媿謂為仲舒所著無疑。……愚按：今書惟對膠西王、越大夫之間，辭約義精，而具在本〈傳〉，餘多煩猥，甚至於理不馴者有之。如云：『朱襄公由其道而敗《春秋》貴之。』襄公豈由其道者耶？如云：『周無道，而秦伐之。』以與殷、周之伐並言，秦果伐無道者耶？如云：『志如死灰，以不問問，以不對對。』恐非儒者之言。如以王正月之王為文王，恐《春秋》無此意。如謂：『黃帝之先諡，四帝之後諡。』恐隆古未有諡。如謂：『舜主天法商，禹主地法夏，湯主天法質，文王主地法文。』於理皆未見其有當。如謂：『楚莊王以天不見災，而禱之於山川。』而見災而懼可矣，禱于山川以求天災，豈人情乎？若其謂：『性有善姿，而未能為善，惟待教訓而後能為善。』謂：『性已善，幾於無教。孔子言善人吾不得而見之，而孟子言人性皆善，過矣！』是又未明乎本然之性也。漢世之儒，惟仲舒仁義三策炳炳萬世，曾謂仲舒之《繁

露》而有是乎？」是黃震亦以《繁露》非當時本書也。

先儒疑辨詳矣。其最可疑者，本〈傳〉載所著書百餘篇，〈清明〉、〈竹林〉、〈繁露〉、〈玉杯〉之屬，今總名曰《繁露》，而〈玉杯〉、〈竹林〉則皆其篇名，此決非其本真。況《通典》、《御覽》所引，皆今書所無者，尤可疑也。然古書存於世者希矣，姑以傳疑存之可也。

案：程大昌《演蕃露》曰：「右《繁露》十七卷，紹興間董某所進。臣觀其書，辭意淺薄，間掇取董仲舒策語雜置其中，輒不相倫比，臣固疑非董氏本書矣。又班固記其說《春秋》凡數十篇，〈玉杯〉、〈繁露〉、〈清明〉、〈竹林〉各為之名，似非一書。今董某進本，通以《繁露》冠書，而〈玉杯〉、〈清明〉、〈竹林〉特各居其篇卷之一，愈益可疑。他日讀《太平寰宇記》及杜佑《通典》，頗見所引《繁露》語言，顧董氏今書無之。《寰宇記》曰：『三皇驅車抵谷口。』《通典》曰：『劍之在左，蒼龍之象也；刀之在右，白虎之象也；鉤之在前，朱雀之象也；冠之在首，玄武之象也。四者，人之盛飾也。』此數語者，不獨今書所無，且其體致全不相似。臣然後敢言，今書之非真也。牛享問崔豹：『冕旒似繁露者何？』答曰：『綴玉而下垂如繁露也。』則繁露也者，古冕之旒，似露而垂，是其所從假以名書也。以杜樂所引，推想其書皆句用一物以發己意，有垂旒凝露之象焉。則〈玉杯〉、〈竹林〉，同為託物，又可想見也。漢、魏間人所為文名有〈連珠〉者，其聯貫物象，以達己意，略與杜樂所引同。如曰：『物勝權則衡殆，形過鏡則影窮』者，是其凡最也。以連珠而方古體，其殆繁露之所自出歟？其名其體，皆契合無殊矣。」又曰：「淳熙乙未，予佐蓬監，館本有《春秋繁露》，既嘗書所見於卷末，而正定其為非古矣。後又因讀《太平御覽》，凡其部彙，列敘古《繁露》語特多，如曰：『禾實於野，粟缺於倉，皆奇怪非人所意，此可畏也。』又曰：『金千土則五穀傷，土千金則五穀不成。』『張湯欲以鶩當鳧祀宗廟，仲舒曰：「鶩非鳧，鳧非鶩，愚以為不可。」』又曰：『以赤統者，幘尚赤。』諸如此類，亦皆附物著理，無憑虛發語者，然後益自信予所正定不謬也。《御覽》，太平興國間編輯，此時《繁露》之書尚存，今遂逸不傳，可歎也已。」是則《解題》所謂「先儒疑辨詳矣」者，殆指大昌乎？觀《解題》所述，多與《演蕃露》相同也。

左氏膏肓十卷

《左氏膏肓》十卷，何休著《公羊墨守》等三書，廣校案：盧校注：「莊進士述祖抄撮作三編。」鄭康成作《鍼膏肓》、《起廢疾》、《發墨守》以排之。休見之曰：「康成入吾室，操吾戈，以伐我乎？」今其書多不存，惟范甯《穀梁集解》載休之說，而鄭君釋之，當是所謂《起廢疾》者。今此書並存二家之言，意亦後人所錄。《館閣書目》闕第七卷，今本亦止廣校案：盧校本作「正」。闕宣公。而於第六卷分文十六年以後為第七卷，當並合之。其十卷止於昭公，亦闕定、哀，固非全書也。而錯誤殆未可讀，未有他本可正。

　　廣校案：《崇文總目》卷一〈春秋類〉著錄：「《左氏膏肓》九卷，原釋：『漢司空掾何休始撰答賈逵事，因記《左氏》所短，遂頗流布，學者稱之。後更刪補為定。今每事左方，輒附鄭康成之學，因引鄭說竄寄何書云。書今殘逸，第七卷亡。』見《文獻通考》。」錢東垣輯釋本。《郡齋讀書志》卷第三〈春秋類〉著錄：「《左氏膏肓》九卷。右何休撰。休始答賈逵事，因記《左氏》之短。鄭康成嘗著《箴膏肓》，後人附之逐章之下。」上引二書，與《解題》所述，可相互補充發明。《經義考》卷一百七十二〈春秋〉五著錄：「《春秋左氏膏肓》，〈隋志〉十卷，《崇文總目》九卷，《中興書目》第七卷闕。佚。」是則此書原十卷，故〈隋志〉著錄十卷；後以闕第七卷，故《崇文總目》作九卷《中興書目》又從而注明所闕之卷。直齋所藏此書，實亦缺第七卷，其後乃將第六卷文公十六年以後分出為第七卷，且其第十卷又止於昭公，闕定、哀二公，故遠不足十卷之數。《解題》勉作十卷，甚無謂也。

汲冢師春一卷

《汲冢師春》一卷，晉汲郡魏安釐王冢所得古簡。杜預得其《紀年》，知為魏國史記，以攷證《春秋》。別有一卷，純集疏《左氏傳》卜筮事，上下次第及其文義皆與《左傳》同，名曰《師春》，似是鈔集者人名也。今此書首敘周及諸國世系，又論分野、律呂為圖，又雜錄謚法、卦變，與杜預所言純集卜筮者不同，似非當時本書也。

　　廣校案：黃伯思《東觀餘論》卷下〈跋師春書後〉曰：「案晉太康二年，汲郡民不準盜發魏襄王冢，得古竹書凡七十五篇。晉征南將軍杜預云：『別有一卷，純集《左氏傳》卜筮事，上下次第及其文義皆與《左傳》同，名曰《師春》，師春似是鈔集人名也。』今觀中祕所藏《師春》，乃與預說全異；預云：『純集卜筮事。』而此乃記諸國世次及十二公、歲星所在，並律呂、謚法等，末乃書《易

象》變卦，又非專載《左傳》卜筮事；繇是知此非預所見《師春》之全也。然預記汲冢他書中有《易陰陽說》，而無〈象〉、〈繫〉；又有《紀年》三代並晉、魏事，疑今《師春》蓋後人雜鈔《紀年》篇耳。然預云：『《紀年》起自夏、商、周。』而此自唐、虞以降皆錄之。預云：『《紀年》皆三代王事，無諸國別。』而此皆有諸國。預云：『《紀年》特記晉國，起殤叔，次文侯、昭侯。』而此記晉國世次自堂叔始。是三者又與《紀年》異矣。及觀其紀歲星事，有『杜征南洞曉陰陽』之語，繇是知此書亦西晉人集錄，而未必盡出汲冢也。」《解題》所述，殆據《東觀餘論》隱括。是則伯思、直齋所見之《師春》，乃西晉人所集錄者，殆非杜預所見之汲冢原本矣。

春秋集傳纂例十卷、辨疑七卷

《春秋集傳纂例》十卷、《辨疑》七卷，唐給事中吳郡陸質伯淳<small>廣棪案：盧校本作「伯沖」。</small>撰。初，潤州丹陽主簿趙郡啖助叔佐明《春秋》，傳洋州刺史河東趙匡伯循。質從助及伯循傳其學。

廣棪案：《春秋集傳纂例》一書，〈唐志〉及〈宋志〉均作《集傳春秋纂例》，名異實同。質本名淳，避唐憲宗諱，乃改今名。其與啖助、趙匡之關係《舊唐書》卷一百八十九下〈列傳〉第一百三十九下〈儒學〉下〈陸質〉謂：「質有經學，尤深於《春秋》。少師事趙匡，匡師啖助，頗傳其學。」是質師事匡，為助之再傳弟子矣，所記與《解題》不同。至清又有新說。《四庫全書總目》卷二十六〈經部〉二十六〈春秋類〉一「《春秋集傳纂例》十卷」條云：「案：「《二程遺書》、陳振孫《書錄解題》及朱臨作是編〈後序〉皆云淳師助、匡。《舊唐書》云淳師匡，匡師助。《新唐書》則云趙匡、陸淳皆助高弟。案呂溫集有代淳〈進書表〉，稱以啖助為嚴師，趙匡為益友。又淳自作〈修傳始終記〉，則稱助為啖先生，稱匡為趙子。餘文或稱為趙氏。《重修集傳義》又云淳秉筆執簡，侍於啖先生左右十有一年，而不及匡。又柳宗元作淳〈墓表〉，亦稱助、匡為淳師友。當時序述，顯然明白。劉昫以下諸家，並傳聞之誤也。」當以《四庫全書總目》所考為得史實之真。

助攷《三傳》，舍短取長，又集前賢注釋，補以己意，為《集傳集注》。又撮其綱目，為《統例》。

案：助有〈自述〉曰：「《三傳》分流，其源則同；擇善而從，且過半矣。予考

覈《三傳》，舍短取長，又集前賢注釋，亦以愚意裨補闕漏，商榷得失，研精宣暢，期於浹洽，尼父之志，庶幾可見。疑殆則闕，以俟君子，謂之《春秋集傳集注》。又撮其綱目，爲《統例》三卷，以輔《集傳》，通經意焉。」《解題》所述殆據此。

助卒，質與其子異繕錄，以詣伯循，請損益焉。質隨而纂會之，大曆乙卯歲書成。

案：陸淳〈修傳始終記〉曰：「啖先生諱助，字叔佐，關中人也。聰悟簡淡，博通深識。天寶末，客於江東，因中原難興，遂不還歸。以文學入仕，爲台州臨海尉，復爲潤州丹陽主簿，秩滿因家焉。陋巷狹居，晏如也。始以上元辛丑歲，集《三傳》釋《春秋》，至大曆庚戌歲而畢。趙子時宦於宣歙之使府，因往還浙中，途過丹陽，乃詣室而訪之。深話經意，事多嚮合，期反駕之日當更討論。嗚呼！仁不必壽。是歲先生即世，時年四十有七。是冬也，趙子隨使府遷鎮於浙東，淳痛師學之不彰，乃與先生之子異躬自繕寫，共載以詣趙子。趙子因損益焉。淳隨纂會之，至大曆乙卯歲而書成。」《解題》所述，乃據此刪定。

質本名淳，避憲宗諱改焉，故其書但題陸淳。廣棪案：盧校注：「淳疑氏。」

案：《舊唐書・陸質傳》曰：。「陸質，吳郡人，本名淳，避憲宗名改之。」《解題》據此。惟《解題》「故其書但題陸淳」句，既避諱改名而仍稱「陸淳」，顯有不合。是以盧文弨校「淳」字作「氏」。張宗泰《魯巖所學集》卷六〈跋陳振孫書錄解題〉云：「《春秋集傳纂例》云：『唐給事中陸質伯淳撰。質本名淳，避憲宗諱改焉。故其書但題陸淳。』按淳既避憲宗諱改名爲質，不應仍字伯淳，當依《四庫全書提要》作伯沖爲是，『沖』、『淳』聲相近。而但題陸淳，亦當爲陸質之訛也。」宗泰所訂，似較盧氏爲善。

助之學，以爲左氏敘事雖多，解意殊少。公、穀傳經，密於左氏。至趙、陸則直謂左氏淺於公、穀，誣謬實繁，皆孔門後之門人。但公、穀守經，左氏通史，其體異爾。丘明，夫子以前賢人，如史佚、遲任之流，焚書之後，學者見《傳》及《國語》但題左氏，遂引以爲丘明。且《左傳》、《國語》，文體不倫，敘事多乖，定非一人所爲也。蓋左氏廣集諸國之史，以解《春秋》，子弟門人見事迹多不入《傳》，或復不同，故各隨國編之，以廣異聞。自古豈止一丘明姓左乎？

案：《解題》此條既論《春秋三傳》優劣，又論丘明、左氏，兼及《左傳》、《國語》之文體及作者，內容繁博。然考其所述，實據啖助之辨而加以引申。《新唐

書》卷二百〈列傳〉第一百二十五〈儒學〉下〈啖助〉載:「助愛《公》、《穀》二家,以《左氏》解義多謬,其書乃出於孔氏門人。且《論語》孔子所引率前世人,老彭、伯夷等,類非同時;而言左邱明恥之,丘亦恥之。邱明者,蓋如史佚、遲任。又《左氏傳》、《國語》,屬綴不倫,序事乖剌,非一人所為。蓋左氏集諸國史以釋《春秋》,後人謂左氏,便傅著邱明。非也。」是直齋據啖辨而撰《解題》,惟中頗多引申之說。

案漢儒以來,言《春秋》者,惟宗《三傳》;《三傳》之外,能卓然有見千載之後者,自啖氏始,不可沒也。

案:張楊曰:「啖氏《春秋》,卓然有見於千載之下。」《經義考》卷一百七十六〈春秋〉九「啖氏助《春秋集傳》」條引。直齋盛譽啖氏之辭,殆據張楊。然宋祁之評論啖氏《春秋》,則全與張楊異轍。宋祁曰:「左氏與孔子同時,以魯史附《春秋》作《傳》。而公羊高、穀梁赤皆出子夏門人,三家言經,各有回舛。然猶悉本聖人,其得與失蓋十五。義或謬誤,先儒畏聖人,不敢輒改也。啖助在唐,名治《春秋》,摭訕三家,不本所承,自用名學,憑私臆決,尊之曰:孔子意也。趙、陸從而唱之,遂顯於時。嗚呼!孔子沒乃數千年,助所推者果其意乎?其未可必也。以未可必而必之則固,持一己之固而倡茲世則誣。誣與固,君子所不取。助果謂可乎?徒令後生穿鑿詭辨,詬前人,捨成說,而自謂紛紛,助所階已。」見《新唐書》卷二百〈列傳〉第一百二十五〈儒學〉下〈啖助傳·贊〉。晁公武亦曰:「公武嘗學《春秋》,閱古今諸儒之說多矣。大抵啖、趙以前學者,皆顓門名家。苟有不通,寧言經誤,其失也固陋;啖、趙以後學者,喜援經擊《傳》,其或未明,則憑私臆決,其失也穿鑿。均之失聖人之旨,而穿鑿之害為甚。」見《郡齋讀書志》卷第三〈春秋類〉「《春秋微旨》六卷、《春秋辨疑》一卷」條。則宋、晁二氏所見,顯與張楊、直齋不同。惜啖書已佚,無由考究其是非矣。

〈唐志〉有質《集注》二十卷,今不存;然《纂例》、《辨疑》中,大略具矣。又有《微旨》二卷,未見。

案:《新唐書》卷五十七〈藝文〉一〈甲部經錄·春秋類〉著錄有「陸質《集注春秋》二十卷」,然《崇文總目》已乏載,僅著錄《集傳春秋纂例》十卷、《集傳春秋辨疑》七卷、及《集傳春秋微旨》二卷。足證《集注》二十卷,北宋時已散佚,《解題》謂「今不存」,確符事實。惟《微旨》尚存,《郡齋讀書志》卷第三〈春秋類〉著錄作六卷,且曰「自有〈序〉」,《宋史》卷二百二〈志〉第一百五十五〈藝文〉一〈經類·春秋類〉著錄作三卷。各書所記與《解題》不同。

而質〈自序〉曰：「故今掇其《微旨》，總爲三卷。」且今本亦作三卷，則《解題》作二卷與《郡齋讀書志》作六卷者均誤也。

質，梁陸澄七世孫，仕通顯，黨王叔文，侍憲宗盧校注：「憲宗」爲「順宗」。東宮，會卒，不及貶。然則其與不通《春秋》之義者相去無幾耳。

案：《解題》此據《新唐書》卷一百六十八〈列傳〉第十九〈陸質〉。其〈傳〉略謂：「陸質，字伯沖，七代祖澄仕梁，爲名儒，世居吳。……質素善韋執誼，方執誼附叔文，竊威柄，用其力，召爲給事中。憲宗爲太子，詔侍讀。……時執誼懼太子怒己專，故以質侍東宮，陰伺意解釋左右之。質伺間有所言，太子輒怒曰：『陛下命先生爲寡人講學，何可及它。』質惶懼出。執誼未敗時，質病甚。太子已即位，爲臨問加禮。卒，門人以質能文聖人書，通于後世，私共謚曰『文通先生』。所著書甚多，行于世。」是質附執誼以致咎，故直齋斥其「與不通《春秋》之義者相去無幾」也。

春秋折衷論三十卷

《春秋折衷論》三十卷，唐江西觀察判官廬陵陳岳撰。以《三傳》異義，折衷其是非而斷於一。岳，唐末十上春官，晚乃辟爲江西從事。

廣校案：司空圖曰：「岳所作《春秋折衷論》數十篇，贍博精緻，足以下視兩漢迂儒矣。」《經義考》卷一百七十八〈春秋〉十一「陳氏岳《春秋折衷論》」條引，下同。《崇文總目》曰：「唐陳岳撰，以三家異同三百餘條參求其長，以通《春秋》之義。」王定保曰：「陳岳，吉州廬陵人。少以詞賦貢於春官，晚從鍾傳，爲同舍所譖，退居南郭，以墳典自娛。著《春秋折衷論》三十卷。光化中，執政議以蒲帛徵傳，復辟爲從事。」是則岳晚歲，正當昭宗光化之世。《郡齋讀書志》卷第三〈春秋類〉亦著錄此書，謂岳「以《左氏傳》爲上《公羊傳》爲中《穀梁傳》爲下，比其異同而折衷之。岳，唐末從鍾傳，辟爲江西從事。」今此書已佚。合以上諸家之說，不惟可補《解題》之闕，亦可較爲詳悉此書梗概。

春秋加減一卷

《春秋加減》一卷，稱元和十三年國子監奉敕定，不著人名。校定偏旁及文多寡，若《五經文字》之類。

廣棪案：《新唐書》卷五十七〈志〉第四十七〈藝文〉一〈甲部經錄・春秋類〉著錄：「《春秋加減》一卷。元和十二年國子監修定。」所記奉敕之年，與《解題》相差一年，未知孰是。《崇文總目》卷一〈春秋類〉著錄：「《春秋加減》一卷，原釋：『唐元和時國子監承詔修定，以此經文字多少不同，故誌其增損，以防差駁。』見《文獻通攷》。」錢東垣輯釋本。所記可與《解題》互爲補充。

此本作小襯冊，才十餘板。前有「睿思殿書籍印」，末稱「臣雱廣棪案：盧校注：疑作「雱」。**校正」。蓋承平時禁中書也，不知何爲流落在此。**

案：《解題》卷四〈別史類〉「《高氏小史》一百三十卷」條云：「此書舊有杭本，今本用厚紙裝　夾面。」與此所言「小襯冊」同。至「睿思殿」，《玉海》卷第一百六十〈宮室・殿〉下「熙寧睿思殿」條載：「熙寧八年造睿思殿。在欽明殿西。睿思之右建延春閣。哲宗以睿思殿，先帝所建，不敢燕處，乃即睿思殿之後爲宣和殿。紹聖二年四月二日丁卯，宣和殿成。徽宗晝日不居寢殿，以睿思爲講禮進膳之所，就宣和燕息。大觀二年再葺，徽宗爲〈記〉，書之石。……（元豐）七年，童子朱天申對於睿思殿，誦《十經》通。十月十四日，賜《五經》出身。」是睿思殿建成於神宗熙寧八年（1075）。至「臣雱」乃「臣雱」之訛，盧文弨疑之是也。蓋神宗之世，其臣子無名「雱」者；而名「雱」者則有王安石之子「王雱」一人。雱事蹟附見《宋史》卷三百二十七〈列傳〉第八十六〈王安石〉，曾「除太子中允、崇政殿說書。神宗數留與語，受詔撰《詩》、《書義》，擢天章閣待制兼侍講。」「雱」、「雱」形體相近，故有此訛。余撰有〈「睿思殿」與「臣雱」考〉，載《新亞論叢》二〇〇六年第八期，可參考。

春秋名號歸一圖二卷

《春秋名號歸一圖》二卷，館臣案：原本不著卷，與《宋史・藝文志》同。今據《文獻通攷》補書。僞蜀馮繼先撰。凡《左傳》所載君臣名氏，字謚互見錯出，故爲此《圖》以一之。周一，魯二，齊三，晉四，楚五，鄭六，衛七，秦八，宋九，陳十，蔡十一，曹十二，吳十三，邾十四，杞十五，莒十六，滕十七，薛十八，許十九，雜小國二十。

廣棪案：此書宋時前後有二種刻本，《崇文總目》所著錄及李燾所見者同屬一本，與《解題》此本不同。《四庫全書》館臣辨之頗詳。《四庫全書總目》卷二十六〈經部〉二十六〈春秋類〉一載：「《春秋名號歸一圖》二卷，兩江總督採進本。

蜀馮繼先撰。陳振孫《書錄解題》載是書所列人名，周一，魯二，齊三，晉四，楚五，鄭六，衛七，秦八，宋九，陳十，蔡十一，曹十二，吳十三，邾十四，杞十五，莒十六，滕十七，薛十八，許十九，雜小國二十。《崇文總目》謂其以官諡、名字裒附初名之左。《文獻通考》引李燾云：『昔丘明傳《春秋》，於列國君臣之名字不一其稱，多者或至四五，始學者蓋病其紛錯難記，繼先集其同者，為一百六十篇。』以是二端推之，是繼先舊本本為旁行斜上，如表譜之體，故以圖為名，而分至一百六十篇也。今本目次與振孫所言合。其每一人為一條，既非裒附初名之左，亦無所謂一百六十篇者，與《崇文總目》及李燾所說迥異。案岳珂《雕印相臺九經例》云：『《春秋名號歸一圖》二卷，刻本多譌錯。嘗合京、杭、建、蜀本參校，有氏名異同，實非一人而合為一者；有名字若殊，本非二人而析為二者；有自某國適他國，而前後互見者；有稱某公與某年，而經、傳不合者。或以傳為經，或以注為傳；或偏旁疑似，而有亥豕之差；或行欵牽連，而無甲乙之別。今皆訂其譌謬，且為分行，以見別書。』然則今本蓋珂所刊定移易，非復李燾以前之舊本。觀燾所稱宋大夫莊堇、秦右大夫詹傳，未始有父字，而繼先輒增之。若子韓晳者，蓋齊頃公孫《世族譜》與《傳》同。而繼先獨以為韓子晳，與楚、鄭二公孫黑共篇。今檢此本，皆無此文，則為珂所削改明矣。」是則《解題》所著錄之書乃岳珂刊定之本，與《崇文總目》著錄者不同，亦非李燾當日所見繼先舊本也，惜直齋未作分辨說明矣！

春秋二十國年表一卷

《春秋二十國年表》一卷，館臣案：《解題》自周而下所列止十八國，蓋有脫字。不知何人作。周而下，次以魯、蔡、曹、衛、滕、晉、鄭、齊、秦、楚、宋、杞、陳、吳、邾、莒、薛、小邾。

　　廣棪案：《四庫全書》館臣於此下有案語，曰：「《解題》自周而下所列止十八國，蓋有脫字。」考此書《通志堂經解》本，其《年表》「薛」下有「許」，正《解題》所脫也。此書《中興館閣書目》作環中撰。見《玉海》卷第十五〈地理·地理書〉「《春秋二十國年表》條。」

按《館閣書目》有《年表》二卷，元豐中楊彥齡撰。自周之外，凡十三國，仍總計蠻夷戎狄之事。

　　案：今人趙士煒《中興館閣書目輯考》，其〈春秋類〉漏輯彥齡此書。王應麟曰：

「元豐中，楊彥齡撰。據經、《傳》歲月爲表，首敘周、魯，繼以齊、晉、秦、宋、衛、陳、蔡、曹、鄭、吳、楚、越之國。」《經義考》卷一百八十〈春秋〉十三「楊氏彥齡《左氏春秋年表》」條引。凡十四國。應麟所記，與《解題》正互爲補足。

又按董氏《藏書志》，《年表》無撰人。自周至吳、越凡十國，又有附庸諸國，別爲表。凡征伐、朝覲、會同皆書。

　　案：《解題》卷八〈目錄類〉著錄有「《廣川藏書志》二十六卷，徽猷閣待制董彥遠撰」。《解題》此處所記之董氏《藏書志》，即指《廣川藏書志》，惜該《志》已佚，無從參驗。綜上所述，則《解題》所著錄之《年表》，凡三種矣。

今此《表》止記即位及卒，皆非二家書也。

　　案：《春秋二十國年表》，今存《四庫全書》亦有之。《四庫全書總目》考其書甚詳。《四庫全書總目》卷二十六〈經部〉二十六〈春秋類〉一載：「《春秋年表》一卷，浙江鮑士恭家藏本。不著撰人名氏。……今此《表》正二十國，與《書錄解題》所載同，蓋即陳振孫所見也。其書在宋本自單行，岳珂雕印九經，乃以附《春秋》之後。珂記云：『《春秋年表》，今諸本或闕號名，或紊年月，參之經、《傳》，多有舛錯，今皆爲刊正。諸國君卒與立皆書，惟魯闕，今依經、《傳》添補。」是則直齋所藏者或即珂印之本，此本既非楊彥齡所撰本，亦非《廣川藏書志》著錄之本。

春秋尊王發微十五卷

《春秋尊王發微》十五卷，國子監直講平陽孫明復撰。明復廣校案：盧校本作「孫復明復撰，復」。居泰山之陽，以《春秋》教授，不惑傳注，不爲曲說，真切廣校案：盧校注：「真切」爲「其言」。簡易，明於諸侯大夫功罪，以攷時之盛衰，而推見王道之治亂，得於經爲多。石介而下皆師事之。歐陽文忠爲作〈墓誌〉，潁川常秩譏之曰：「明復爲《春秋》，如商鞅之法。」謂其失之刻也。

　　廣校案：《郡齋讀書志》卷第三〈春秋類〉著錄：「《春秋尊王發微》十二卷，右皇朝孫明復撰。史臣言明復治《春秋》，不取《傳》、《注》，其言簡而義詳，著諸大夫功罪，以考時之盛衰，而推見治亂之迹，故得經之意爲多。常秩則譏之，曰：『明復爲《春秋》，猶商鞅之法，棄灰於道者有刑，步過六尺者有誅。』謂其失於刻也。胡安國亦以秩之言爲然。」《解題》所述多沿襲於晁氏。至石介之

師事孫復，《宋元學案》卷二〈泰山學案〉「殿丞孫泰山先生復」條記之甚詳，曰：「孫復，字明復，晉州平陽人。四舉開封府籍進士不第，退居泰山，學《春秋》，著《尊王發微》十二篇。石祖徠介著名山左，自徂徠而下，躬執弟子禮，師事之，稱爲富春先生，拜起必扶持。復卒，歐陽修作〈墓誌〉，亦盛譽復撰此書《解題》全載之，一字不失。歐公所作〈墓誌〉曰：『先生治《春秋》，不惑傳注，不爲曲說以亂經。其言簡易，明於諸侯大夫功罪，以考時之盛衰，而推見王道之治亂，得於經之本義爲多。』」又此書有十五卷、十二卷之別。《四庫全書總目》卷二十六〈經部〉二十六〈春秋類〉一載：「《春秋尊王發微》十二卷，內府藏本。宋孫復撰。……案李燾《續通鑑長編》曰：『中丞國子監直講孫復，治《春秋》不惑傳注。其言簡易，得經之本義。既被疾，樞密使韓琦言於上，選書吏，給紙札，命其門人祖無擇即復家錄之，得書十五卷，藏祕閣。』然此書實十二卷。考《中興書目》別有復《春秋總論》三卷，蓋合之爲十五卷爾。今《總論》已佚，惟此書尚存。」孫猛《郡齋讀書志校證》曰：「《春秋尊王發微》十二卷，臥雲本《經籍考》卷十作十五卷，袁本同原本。按《書錄解題》卷三作十五卷《玉海》卷四十引《中興書目》稱《春秋尊王發微》十二卷、《總論》三卷，則十五卷蓋合《總論》計之；《總論》，〈宋志〉卷一作一卷。」綜上所考，是本書實爲十二卷《解題》云十五卷者，乃合《總論》三卷而言。〈宋志〉著錄《總論》爲一卷，則應作三卷爲合。

春秋口義五卷

《春秋口義》五卷，胡翼之撰。至宣十二年而止。戴岷隱在湖學，嘗續之，不傳。

廣梭案：翼之，胡瑗字。《宋元學案》卷一〈安定學案‧附錄〉載：「先生在太學，其初人未信服。使其徒之已仕者盛僑、顧臨輩分置執事，又令孫覺說《孟子》，中都士人稍稍從遊。日升堂講《易》，音韻高朗，旨意明白，眾皆大服。《五經》異論，弟子記之，目爲《胡氏口義》。」是則此書亦弟子所記者，乃《胡氏口義》之一種，非瑗自撰也。此書至宣公十二年止，則自宣公十三年以下，而至哀公，戴溪嘗續之，惜書已佚，直齋亦未之見。惟《宋史》卷二百二〈志〉第一百五十五〈藝文〉一〈經類‧春秋類〉著錄戴溪有《春秋講義》四卷，未知同屬一書否？《春秋講義》亦不傳。盛如梓曰：「或謂《春秋》以夏正紀事，近世戴岷隱頗似此說。」《經義考》卷一百九十〈春秋〉二十三「戴氏溪《春秋講義》」

條引。溪之《春秋》學，其著作可考者，僅此而已。

春秋傳十卷、權衡十七卷、意林一卷、說例一卷

《春秋傳》十卷、《權衡》十七卷、《意林》一卷、《說例》一卷，館臣案：《宋史·藝文志》作《春秋傳》十五卷、《權衡》十七卷、《說例》十一卷、《意林》二卷。《文獻通考》亦謂《春秋傳》、《權衡》、《意林》三書共三十四卷。此本篇目疑有脫誤。廣棪案：盧校正：「晁《志》與〈宋志〉卷同，惟無《說例》，陳氏云《說例》凡四十九條，則一卷當是也。」集賢院學士清江劉敞原父撰。

廣棪案：《郡齋讀書志》卷第三〈春秋類〉著錄：「《春秋權衡》十七卷、《春秋意林》二卷、《春秋劉氏傳》十五卷。右皇朝劉敞原父撰。」所記敞撰之書，其卷數與《解題》有所異同。《四庫全書》館臣於此處所下案語曰：「《宋史·藝文志》作《春秋傳》十五卷、《權衡》十七卷、《說例》十一卷、《意林》二卷。《文獻通攷》亦謂《春秋傳》、《權衡》、《意林》三書共三十四卷。此本篇目疑有脫誤。」盧文弨校注曰：「晁《志》與〈宋志〉卷同，惟無《說例》，陳氏云《說例》凡四十九條，則一卷當是也。」依盧氏所考，則〈宋志〉著錄《說例》凡十一卷，其「十」字乃衍文。是則《春秋傳》應為十五卷、《權衡》十七卷、《意林》二卷、《說例》一卷，合共三十五卷。《文獻通考》因未著錄《說例》一卷，故云共三十四卷。是作三十五卷者，與馬氏所計算殊無衝突。今《四庫全書》所收敞此四書，亦共為三十五卷。是則《解題》所記應有誤矣。

始為《權衡》以平三家之得失，然後集眾說斷以己意，而為之《傳》；《傳》所不盡者，見之《意林》。其《傳》用《公》、《穀》文體。

案：《郡齋讀書志》曰：「《權衡》論《三傳》之失《意林》敘其解經之旨《劉氏傳》，其所解經也。」《解題》乃據此而引申其說，惟優於晁氏矣。

《說例》凡四十九條。

案：《四庫全書總目》卷二十六〈經部〉二十六〈春秋類〉一著錄：「《春秋傳說例》一卷《永樂大典》本。宋劉敞撰。案敞〈行狀〉、〈墓誌〉俱稱《春秋說例》二卷。陳振孫《書錄解題》則以為一卷。蓋傳鈔分合，互有不同。至《宋史·藝文志》獨稱敞《說例》十一卷，殆傳寫誤衍一『十』字，或竟以十一篇為十一卷也。」惟《四庫全書總目》「十一篇」之說，終無所本。《解題》僅謂「《說例》凡四十九條」，則其內容必不甚多，理應作一卷為是。

春秋經社要義六卷

《春秋經社要義》六卷，龍圖閣學士高郵孫覺莘老撰。覺從胡安定游，門弟子以千數，別其老成者爲經社，覺年最少，儼然居其門，眾皆推服。此殆其時所作也。

廣棪案：《宋元學案》卷一〈安定學案〉「文昭胡安定先生瑗」條曰：「其教人之法，科條纖悉俱備。立『經義』、『治事』二齋：經義則選擇其心性疏通、有器局、可任大事者，使之講明《六經》。治事則一人各治一事，又兼攝一事，如治民以安其生，講武以禦其寇，堰水以利田，算曆以明數是也。」《解題》所云之「經社」，即此「經義齋」也。覺之《要義》六卷，《郡齋讀書志》卷第三〈春秋類〉亦著錄，云：「其學亦出啖、趙，凡四十餘門。論議頗嚴。」王應麟曰：「《經社要義》，分爲類例，考據諸《傳》，以解經旨。《學纂》廣棪案：指覺所撰《春秋學纂》。其說以《穀梁》爲本，及采《左氏》、《公羊》，歷代諸儒所長，間以其師胡瑗之說斷之。」《經義考》卷一百八十二〈春秋〉十五「《春秋經社要義》」條引。《宋元學案》卷一〈安定學案〉「龍學孫莘老先生覺」條，黃百家謹案曰：「先生之《春秋經解》多主《穀梁》之說，而參以《左氏》、《公羊》及漢、唐諸家之說。義有未安者，則補以所聞于安定及己之獨悟。晁公武稱其議論最精，誠哉斯言！」綜上所記，固可推知覺之治《春秋》，其法取效啖助，而亦斷之安定，論議精嚴。茲《要義》六卷雖佚，猶可略悉其梗概。

春秋經解十五卷

《春秋經解》十五卷，孫覺撰。其〈自序〉言三家之說《穀梁》最爲精深，且以爲本；雜取二《傳》及諸儒之說，長者從之；其所未安，則以所聞於安定先生者斷之。

廣棪案：《宋史》卷二百二〈志〉第一百五十五〈藝文〉一〈經類·春秋類〉著錄覺另有《春秋學纂》十二卷，《四庫全書總目》謂《學纂》即此書之別名。《四庫全書總目》卷二十六〈經部〉二十六〈春秋類〉一載：「《春秋經解》十三卷，兵部侍郎紀昀家藏本。宋孫覺撰。……《宋史·藝文志》載覺《春秋經解》十五卷，又《春秋學纂》十二卷、《春秋經社要義》六卷。朱彝尊《經義考》據以著錄，於《經解》注曰存。於《學纂》、《要義》皆注曰佚。然今本實十三卷，自隱公元年至獲麟，首尾完具，無所殘闕，與〈宋志〉所載不符。考陳振孫《書

錄解題》載《春秋經解》十五卷、《春秋經社要義》六卷，而無《春秋學纂》。王應麟《玉海》載《春秋經社要義》六卷、《春秋學纂》十二卷，而無《春秋經解》。其《學纂》條下注曰：『其說以《穀梁》爲本，而採《左氏》、《公羊》，歷代諸儒所長，間以其師胡瑗之說斷之，分莊公爲上下云云』。與今本一一相合。然則《春秋學纂》即《春秋經解》之別名。〈宋志〉既誤分爲二書，并誤其卷數。《書錄解題》亦誤十三卷爲十五卷。惟《玉海》所記爲得其眞矣。」據《四庫全書總目》所考，則《經解》與《學纂》同屬一書而異名。《玉海》載《學纂》爲十二卷，《四庫全書總目》謂紀昀家藏本《經解》爲十三卷，殆將莊公分上下作兩卷耶，故二者相差一卷也。至覺〈自序〉曰：「《三傳》之作，既未可質其後先，但《左傳》多說事迹，而《公羊》亦存梗概，陸淳以謂斷義即皆不如《穀梁》之精。今以三家之說校其當否，而《穀梁》最爲精深，且以《穀梁》爲本。其說是非褒貶，則雜取《三傳》及歷代諸儒唐啖助、趙匡、陸質之說。長者從之，其所未聞，即以所聞安定先生之說解之云。」《解題》據此隱括。

楊龜山為之〈後序〉。

案：楊時〈後序〉略曰：「高郵中丞孫公先生，以其饜餘盡發聖人之蘊，著爲成書，以傳後學。其微辭妙義，多先儒之所未言者。啓其關鍵，使學者以稽其門，叩其戶，以窺堂奧，豈曰小補之哉！余得而伏讀之，不能釋手，聞所未聞多矣。而其孫廣伯乃以其書屬予爲〈序〉。以予之淺陋，使得挂名經端，自託不腐，豈不幸矣哉！」

海陵周茂振〈跋〉云：「先君傳《春秋》於孫先生，嘗言王荊公初欲釋《春秋》以行於天下，而莘老之書已出，一見而忌之。自知不復能出其右，遂詆聖經而廢之，曰：『此斷爛朝報也。』不列於學官，不用於貢舉云。」

案：《經義考》卷一百八十二〈春秋〉十五「孫氏覺《春秋經解》」條引「陳振孫曰」，而此段全闕。考茂振，周麟之字。麟之，紹興十五年進士，曾歷兵部侍郎兼給事中。此書麟之有〈跋〉，略曰：「先君潛心《春秋》二十年，得成說於郵上孫先生莘老，其書家傳三世矣，兵火焚蕩，遂爲煨燼。及寓居江浙，嘗誦其書以授學者，予每得竊聽之。一日，先君爲予言：『初王荊公欲釋《春秋》以行於天下，而莘老之書已出，一見而有恚心，自知不復能出其右，遂詆聖經而廢之，曰：「此斷爛朝報也。」不列於學官，不用於貢舉，積諸有年。自近世是經復行，而學士大夫亦罕知有莘老說也。……然莘老發明聖人之奧，舉《三傳》以斷得失，反復折中，著爲通論，其旨詳而明，深而當，異說不得而破。此其

遠處，文定似不及也。』」《解題》乃據是〈跋〉隱括成文。

春秋皇綱論五卷、明例隱括圖一卷

《春秋皇綱論》五卷、《明例隱括圖》一卷，太常博士王哲廣校案：張宗泰〈跋〉作「王晢」。撰。至和中人。

> 廣校案：王哲，應作王晢，不惟《解題》《宋史・藝文志》亦誤。張宗泰《魯巖所學集》卷六〈四跋書錄解題〉已辨之，曰：「《春秋皇綱論》『王晢』訛作『王哲』。」納蘭成德《通志堂經解》此書之〈序〉云：「宋〈藝文志〉，《春秋》之書凡二百四十部，二千七百九十九卷，余所見者僅三十餘部，為卷數百，王晢《皇綱論》其一也。晢，不知何如人也，自稱為太原王晢。陳直齋《書錄解題》亦但言其官太常博士，至和間人而已，不能詳其生平也。直齋《解題》於著書之人，往往舉其立身大概，使後世讀其書者，雖不復親見其人，猶能稍得其本末，以為論世知人之據；乃於晢獨否，豈其人在直齋當時已不可得而論定邪？」《四庫全書總目》卷二十六〈經部〉二十六〈春秋類〉一亦嘗考之，曰：「《春秋皇綱論》五卷，_{內府藏本}。宋王晢撰。晢自稱太原人，其始末無可考。陳振孫《書錄解題》言其官太常博士。考龔鼎臣《東原錄》載：『真宗天禧中，錢惟演奏留曹利用丁謂事，稱晏殊以語翰林學士王晢。』則不止太常博士矣。」是則據《四庫全書總目》所引鼎臣《東原錄》，晢不止為仁宗至和中人，且於真宗天禧中已出任翰林學士。考蘇軾《東坡外制集》卷上有〈王晢知衛州制〉，又陸心源《宋詩紀事補遺》卷二十五載：「王晢，字微之，累知汝州，元豐中尚書兵部郎中，集賢校理，提點醴泉觀。有《孫子注》三卷。」是晢又神宗時知衛州，元豐中任尚書兵部郎中等職。惟自天禧至元豐，前後相距六十餘年，且各書所記晢之官歷，真宗天禧時已為翰林學士，忽而仁宗至和間又為太常博士；至不可解者，於神宗時且知衛州，元豐中任尚書兵部侍郎，集賢校理，提點醴泉觀。其仕履之變幻，竟不可究詰。疑北宋間，晢實有兩人，一在真宗、仁宗時；一在神宗時。真、仁宗時之王晢撰《春秋皇綱論》諸書；神宗時之王晢，則有《孫子注》三卷也。

《館閣書目》有《通義》十二卷，未見。

> 案：王應麟《玉海》卷四十〈藝文・春秋〉曰：「至和中，太常博士王晢撰《春秋通義》十二卷，據三《傳》注疏及啖、趙之學。其說通者，附經文之下；闕

者，用己意釋之。」可略悉《通義》一書之梗概。又檢《經義考》卷一百七十九《春秋》十二「《皇論綱》」條引「陳振孫曰」：「太常博士王晳撰。《春秋皇綱論》、《明例隱括圖》共六卷，至和間入《館閣目》。」則彝尊所得讀之《解題》，與《大典》本絕異，故與今見之《四庫全書》本所記，乃不同如此。

春秋會義二十六卷

《春秋會義》二十六卷，鄉貢進士江陽杜諤獻可撰。自《三傳》及啖、趙諸儒迄於孫氏《經社》，凡三十餘家，集而繫之，時述以己意。有任貫者為之〈序〉，嘉祐中人也。

廣棪案：《郡齋讀書志》卷第三〈春秋類〉著錄：「《春秋會義》二十六卷。右皇祐間進士杜諤集《釋例》、《繁露》、《規過》、《膏肓》、《先儒同異篇》、《指掌碎玉》、《折衷》、《指掌議》、《纂例》、《辨疑》、《微旨》、《摘微》、《通例》、《胡氏論》、《箋義》、《總論》、《尊王發微》、《本旨》、《辨要》、《旨要》、《集議》、《索隱》、《新義》、《經社》三十餘家成一書，其後仍斷以己意。雖其說不皆得聖人之旨，然使後人博觀古今異同之說，則於聖人之旨或有得焉。」《解題》所述多本於晁氏。惟《郡齋讀書志》稱諤為「皇祐間進士」，《解題》則稱「嘉祐中人」，二者有異。考皇祐與嘉祐皆仁宗年號，二者前後相距不足十年，諤蓋仁宗時代人，故謂之皇祐間人或嘉祐中人，均無不可也。然檢柯維騏《宋史新編》卷一百七十四有〈杜諤傳〉，謂諤「理宗朝蘄州錄事參軍兼司戶，金兵陷蘄州，死於難」。則此杜諤固非撰《春秋會義》二十六卷之杜諤矣。《經義考》卷一百八十〈春秋〉十三「杜氏諤《春秋會義》」條引「陳振孫曰」，闕末句「嘉祐中人也」五字。至任貫，《宋史》無傳。《宋會要輯稿》卷一百七冊〈選舉〉二之九載：「（嘉祐）六年四月二十二日，以新及第進士第一人王俊民為大理評事僉書武庫節度判官公事，第二人陳睦兩使幕職官，第三人鑠廳將作監主簿王陟臣為太常寺奉禮郎、簽書高郵軍判官廳公事，第四人任貫，第五人黃履並為試銜知縣。」是任貫仁宗時人，嘉祐六年四月二十二日新及第進士第四人。《解題》謂任貫「嘉祐中人」，與《宋會要輯稿》所載合。

春秋傳二卷

《春秋傳》二卷，程頤撰。略舉大義，不盡為說。襄、昭後尤略。

廣棪案：《經義考》卷一百八十二〈春秋〉十五著錄：「程子頤《春秋傳》，〈宋志〉一卷，存。」今此書全而無闕，仍作一卷。校之《解題》謂「略舉大義」，「襄、昭後尤略」云云，則其卷數疑據〈宋志〉作一卷爲合。

〈序〉文崇寧二年所作，蓋其晚年也。

案：頤有〈自序〉，曰：「故學《春秋》者，必優游涵泳，默識心通，然後能造其微也。後王知《春秋》之義，則雖德非禹、湯，尚可以法三代之治。自秦而下，其學不傳，予悼夫聖人之志不明於後世也，故作《傳》以明之。俾後之人通其文而求其義，得其意而法其用，則三代可復也。是《傳》也，雖未能極聖人之蘊奧，庶幾學者得其門而入矣。」此頤撰斯《傳》之旨也。陳亮撰〈跋〉則曰：「伊川先生之序此書也，蓋年七十有一矣；四年而先生沒。今其書之可見者纔二十年，世咸惜其缺也。」考頤卒於大觀元年（1107），年七十有五；其前四年爲崇寧二年（1103），年七十一，正撰〈春秋傳自序〉之時。《解題》所記，與亮〈跋〉合。

左氏解一卷

《左氏解》一卷，專辨左氏爲六國時人，其明驗十有一事。題王安石撰，實非也。

廣棪案：《經義考》卷一百八十一〈春秋〉十四著錄：「王氏安石《左氏解》，〈宋志〉一卷，存。」是《宋史・藝文志》以此書爲安石撰。《經義考》下引林希逸曰：「尹和靖言介甫未嘗廢《春秋》，廢《春秋》以爲斷爛朝報，皆後來無忌憚者託介甫之言也。韓玉汝有子宗文，上介甫書，請《六經》之旨。介甫答之，獨於《春秋》曰：『此經比他經尤難，蓋三《傳》皆不足信也。』和靖去介甫未遠，其言如此其公。今人皆以『斷爛朝報』之語爲荊公之罪，亦冤甚矣。」是則此書未必爲安石撰，然安石不廢《春秋》固史實也。

春秋邦典二卷

《春秋邦典》二卷，唐既濟潛亨撰。_{館臣案：原本脫「濟」字，今據《宋史・藝文志》增入。}質肅之姪，自號真淡翁，與其子愁問答而爲此書。鄒道卿_{盧校本作「鄉」。}爲之〈序〉。

廣棪案：鄒浩《道鄉集》卷二十七有〈邦典序〉曰：「眞淡翁，隱者也。少舉進士，有能賦聲。已而用其伯父質肅公之薦，仕州縣。一日不合意，莞然笑曰：『道其在是乎？』拂衣以歸。遂閉關於漢水之上，殆二十年。元祐八年冬，予以教官至襄陽，求見翁，翁弗予拒也。而登其堂，造其室，親炙其言行，而知其心。蓋嘗論辨至於經史、百氏之書，從橫稽據，如出乎其時而目睹其事，如即乎其人而躬受其旨，未嘗不覷然驚、喟然歎，以翁為邈不可即也。其後集《論語》、《春秋》者，分為二卷，合四十四篇，且以六典治邦國之義，名之曰《邦典》。顧自《三傳》以來，相踵而私其見者多矣；獨於眾言殽亂之中，取《周官》而折衷焉，以暢孔子不說之意，如執規矩以驗方圓，如引繩墨以分曲直，雖三尺童子亦舉知其可信不疑。嗚呼！《春秋》日月，傳注者食之。不有人焉祛陰陽之蠹而還其光明，則倀倀於世者孰待而成功乎？翁之有功於經，可謂至矣。覽者以夫默而成之之心，觀其默而成之之說，則《邦典》之奧當自得之。姑掇其大概，并翁之所出處者發其端云。翁，唐氏名既，字潛亨，號眞淡翁。紹聖四年。」據鄒〈序〉，則此書名《邦典》，乃集《論語》、《春秋》而成，分為二卷，凡四十四篇。《解題》有誤。又唐既，非名既濟，〈宋志〉誤，《四庫全書》館臣據之以改《解題》，乃以不誤為誤。鄒浩，字志完，學者稱道鄉先生。所撰有《道鄉集》四十卷。《解題》作「道卿」，亦誤；文弨所校則允恰也。

左氏鼓吹一卷

《左氏鼓吹》一卷，彭門吳元緒撰。

廣棪案：《經義考》卷一百八十一〈春秋〉十四著錄：「吳氏元緒《左氏鼓吹》，〈宋志〉一卷，佚。」是此書已佚，即元緒事蹟亦無可考。

春秋集傳十二卷

《春秋集傳》十二卷，蘇轍撰。

廣棪案：此書轍〈自序〉稱作《春秋集解》，《郡齋讀書志》則稱《潁濱春秋集傳》。孫猛《郡齋讀書志校證》曰：「蘇轍〈自序〉『集傳』作『集解』，而《書錄解題》卷三、〈宋志〉卷一、蘇籀〈欒城遺言〉、《經籍考》卷十題皆同原本。今《兩蘇經解》本題作《潁濱先生春秋集解》，《叢書集成初編》本題作《春秋集解》。」是則此書實多異名也。

專本《左氏》，不得已乃取二《傳》、啖、趙。蓋以一時談經者不復信史，或失事實故也。

案：轍〈自序〉言此事甚詳悉，不贅錄。《郡齋讀書志》卷第三〈春秋類〉著錄：「《潁濱春秋集傳》十二卷。右蘇轍子由撰。大意以世人多師孫明復，不復信史，故盡棄《三傳》，全以《左氏》為本，至其不能通者始取二《傳》、啖、趙。自熙寧謫居高安，至元符初，十數年矣，暇日輒有改定，卜居龍川而書始成。」《郡齋讀書志》與《解題》所記均據轍〈自序〉以隱括，惟晁書較詳盡矣。

春秋傳十二卷

《春秋傳》十二卷，劉絢質夫撰。二程門人，其師亟稱之。

廣棪案：《郡齋讀書志》卷第三〈春秋類〉著錄：「劉質夫《春秋》五卷。右皇朝劉絢質夫撰。絢學於二程之門。伯淳嘗語人曰：『他人之學，敏則有矣，未易保也。斯人之至，吾無疑焉。』正叔亦曰：『遊吾門者多矣，而信之篤，得之多，行之果，守之固，若子者幾希。』」正可證《解題》「其師亟稱之」為事實。惟《郡齋讀書志》稱此書為五卷，與《解題》作十二卷者不同。《經義考》卷一百八十四〈春秋〉十七著錄：「劉氏絢《春秋》，《通考》十二卷《玉海》五卷。佚。」是此書於宋時已分卷有所不同矣。

所解明正簡切。

案：《解題》評程頤《春秋傳》二卷，謂其「略舉大義，不盡為說」。《中興國史志》曰：「絢《傳》說多出於頤書。」《經義考》「劉氏絢《春秋》」條引。是絢書與頤書，撰作特色應為一致，故《解題》謂其「所解明正簡切」，則與頤書同風。

春秋得法志例論三十卷

《春秋得法志例廣棪案：盧校本作「忘例」。注曰：別作「志例」者訛。論》三十卷，蜀州晉原主簿遂寧馮正符信道撰。其父堯民希元為鄉先生，館臣案：堯民原本誤作「先民」，今據《文獻通考》改正。正符三上禮部不第，教授梓、遂學十年，著此書及《詩》、《易》、《論語解》。蜀守何郯首以其《春秋》上之。熙寧末，中丞鄧綰薦之，得召試，賜同進士出身。王安石亦待之厚。其書首辨王魯、素王之說，及杜預三體五例、何休三科九旨怪妄穿鑿。皆正論也。

廣梭案:《郡齋讀書志》卷第三〈春秋類〉著錄:「《得法忘例論》三十卷。右皇朝馮正符所撰。熙寧八年,何郯取其書奏之,而久之不報,意者王安石不喜《春秋》故也。其書例最詳,悉務通經旨,不事浮辭。正符頗與鄧縮、陳亨甫交私,後坐口語被斥。」《文獻通考》卷一百八十三〈經籍考〉十〈經·春秋〉「《春秋得法忘例論》三十卷」條引巽巖李氏曰:「信道當熙寧九年,用御史鄧文約薦,召試舍人院,賜出身。文約尋責守虢略,信道亦坐附會奪官。歸故郡後,又得馮允南所爲墓銘。信道實事安逸處士何群,其學蓋得之群。群學最高,國史有傳。其師友淵源果如此,則謂信道附會進取,或以好惡言之耳。王荊公當國,廢《春秋》不立學官,而信道學經顧於《春秋》特詳,鄧御史嚴事,王荊公不敢異,乃先以《得法志例論》言於朝,初不曰:『宰相不喜此也。』此亦見當時風俗猶淳厚,士各行其志,不專以利祿故輟作,御史殆加於人一等。然信道要當與何群牽聯書國史,鄧御史偶相知,適相累耳。余舊評如此。今無子孫,其書則爲鬻書者擅易其姓名,屬諸李陶。陶字唐夫,嘗學於溫公,號通經。李氏諸子,唐夫最賢,而《得法志例》則非唐夫所論也,不知者妄託之。」《郡齋讀書志》所載,及李燾所述,不惟可與《解題》相互參證,且多可補《解題》所未及。

春秋後傳二十卷、補遺一卷

《春秋後傳》二十卷、《補遺》一卷,陸佃撰。《補遺》者,其子宰所作也。宰字元鈞,游之父。

廣梭案:宋慈抱《兩浙著述考·經術考·春秋類》著錄:「《春秋後傳》二十卷、《補遺》一卷,宋山陰陸佃撰。《補遺》,其子宰撰。佃有《爾雅新義》已詳前。是書見《直齋書錄解題》。《經義考》云未見。宰,字元鈞,游之父,官朝請大夫,直秘閣。紹興間建秘閣,求天下遺書,首命紹興府錄宰家書來上,凡萬三千卷有奇,見《宋史》本傳。」所載較《解題》爲詳。佃,字農師,越州山陰人。《宋史》卷三百四十三〈列傳〉第一百二有傳。宰,《宋史》無傳,《兩浙著述考》誤。《宋元學案》卷九十八〈荊公新學略〉「陸氏家學·陸元鈞先生宰」條載:「陸宰,字元鈞,農師佃之子,放翁游之父。農師撰《春秋後傳補遺》者,先生所作也。參《直齋書錄解題》。」與《解題》同。游,字務觀,《宋史》卷三百九十五〈列傳〉第一百五十四有傳。

春秋列國諸臣傳五十一卷

《春秋列國諸臣傳》五十一卷，賢良眉山王當子思撰。元祐中復制科，嘗以蘇軾薦，_{館臣案：《文獻通考》作「以蘇轍薦」。}試六論首選，廷對切直，或欲黜之。宣仁后曰：「以直言取士，不可以直言棄。此仁宗故事也。」乃置下第，與堂除簿尉。所傳諸臣皆本《左氏》，有見於他書者則附其末，繫之以〈贊〉。諸〈贊〉論議純正，文辭簡古，於經、《傳》亦多所發明。

　　廣校案：《郡齋讀書志》卷第三〈春秋類〉著錄：「《春秋列國諸臣傳》五十一卷。右皇朝王當撰。類《左氏》所載列國諸臣事，效司馬遷為之《傳》，凡一百三十有四人，繫之以〈贊〉云。」《經義考》卷一百八十一〈春秋〉十四「《春秋列國諸臣傳》」條引陳造曰：「春秋人才尚餘三代氣質，然非《左氏》之文雄古嚴密，亦孰能暢敘發揚如此。其言與事隨編年而書君子，欲其迹之本末可考，辭之連屬畢見，或類而為之《傳》，往往失之漏略。此書成於賢良王當，不惟該備無遺，而復引《史記》、《國語》等書，補苴彌縫之，而終之以〈贊〉，多出新見。學者與經、《傳》參〈贊〉，既足以見當時人才出處語默之大節，抑於著述體製所得，將不貲也。」《四庫全書總目》卷五十七〈史部〉十三〈傳記類〉一著錄：「《春秋列國諸臣傳》三十卷，_{兩江總督採進本。}宋王當撰。當字子思，眉山人。元祐中，蘇軾以賢良方正薦。廷對策入四等，調龍游縣尉。蔡京知成都，舉為學官，不就。及京為相，遂不仕。事蹟具《宋史》本傳。史稱其嘗舉進士不中，退居田野，嘆曰：『士之居世，苟不見用，必見其言。』遂著《列國名臣傳》五十卷。則此書其未仕時作也。所傳凡一百九十一人，各以〈贊〉附於後。陳振孫《書錄解題》稱其議論純正，文辭簡古，於經義_{廣校案：《解題》「義」作「《傳》」。}多所發明。今核其書，如謂魯哀公如討陳恒，即諸侯可得之類。持論不免蹖駁，殊非聖人之本意。史稱當博覽古人，惟取王佐《大略》。蓋其學頗講作用，故其說云然。然其編次時世，前後證引《國語》、《史記》等書，補《左傳》闕略，該備無遺，於經、《傳》則實有補。」上引三家所述，皆足與《解題》相補證。顧此書亦大醇小疵，其所傳人數《中興書目》謂「凡三百三十四人」，與《郡齋讀書志》及《四庫全書總目》所記不同，然《鐵琴銅劍樓藏書目錄》卷十有此書，云：「一百三十有四人之數，與晁《志》合。」蓋應以《郡齋讀書志》為準也。至此書《四庫全書》本作三十卷《四庫全書總目》亦有說，謂：「《宋史·藝文志》載是書作五十一卷，本傳則作五十卷，均與此本不合。殆『三』『五』字形相近，傳寫誤歟。」惟《解題》與《郡齋讀書志》既均作五十一卷，則顯

非傳寫之誤，疑此書之宋本與《四庫》所據之兩江總督採進本，分卷有所不同，《鐵琴銅劍樓藏書目錄》所收亦爲三十卷。是則此書既有作五十一卷者，亦有作三十卷者，惟內容應殊無二致也。

春秋通訓十六卷、五禮例宗十卷

《春秋通訓》十六卷、《五禮例宗》十卷，直秘閣吳興張大亨嘉父撰。

廣棪案：《春秋通訓》十六卷《四庫全書》本據《永樂大典》併爲六卷。《四庫全書總目》卷二十七〈經部〉二十七〈春秋類〉二載：「《春秋通訓》六卷《永樂大典》本。宋張大亨撰。……陳振孫《書錄解題》及《宋史·藝文志》並作十六卷。朱彝尊《經義考》云已佚。此本載《永樂大典》，中十二公各自爲卷，而隱公、莊公、襄公、昭公又各自分上下卷，與十六卷之數合。然每卷篇頁無多，病其繁碎。今併爲六卷，以便省覽。其文則無所佚脫也。」可悉《四庫全書》本合併之由。又《四庫全書總目》同卷〈經部·春秋類〉二載：「《春秋五禮例宗》七卷，浙江吳玉墀家藏本。宋張大亨撰。大亨字嘉父，湖州人。登元豐乙丑乙科。何遠《春渚紀聞》、王明清《玉照新志》並載其嘗官司勳員外郎。以王國侍讀、侍講官名與朝廷相紊，奏請改正事。陳振孫《書錄解題》載大亨《春秋通訓》及此書，則稱爲直秘閣吳興張大亨撰。蓋舉其所終之官也。……朱彝尊《經義考》載此書十卷，注曰存，而諸家寫本皆佚其〈軍禮〉三卷，已非彝尊之所見。然《永樂大典》作於明初，凡引此書皆吉、凶、賓、嘉四禮之文，〈軍禮〉絕無一字。則此三卷之佚久矣，彝尊偶未核檢也。」是則大亨之仕宦固不止直秘閣。而其《五禮例宗》十卷，自明初已佚其〈軍禮〉三卷，今僅存七卷耳。

其〈自序〉言：「少聞《春秋》於趙郡和仲先生。其初蓋嘗作《例宗》，論立例之大要矣。先生曰：『此書自有妙用，學者罕能領會，多求之繩約中，迺近法家者流，苛細繳繞，竟亦何用？惟丘明識其用，然不肯盡談，微見端兆，使學者自得之。』廣棪案：盧校注：此見《東坡集》。予從事斯語十有餘年，始得其彷彿。」《通訓》之作，所謂去例以求經略，微文而視大體者也。東坡一字和仲，所謂趙郡和仲，其東坡乎？

案：《經義考》卷一百八十三〈春秋〉十六「張氏大亨《春秋通訓》」條，彝尊按：「蘇籀《雙溪集》載：『嘉父以《春秋》義問東坡。東坡答書云：「《春秋》，

儒者本務。然此書有妙用，學者罕能領會，多求之繩約中，乃近法家者流，苟
細繳繞，竟亦何用？惟邱明識其用，然不肯盡談，微見端兆，欲使學者自求之。
故僕以爲難，未敢輕論也。」』其書今載《續集》中。嘉父〈自序〉稱少聞《春
秋》於趙郡和仲先生者，蓋此書也。」《四庫全書總目》「《春秋通訓》六卷」條
亦云：「是書〈自序〉謂少聞《春秋》於趙郡和仲先生。考宋《蘇軾年譜》：『軾，
本字和仲。』又蘇洵《族譜》稱爲『唐相蘇頲之裔，系出趙郡』。今所傳軾題〈煙
江疊嶂圖詩〉，石刻末亦有趙郡蘇氏印。然則趙郡和仲先生，即軾也。」是直齋
所考並不誤，《經義考》、《四庫全書總目》所論均可爲助證。

然《例宗》攷究，未廣_{校案：盧校本作「亦」。注曰：館本作「未」。}為詳恰。

案：《經義考》卷一百八十三〈春秋〉十六著錄：「《五禮例宗》，〈宋志〉十卷，
存。陳振孫曰：『《例宗》攷究，亦爲詳恰。』」是彝尊所見《解題》，字作「亦」
不作「未」也。《四庫全書總目》「《春秋五禮例宗》七卷」條云：「蓋《禮》與
《春秋》本相表裏。大亨是編，以杜預《釋例》與經踳駁，兼不能賅盡。陸淳
所集啖、趙《春秋纂例》，亦支離失眞。因取《春秋》事蹟，分吉、凶、軍、賓、
嘉五禮，依類別記，各爲《總論》。義例賅貫，而無諸家拘例之失。陳振孫稱爲
考究詳恰，殆非溢美。」是撰《四庫全書總目》者所見之《解題》正作「亦爲
詳恰」，與彝尊同。

春秋傳十二卷、考三十卷、讞三十卷

《春秋傳》十二卷、_{館臣案：《宋史·藝文志》作《春秋傳》二十卷。}《攷》三十卷、
《讞》三十卷，葉夢得撰。

廣棪案：夢得《春秋傳·自序》於文末處明言：「作《春秋傳》二十卷。」《解
題》作「十二卷」，疑字倒乙耳。今《四庫全書》本據曝書亭藏本仍爲二十卷。
《攷》、《讞》二書，彝尊《經義考》云已佚，《四庫全書》本據《永樂大典》排
比綴緝，編成《攷》十六卷、《讞》二十二卷。

各有〈序〉。其序《讞》曰：「以《春秋》爲用法之君而已，聽之有不盡其辭，
則欺民；有不盡其法，則欺君。凡啖、趙論三家之失，爲《辨疑》，劉氏廣啖、
趙之遺，爲《權衡》，合二書，正其差誤而補其疏略，目之曰《讞》。」其序
《攷》曰：「君子不難於攻人之失，而難於正己之是。必有得也，乃可知其失；
必有是也，乃可斥其非。自其《讞》推之，知吾之所正爲不妄也，而後可以

觀吾《攷》；自其《攷》推之，知吾之所擇為不誣也，而後可以觀吾《傳》。」
其序《傳》曰：「左氏傳事不傳義，是以詳於史，而事未必實，以其不知經也。
公、穀傳義不傳事，是以詳於經，而義未必當，以其不知史也。乃酌三家，
求史與經。不得於事，則攷於義；不得於義，則攷於事，更相發明以作《傳》。」

案：《經義考》卷一百八十三〈春秋〉十六僅引夢得《春秋傳‧自序》，《攷》、《讞》
二〈序〉則未具引。蓋彝尊未見《攷》、《讞》二書，故亦無由引其〈序〉。《四
庫全書》本《春秋考》有〈自序〉，《春秋讞》之〈自序〉則散佚。

夢得自號石林居士，明敏絕人，藏書至多，博覽彊記，故其為書，辨訂攷究，
無不精詳。

案：真德秀曰：「《春秋讞》、《考》、《傳》三書，石林先生葉公之所作也。自熙
寧用事之臣倡為《新經》之說，既天下學士大夫以談《春秋》為諱有年矣。是
書作於絕學之餘，所以闢邪說，黜異端，章明天理，遏止人欲，其有補於世教
為不淺也。」《經義考》卷一百八十三〈春秋〉十六「《春秋讞》」條引。德秀對葉氏
三書之評價固高。《四庫全書總目》亦曰：「夢得以孫復《春秋尊王發微》主於
廢《傳》以從經，蘇轍《春秋集解》主從《左氏》而廢《公羊》、《穀梁》，皆不
免有弊。故其書參考《三傳》以求經。不得於事則考於義，不得於義則考於事。
更相發明，頗為精核。」卷二十七〈經部〉二十七〈春秋類〉二「《春秋傳》二十卷」
條。又曰：「其書大旨在申明所以攻排《三傳》者，實本周之法度制作以為斷，
以求合於《春秋》之法。其文辨博縱橫，而語有本原，率皆典核。陳振孫《書
錄解題》稱其辨定廣棪案：《解題》作「訂」。考究，無不精詳。殆不誣也。」《春
秋考》十六卷條。《四庫全書總目》所稱「精核」、「典核」者，以此評論葉書，
無異《解題》。

然其取何休之說，以十二公為法天之大數，則所未可曉也。

案：夢得〈春秋傳自序〉有言：「是以其書斷取十有二公以法天之大數，備四時
以為年，而正其行事，號之曰《春秋》，以自比於天。」《解題》即據此作議論，
謂「所未可曉」。其實葉氏之書亦多小疵。《四庫全書總目》評其《春秋讞》一
書，即曰：「是書抉摘《三傳》是非，主於信經不信《傳》，猶沿啖助、孫復之
餘波。於《公羊》、《穀梁》多所駁詰。雖《左傳》亦據《傳》末韓、魏反而喪
之之語，謂知伯亡時左氏猶在，斷以為戰國時人。昌言排擊。……雖辨博自喜，
往往有瀾翻過甚之病。於經旨或合或離，不能一一精確。而投之所向，無不如
志，要亦文章之豪也。惟古引《春秋》以決獄，不云以決獄之法治《春秋》。名

書以「讞」，於義既為未允。且左氏、公羊、穀梁皆前代經師，功存典籍，而加以推鞠之目，於名尤屬未安。是則宋代諸儒藐視先儒之錮習，不可以為訓者耳。」《四庫全書總目》所評，皆葉書之瑕累，夢得所以如是立說之故，《四庫全書總目》雖有所推論，然猶《解題》所謂：「則所未可曉也」。

春秋經解十六卷、本例例要一卷

《春秋經解》十六卷、《本例例要》一卷，涪陵崔子方彥直撰。

　　廣棪案：考《宋史》卷二百二〈志〉第一百五十五〈藝文〉一〈經類・春秋類〉著錄：「崔子方《春秋經解》十二卷、《春秋本例例要》二十卷。」與《解題》著錄卷數不同。《經義考》卷一百八十三〈春秋〉十六亦據〈宋志〉著錄，然小注謂《春秋經解》已佚，而《本例例要》今本十卷，存。《通志堂經解》有《春秋本例》二十卷。《四庫全書總目》卷二十七〈經部〉二十七〈春秋類〉二曰：「《春秋例要》一卷《永樂大典》本。宋崔子方撰。考《宋史・藝文志》，子方《春秋經解》十二卷、《本例例要》二十卷。知子方所著，原本此書與《本例》合并矣。朱彝尊《經義考》稱《本例》、《例要》十卷，並存。而今通志堂刊行之《本例》，則析目錄別為一卷，以足二十卷之數，而《例要》闕焉。蓋誤以《本例》目錄為《例要》，而不知其別有一篇。恐彝尊所見即為此本。其曰并存，亦誤注也。」是知《經義考》及《通志堂經解》均有所誤。今《四庫全書》本《春秋經解》作十二卷，卷數不同於《解題》；另有《春秋本例》二十卷、《春秋例要》一卷，確然分作兩書，亦異於《解題》與〈宋志〉。各書著錄，顯有歧趨，紛然殽亂，是非難斷矣。

紹聖中罷《春秋》取士，子方三上書，乞復之。不報。遂不應進士舉。黃山谷稱之曰：「六合有佳士，曰崔彥直，其人不游諸公。」然則其賢而有守可知矣。

　　案：《四庫全書總目》卷二十七〈經部〉二十七〈春秋類〉二「《春秋經解》十二卷」條云：「子方，涪陵人，字彥直，號西疇居士。晁說之《集》又稱其字伯直，蓋有二字也。朱彝尊《經義考》稱其嘗知滁州，曾子開為作〈茶仙亭記〉。《經解》諸書，皆罷官後所作。考子方《宋史》無傳。惟李心傳《建炎以來繫年要錄》稱其於紹聖間三上疏，乞置《春秋》博士。不報。乃隱居真州六合縣，杜門著書者三十餘年。陳振孫《書錄解題》所載，大略相同。朱震〈進書箚子〉

亦稱爲東川布衣。彝尊之說，不知何據？惟《永樂大典》引《儀眞志》一條云：『子方與蘇、黃游，嘗爲知滁州曾子開作〈茶仙亭記〉，刻石醉翁亭側。黃庭堅稱爲六合佳士。』殆彝尊誤記是事，故云然歟！」《四庫全書總目》所考，大體可與《解題》相互發明。惟所言《經義考》稱子方嘗知滁州等事，則屬無中生有，《經義考》全無是載。《四庫全書總目》隨而駁辨，謂彝尊誤記此事，皆屬無的放矢，浪費心力矣。

其學辨《三傳》之是非，而專以日月爲例，則正蹈其失而不悟也。

案：《四庫全書總目》「《春秋經解》十二卷」條曰：「子方〈自序〉云：『聖人欲以繩當世之是非，著來世之懲勸，故辭之難明者，著例以見之。例之不可盡，故有日月之例，有變例。』慎思精考，若網在綱。又〈後序〉一篇，具述疏解之宗旨。大抵推本經義，於《三傳》多所糾正。如以晉文圍鄭，謂討其不會翟泉。以郕伯來奔，爲見迫於齊。以齊侯滅萊不書名，辨《禮記》諸侯滅同姓名之誤。類皆諸家所未發。雖其中過泥日月之例，持論不無偏駁。而條其長義，實足自成一家。」又《四庫全書總目》「《春秋本例》二十卷」條曰：「是書大旨以爲聖人之書，編年以爲體，舉時以爲名，著日月以爲例。而日月之例又其本，故曰《本例》。凡一十六門，皆以日月時推之，而分著例、變例二則。州分部居，自成條理。考《公羊》、《穀梁》二《傳》，專以日月爲例，固有穿鑿破碎之病。然經書公子益師卒《左傳》稱公不與小斂，故不書日，則日月爲例，已在二《傳》之前。疑其去聖未遠，必有所受。但予奪筆削，寓義宏深，日月特其中之一例。故二家所說，時亦有合。而推之以概全經，則支離轇轕而不盡通。至於必不可通，於是委曲遷就，變例生焉。此非日月爲例之過，而全以日月爲例之過也。……子方此書，陳振孫《書錄解題》稱『其學辨正《三傳》之是非，而專以日月爲例，則正蹈其失而不悟』，所論甚允。然依據舊《傳》，雖嫌墨守，要猶愈於放言高論，逞私臆而亂聖經。說《春秋》者古來有此一家，今亦未能遽廢焉。』是則子方之書，雖過泥日月之例，自是一失；然其據例而條長義，慎思精考而辨是非，自成一家之言。其所著，瑕不掩瑜，似不宜掊擊過甚，致欠公允。

春秋指南二卷

《春秋指南》二卷，_{館臣案：《宋史·藝文志》作十卷。}張根知常撰。專以編年旁通該括諸國之事，如指諸掌。又爲〈解例〉，亦用旁通法。其他〈辨疑〉、〈雜

論〉諸篇，略舉要義，多所發明。

廣棪案：《郡齋讀書志》卷第三〈春秋類〉著錄：「《春秋指南》十卷。右吳園先生張根知常撰。以征伐會盟，年經而國緯。汪藻爲之〈序〉。」是《郡齋讀書志》亦謂此書以編年法以治《春秋》。汪藻所撰〈序〉略云：「本朝自熙寧以來，學者廢《春秋》不用。數十年間，篤學而好之者蓋不爲無人，然一時章分句析之學勝，故雖《春秋》亦穿鑿破碎，而不見聖人之渾全。政和間，余過山陽，吳園先生張公在焉。先生謂余曰：『學《春秋》而不編年，無以學爲也。余嘗以諸國縱橫例而類見之，聖人之意了然矣。當令子見吾書。』余未及受，而先生亡。未幾先生之書盛行於士大夫間，因得伏而讀之，曰：『嗟乎！聖人之意豈遠人哉，曲學蔽之耳。先生閉戶讀書二十餘年，其見於世者，固已碩大光明，而所出裁一二而已。則求聖人之心而得之者，豈獨此書乎哉！雖然，以此書考之，先生之志亦可以概見矣。』」是根亦自言以編年之法學《春秋》，以諸國縱橫例而治《春秋》也。惜此書已佚，無由探悉根求聖人之心及其撰作此書之志矣。此書《解題》作二卷，然證以全書既有《解例》，又有〈辨疑〉、〈雜論〉諸篇，殊非二卷所能盡，似以《郡齋讀書志》及〈宋志〉之作十卷爲長也。

春秋本旨二十卷

《春秋本旨》二十卷，知饒州丹陽洪興祖慶善撰。其〈序〉言：「三代各立一王之法，其末皆有弊。《春秋》經世之大法，通萬世而亡弊。」又言：「《春秋》本無例，學者因行事之迹以爲例，猶天本無度，曆者即周天之數以爲度。」又言：「屬辭比事《春秋》教也。學者獨求于義，則其失迂而鑿；獨求于例，則其失拘而淺。」若此類多先儒所未發，其解經義，精而通矣。

廣棪案：本書彝尊《經義考》已曰未見，故興祖之〈自序〉亦僅見《解題》所引述，其餘無可考。《經義考》卷一百八十六〈春秋〉十九「洪氏興祖《春秋本旨》」條引黃震曰：「浮溪序《春秋本旨》，直謂仲尼復生不能易，而末乃歸之興祖可草辟雍、封禪之儀。則文人之妄意談經，其舛甚矣。」考浮溪即汪藻，以撰《浮溪集》六十卷，故名。是藻對此書亦備極推譽也。

興祖嘗爲程瑀作〈論語解序〉。忤秦檜，貶韶州以死。

案：《經義考》卷二百一十五〈論語〉五「程氏瑀《論語解》」條引徐自明曰：「知饒州洪興祖以經學得名，龍圖閣直學士程瑀嘗注《論語》，興祖爲之〈序〉。摘

取瑀發明聖人忠厚之言,所謂『不使大臣怨乎不以者,表而稱之』。興祖嘗忤秦檜,檜疑興祖託經以議己,遂責昭州安置。」所記與《解題》足相發明。惟徐自明謂「責昭州安置」,直齋謂「貶韶州以死」。考昭州在今廣西省平樂縣,韶州在今廣東省曲江縣,皆宋世偏遠荒陬之地。而《宋史》卷四百三十三〈列傳〉第一百九十二〈儒林〉三有興祖傳,亦謂「興祖坐嘗作故龍圖閣學士程瑀〈論語解序〉,語涉怨望,編管昭州,卒年六十有六」。則興祖殊非「貶韶州以死」。《解題》或以傳聞失實,或以「昭」、「韶」字近,故生此譌耳。

春秋傳三十卷、通例一卷、通旨一卷

《春秋傳》三十卷、《通例》一卷、《通旨》一卷,徽猷閣待制建安胡安國康侯撰。紹興中經筵所進也。

　　廣棪案:《宋鑑》曰:「紹興四年夏四月,新除徽猷閣待制、知永州胡安國乞以本官奉祠。詔:『安國經筵舊臣,以疾辭郡,重憫勞之,可從其請,提舉江州太平觀,令纂修《春秋傳》,俟書成進入,以稱朕崇儒重道之意。』」《經義考》卷一百八十五〈春秋〉十八「胡氏安國《春秋傳》」條引,下同。《玉海》卷四十《藝文‧春秋》曰:「紹興五年四月一日詔徽猷閣待制胡安國,經筵舊臣,令以所著《春秋傳》纂述成書進入。十年三月書成,上之。詔獎諭,除寶文直學士,賜銀幣。《傳》凡三十卷,十萬餘言。」此乃安國紹興四年至十年間纂成《春秋傳》,上之於朝,並蒙詔獎諭之實況也。

事按《左氏》義,採《公》、《穀》之精,大綱本《孟子》,而微旨多以程氏之說為證。

　　案:《郡齋讀書志》卷第三〈春秋類〉著錄:「胡氏《春秋傳》三十卷。右皇朝胡安國被旨撰。安國師程頤,廣棪案:翁方綱《經義考補正》卷八引丁杰曰:『按《宋史‧儒林傳》,安國所與游者,游定夫、謝顯道、楊中立,不及事程正叔也。晁語未知所據。』意公武所謂師者,乃私淑之謂也。其傳《春秋》事,按《左氏》義,取《公》、《穀》之精者,採孟子、莊周、董仲舒、王通、邵堯夫、程明道、張橫渠、程正叔之說,以潤色之。」《玉海》同上引亦謂其書「載孟氏而下七家發明綱領之詞于卷首,事按《左氏》義,采《公》、《穀》之精者,大綱本《孟子》,而微詞多以程氏之說為證」。所述均與《解題》相發明。

近世學《春秋》者皆宗之。

案：張九成曰：「近世《春秋》之學，伊川開其端，劉質夫廣其意，至胡文定而其說大明。」《經義考》「胡氏安國《春秋傳》」條引，下同。何喬新曰：「宋之論《春秋》而有成書者，無如胡文定公。文定之《傳》精白而博贍，忼慨而精切。」卓爾康曰：「胡文定當南渡時，發憤著書，志固有在。中間詞旨激揚或有所過，而昭大義，明大法，炳如日星，不可磨滅也。」足證安國《春秋》學爲南宋諸人所宗。然亦有評論其書之失當者。朱子曰：「胡氏《春秋傳》有牽強處。」梁寅曰：「信《公》、《穀》之過，求褒貶之詳，未免蹈先儒之謬。此胡康侯之失也。」尤侗曰：「胡《傳》專以復讎爲義，割經義以從己說。此宋之《春秋》，非魯之《春秋》也。」是則此書亦瑜瑕互見，棄瑕取瑜，在善學者。

《通旨》者，所與其徒問答及其他議論條例，凡二百餘章，其子寧輯為一書。

案：《玉海》同上引曰：「《傳》外復有總貫條例與證據史傳，及學徒問答二百餘章，子寧集錄，名曰《通旨》一卷。」《通旨》有吳萊〈後序〉，曰：「胡氏正《傳》三十卷《傳》外又有總貫條例，證據史傳之文二百餘章，子寧集之，名曰《春秋通旨》，輔《傳》而行。」考胡寧《宋史》卷四百三十五〈列傳〉第一百九十四〈儒林〉五附〈胡安國〉。陸元輔曰：「胡寧，字和仲，崇安人，安國季子，用蔭補官，召試館職，除敕令所刪定官，遷太常寺丞，祠部郎，出爲夔州路安撫司參議官，除知澧州，不赴，奉祠歸。安國之傳《春秋》也，編纂檢討，多出寧手。又著《春秋通旨》以羽翼之，世稱茅堂先生。」《宋元學案》卷三十四〈武夷學案〉「參議胡茅堂先生寧」條曰：「文定作《春秋傳》，修纂檢討盡出先生手。又自著《春秋通旨》，總貫條例，證據史傳之文二百餘章，輔《傳》而行。吳淵穎廣梣案：即吳萊。下所言者即據吳氏〈後序〉。曰：『胡氏《傳》文，大概本諸程氏。程氏門人李參所集程說，頗相出入，而胡氏多取之。蓋欲觀其正《傳》，又必先求之《通旨》，故曰史文如畫筆，經文如化工。若一以例觀，則化工與畫筆何異。惟其隨學變化，則史外傳心之要典，聖人時中之大權也。世之讀《春秋》者自能知之，不可以昔者向、歆之學而異論也。』由吳氏之言觀，則茅堂《通旨》之書多與文定相參考，可以互證者矣。」是則上引諸家，有謂《通旨》乃寧所著，其書可與定國《傳》相參互證者。

春秋正辭二十卷、通例十五卷

《春秋正辭》二十卷、《通例》十五卷，知盱眙軍東平畢良史少董撰。良史為東京留守屬官。東京再陷，留敵中三年，著此書。已而得歸，表上之。

　　廣校案：張擴《東窻集》卷十三〈制〉八有〈畢良史進《春秋正辭》并《通例》特改右承務郎制〉。其〈制〉曰：「敕具官某：朕惟麟經之作，垂法萬世。言微而指遠，文約而義詳。由漢以來，諸儒紛紛各開戶牖，橫生戈矛，其失聖人之意多矣。唐文宗謂穿鑿之學，徒為異同，豈不信哉！今觀爾所上《正辭》、《通例》之書，議論精深，發明過半，有嘉好古，宜被異恩，俾從更秩之榮，式示右文之勸。」是則良史此二書頗備崇揚，因是特改右承務郎，其宦歷固不止曾知盱眙軍也。

息齋春秋集注十四卷

《息齋春秋集注》十四卷，禮部侍郎鄞高閌抑崇撰。館臣案：《文獻通考》作高閎。誤。其學專本程氏〈序〉文可見。

　　廣校案：此書〈自序〉首則曰：「昔伊川先生欲著《春秋傳》，而先為之〈序〉曰。」以下則全照程頤〈序〉文迻錄，無一字增減，以迄全〈序〉之結束。由是已足覘閌學之專本程氏《解題》所言不誤。此書樓鑰亦有〈序〉，略曰：「伊、洛二程先生之門，得其傳以歸者，惟故禮部侍郎高公。……自頃王荊公廢《春秋》之學，公獨耽玩遺經，專以程氏為本。又博采諸儒之說為之集注，其說粹然一出於正。」則樓鑰亦以閌傳二程之學。是故閌所撰《集注》，實以頤之《春秋傳》為本也。

夾漈春秋傳十二卷、攷一卷、地名譜十卷

《夾漈春秋傳》十二卷、《攷》一卷、館臣案：《宋史·藝文志》「《春秋攷》」，亦作十二卷。《地名譜》十卷，鄭樵撰。樵之學大抵工于攷究，而義理多迂僻。

　　廣校案：樵撰《通志》二百卷成，其〈自述〉中曰：「按《春秋》之經，則魯史記也，初無同異之文，亦無彼此之說，良由三家所傳之書有異同，故是非從此起。臣作《春秋攷》，所以是正經文，以凡有異同者，皆是訛謬。古者簡編艱繁，學者希見親書，惟以口相授。左氏世為楚史，親見官書，其訛差少，然有所訛

從文起。公、穀，漢之經生，惟是口傳，其訛差多，然有所訛從音起。以此辨之，了無滯礙。又有《春秋傳》十二卷，以明經之旨，備見周之憲章。」是則《春秋攷》者，其書乃考究經文異同正訛，直齋以爲樵所工者也。《春秋傳》者，其書闡述義理，直齋以爲樵迂僻者也。樵書已佚，無由相質正矣。

春秋經解十二卷、指要二卷

《春秋經解》十二卷、《指要》二卷，知常州永嘉薛季宣士龍撰。《指要》引譜例于前，其〈序〉專言諸侯無史，天子有外史，掌四方之志，而職于周之太史。隱之時，始更周曆而爲魯史。

> 廣校案：《經義考》卷一百八十七〈春秋〉二十「薛氏季宣《春秋經解》、《指要》」條引季宣〈指要自序〉，略曰：「先王之制，諸侯無史。天子有外史，掌四方之志，而識于周之太史。隱之時也，始更魯曆而爲魯史。諸侯之有史，其周之衰乎？」薛〈序〉「職」作「識」，「周曆」作「魯曆」，與《解題》有所不同。惟朱子則甚不以季宣此說爲允恰。《經義考》續引朱子曰：「薛常州解《春秋》，不知如何率意若此。只是幾日成此文字，如何說諸侯無史。〈內則〉尚有閭史。又如趙盾、崔杼事，皆史臣所書。」是則季宣「諸侯無史」之說，似不能成立。又《經義考》所引「陳振孫曰」，闕自「其〈序〉專言諸侯無史」，至「始更周曆而爲魯史」數句，與《四庫全書》本不同。

季宣博學通儒，不事科舉。陳止齋廣校案：盧校本「陳止齋」下加「傳良」二字。師事之。

> 案：《宋史》卷四百三十四〈列傳〉第一百九十二〈儒林〉四〈薛季宣〉載：「年十七，起從荊南帥，辟書寫機宜文字，獲事袁溉。溉嘗從程頤學，盡以其學授之。季宣既得溉學，於古封建、井田、鄉遂、司馬法之制，靡不研究講畫，皆可行於時。」同卷〈陳傳良〉載：「陳傳良，字君舉，溫州瑞安人。……當是時，永嘉鄭伯熊、薛季宣皆以學行聞，而伯熊於古人經制、治法，討論尤精，傳良皆師事之，而得季宣之學爲多。」《解題》所述，參之《宋史》，無不合。

季宣死當乾道九年，年四十九。廣校案：盧校注：館本誤作「四十九」，止齋作〈行狀〉及《通攷》并作「四十」，則下「二十」乃「三十」之訛。其爲此書實紹興三十二年，蓋甫二十歲云。

> 案：《宋史·薛季宣傳》曰：「卒年四十。」與陳傳良所撰季宣〈行狀〉同。季

宣卒年既在乾道九年（1173），年四十，則其作此書之紹興三十二年（1162），時甫二十九歲。是則不惟直齋記載季宣行年有誤，盧氏所伸算亦與史實有些微出入也。

春秋集傳十五卷

《春秋集傳》十五卷，監察御史王葆彥光撰。朱翌新仲為作〈序〉。葆，周益公之婦翁也。

廣棪案：《宋史》卷二百八〈志〉第一百六十一〈藝文〉七〈集類‧別集類〉著錄：「《朱翌集》四十五卷。」惜已散佚。《四庫全書》據《永樂大典》輯爲《灊山集》三卷，翌所撰之〈序〉於《灊山集》未見，或已無可考矣。周益公，名必大，葆之婿。《周文忠公集》卷九十有〈王公墓誌銘〉，內述及葆之生平及此書，略云：「葆字彥光，吳郡崑山人。宣和六年進士，權國子監司業，拜監察御史，兼崇政殿說書，出爲浙東提點刑獄，積官左朝請大夫。留意經學，尤邃於《春秋》。嘗讀《孟子》『彼善於此』之句，悟聖人作經本旨。以爲當時名卿有功而賢者，莫如管仲、子產、晏子，而三人者，姓名略不概見，其他可類推矣。」又云：「聖經如化工造物，有自然法象，蓋昔人所未嘗及者。用心三十年，乃成《集傳》十五卷，去取是非，不措一毫私意於其間。書成，歎吾精力盡於此，後當有知我者。嗚呼！庶幾無愧古之儒者矣。」則葆撰此書之成就，略見一斑。

其說多用胡氏。

案：指用胡安國《春秋傳》、《通例》、《通旨》之說。《解題》已著錄安國此三書，云：「事按《左氏》義，採《公》、《穀》之精，大綱本《孟子》，而微旨多以程氏之說爲證。」此乃安國治《春秋》之法，亦即葆本安國以爲說之圭臬也。

春秋集解十二卷

《春秋集解》十二卷，館臣案：《宋史‧藝文志》作三十卷。廣棪案：盧校注：《宋史‧藝文志》作《春秋解》二卷。呂祖謙廣棪案：盧校本作呂本中。撰。館臣案：趙希弁《讀書志》第云東萊先生所著，長沙陳邕和父為之〈序〉，而不書其名。蓋呂氏望出東萊，故三世皆以為稱，成公特其最著者耳。而《宋史‧藝文志》於《春秋集解》三十卷直書成公姓名，世遂因之。攷《呂祖謙年譜》，凡有著述必書，讀《春秋集解》不書，疑世所傳三十卷，即

本中所撰也。朱子亦云：「呂居仁《春秋》甚明白，正與某《詩傳》相似。」

廣棪案：《宋史》卷二百二〈志〉第一百五十五〈藝文〉一〈經類·春秋類〉著錄：「呂本中《春秋解》二卷。」又：「呂祖謙《春秋集解》三十卷。」是《四庫全書》館臣與盧文弨各依所本，《四庫全書》本仍以此書爲祖謙撰，盧氏以爲本中撰，而卷數則二者均與《解題》著錄不同。惟《讀書附志·經解類》著錄：「《春秋集解》三十卷。右東萊先生所著也。長沙陳邕和父爲之〈序〉。」《經義考》卷一百八十四〈春秋〉十七「呂氏本中《春秋集解》」條彝尊曰：「按趙氏《讀書附志》以《春秋集解》爲東萊先生所著，而不書其名。蓋呂氏自右丞好問徙金華，成公述《家傳》稱爲東萊公，而居仁爲右丞子，學山谷爲詩，作〈西江宗派圖〉，學者亦稱爲東萊先生。然則呂氏三世皆以東萊爲目，成公特最著者耳。陳氏《書錄解題》撮居仁《集解》大旨，謂自《三傳》而下，集諸儒之說，不過陸氏、兩孫氏、兩劉氏、蘇氏、程氏、許氏、胡氏數家，合之今書良然。而《宋史·藝文志》於《春秋集解》三十卷，直書成公姓名，世遂因之。考《成公年譜》，凡有著述必書，獨《春秋集解》不書，疑世所傳三十卷即居仁所撰，惟卷帙多寡未合。而陳和父之〈序〉無存，此學者之疑猶未能釋也。」所稱成公即祖謙，居仁即本中也。《四庫全書》館臣按語亦曰：「趙希弁《讀書志》第云東萊先生所著，長沙陳邕和父爲之〈序〉，而不書其名。蓋呂氏望出東萊，故三世皆以爲稱，成公特其最著者耳。而《宋史·藝文志》於《春秋集解》三十卷直書成公姓名，世遂因之。攷《呂祖謙年譜》，凡有著述必書。獨《春秋集解》不書，疑世所傳三十卷，即本中所撰也。朱子亦云：『呂居仁《春秋》甚明白，正與某《詩傳》相似。』」綜上所引，則此書乃本中撰。或作十二卷，或作三十卷，疑莫能明。然以此書既「自《三傳》而下，集諸家之說」而成，則其卷帙必多，絕不能僅爲二卷，固可裁奪而定之也。

自《三傳》而下，集諸家之說，各記其名氏，然不過陸氏及兩孫氏、兩劉氏、蘇氏、程氏、許崧老、胡文定數家而已。大略如杜諤《會義》。

案：據《解題》，此書集諸家之說，計爲：陸質《春秋集傳纂例》、《辨疑》，孫明復《春秋尊王發微》，孫覺《春秋經社要義》、《春秋經解》，劉敞《春秋傳》、《權衡》、《意林》、《說例》，劉絢《春秋傳》，蘇轍《春秋集傳》，程頤《春秋傳》，許翰《襄陵春秋集傳》及胡安國《春秋傳》、《通例》、《通旨》等。除許氏書外《解題》均有著錄。許氏此書，李綱嘗爲〈後序〉，略謂：「襄陽許崧老作《春秋集傳》，取三家之說不悖於聖人者著之篇，刪去其所不然，又斷以自得之意，

有發於《三傳》之所不能言者。得而讀之，豁然如披雲霧而睹天日之清明，燦然如汰沙石而見金玉之精粹，然後知《三傳》果有功於《春秋》，而《集傳》又有功於《三傳》。至於斷以自得之意，則與三家者齊驅而並駕也。其於學者，豈小補哉！」惜其書已散佚。至杜諤《春秋會義》二十六卷《解題》謂其書「自《三傳》及啖、趙諸儒迄於孫氏《經社》，凡三十餘家，集而繫之，時述以己意」。呂氏此書之體例與之同，故《解題》云「大略如杜諤《會義》」也。

而所擇頗精，卻無自己議論。

案：《經義考》卷一百八十七〈春秋〉二十「呂氏祖謙《春秋集解》」條引張萱曰：「呂祖謙博考《三傳》以來，至宋儒諸說，摭其合於經者，撮要編之。」此書「所擇頗精」，而「卻無自己議論」，其故正如張萱所述，撰作體例使然也。

左傳類編六卷

《左傳類編》六卷，呂祖謙撰。分類〈內〉、〈外傳〉事實、制度、論議，凡十九門，首有綱領數則，兼采他書。

廣棪案：《經義考》卷一百八十七〈春秋〉二十著錄：「《左傳類編》，〈宋志〉六卷，佚。」又引張萱曰：「中分十九則，曰周，曰齊，曰晉，曰楚，曰吳越，曰戎狄，曰附庸，皆列國行事。曰諸侯制度，曰風俗，曰禮，曰氏族，曰官制，曰財用，曰刑，曰兵制，曰地理，曰春秋前事，自唐、虞以來《左氏》所引典故。曰論議，則《左氏傳》中論議之文也。」惟與《解題》所述比勘，未盡翔實而切合。其實此書未散佚，清嘉慶間張金吾藏有舊抄本。《愛日精廬藏書志》卷五〈經部・春秋類〉著錄：「《東萊呂太史春秋左傳類編》，舊抄本。宋呂祖謙撰。不分卷。自周至論議凡十九門。官制分子目九：曰周，曰魯，曰晉，曰楚，曰齊，曰宋，曰鄭，曰衛，附諸小國。曰家臣。論議分子目七：曰典禮，曰兵，曰土功，曰荒政，曰火政，曰諸侯政事，曰名臣議論。每門俱前列《左傳》，而以《國語》附其後。首有年表三十，綱領二十二則。年表者，以魯紀年，而諸侯征伐、會盟諸大事列其下。綱領者，雜採《尚書》、《周禮》、《禮記》、《論語》、《孟子》、《國策》、《漢書》，及晉杜預、宋呂氏希哲、謝氏良佐之說，以為一書之綱領也。是書《直齋書錄解題》、《宋史・藝文志》、《明內閣書目》著錄六卷《經義考》注佚。伏讀《欽定四庫全書總目》曰：『《左傳類編》久無傳本。』則是書之佚久矣。此本首尾完整，洵稱奇秘，惟不分卷數，與陳氏等所載不符。

或傳寫者合并歟？」是張氏《愛日精廬藏書志》所記，可補《解題》之未備。

左氏國語類編二卷

《左氏國語類編》二卷，呂祖謙撰。與《左傳類編》略同。但不載綱領，止有十六門，又分《傳》與《國語》為二。館臣案：《宋史藝文志》注：「祖謙門人所編。」

廣校案：《宋史》卷二百二〈志〉第一百五十五〈藝文〉一〈經類・春秋類〉著錄：「《左氏國語類編》二卷，祖謙門人所編。」此說未知何據。《經義考》卷二百九〈春秋〉四十二亦著錄此書，注曰：「未見。」未悉此書尚存此霄壤否？

左氏博議二十卷

《左氏博議》二十卷，呂祖謙撰。方授徒時所作。〈自敘〉曰：「《春秋》經旨概不敢僭議，而枝辭贅喻，則舉子所資課試也。」

廣校案：祖謙撰〈自序〉，其首即曰：「《左氏博議》者，為諸生課試之作也。始予屏處東陽之武川，仰林俯壑，出戶而望，因盡無來人。居半歲，里中稍稍披蓬從予遊，譚餘語隙，波及課試之文，予思有以佐其筆端。乃取《左氏》書理亂得失之蹟，疏其說於下，旬儲月積，寖就編帙。」可悉此書撰寫之背景。陳櫟曰：「呂成公《博議》乃初年之作，不過以教授後生作時文，為議論而已。其議《左氏》多巧說，未得盡為正論。」《經義考》卷一百八十七〈春秋〉二十「《左氏博議》」條引。則祖謙此書雖不敢僭議《春秋》，然於《左傳》則多所議論。因既屬初年之作，且用以教生徒作時文，故其議論，乃有偶欠醇正，而備受櫟所糾彈也。

左氏說三十卷

《左氏說》三十卷，廣校案：盧校注：《宋史・藝文志》一卷，誤。今本二十卷，刻入《通志堂經解》內。呂祖謙撰。

廣校案：《四庫全書總目》卷二十七〈經部〉二十七〈春秋類〉二著錄：「《春秋左氏傳說》二十卷，兩江總督採進本。宋呂祖謙撰。……《書錄解題》載是書為三十卷。此本僅二十卷。考明張萱《內閣書目》所載《傳說》四冊外，尚有《續

說》四冊，知陳氏所謂三十卷者，實兼《續說》十卷計之。」是則此書《四庫全書》本稱《春秋左氏傳說》，凡二十卷，惟另有《春秋左氏傳續說》十二卷，乃據《永樂大典》所編就。《說》、《續說》合共三十二卷，仍與《解題》著錄卷數不符。

於《左氏》一書多所發明，而不為文，似一時講說，門人所鈔錄者。

案：朱子曰：「伯恭論說《左氏》之書，極為詳博。」《經義考》卷一百八十七〈春秋〉二十「《左氏說》」條引。《四庫全書總目》「《春秋左氏傳說》二十卷」條亦曰：「《博議》則隨事立義，以評其得失。是編持論與《博議》略同，而推闡更為詳盡。」宋慈抱《兩浙著述考·經術考·春秋類》「《春秋左氏傳說》三十卷」條亦曰「《博議》與此書，據事發揮，指陳得失，此書尤推闡詳盡。」上述所引，皆與《解題》所述至可參證。

春秋比事二十卷

《春秋比事》二十卷，沈棐文伯撰。陳亮同父為〈序〉曰：「文伯名棐，湖州人，嘗為婺之校官，以文辭稱，而不聞其以經稱也。」

廣棪案：亮〈序〉略曰：「《春秋》繼四代而作者也，聖人經世之志寓於屬辭比事之間。……余嘗欲即經以類次其事之始末，考其事以論其時，庶幾抱遺經以見聖人之志。客有遺余《春秋總論》者，曰：『是習《春秋》之秘書也。』余讀之，灑然有當於予心，雖其論未能一一中的，而即經類事以見其始末，使聖人之志可以捨《傳》而獨考，此其為志亦大矣。惜其為此書之勤，而卒不見其名矣。或曰是沈文伯之所為也。文伯名棐，湖州人，嘗為婺之校官，以文字稱，而不聞以經傳也。使其非文伯也，此書可不傳乎？使其果文伯也，人固不可以淺料也。因為易其名曰《春秋比事》，鋟諸木以與同志者共之。」是此書本名《春秋總論》，亮乃改為今名。唯於書之撰者，亮實未敢定為棐所作。

按湖有沈文伯名長卿，號審齋居士，為常州倅，忤秦檜，貶化州，不名棐也。不知同父何以云然，豈別有名棐而字文伯者乎？然則非湖人也。廣棪案：盧校注：「都元敬云：『嘉定辛未廬陵譚月卿〈序〉則以為莆陽劉朔，非文伯也。譚蓋親見劉氏家本，故云。』」

案：據亮〈序〉及《解題》所述以考之，則直齋認為湖州沈長卿字文伯，與沈棐字文伯者，顯屬兩人；惟肯定棐非湖人，蓋直齋曾撰《吳興人物志》，故敢明

斷若是。然都穆《聽雨紀談》曰：「《春秋比事》二十卷，舊名《春秋總論》，宋陳龍川謂湖州沈棐文伯撰，爲更其名曰《比事》，序而刻之。嘉定辛未廬陵譚卿月〈序〉，則以爲著於莆陽劉朔，非文伯也。蓋譚親見劉氏家本，故云。」是則譚卿月〈序〉以此書爲劉朔撰。惟《四庫全書總目》則未以都穆所記爲然。《四庫全書總目》卷二十七〈經部〉二十七〈春秋類〉二載：「《春秋比事》二十卷，浙江吳玉墀家藏本。舊本題宋沈棐撰。……此本不載月卿廣棪案：應作卿月。〈序〉，亦未審穆何所據。疑以傳疑，無從是正。以陳亮去棐世近，姑從所序，仍著棐名。」蓋上述諸家所考，猶疑莫能明也。陸心源《儀顧堂續跋》卷三〈影元本春秋比事跋〉曾詳予考證，曰：「沈先生《春秋比事》二十卷，影寫元刊本。每頁二十行，每行二十字。前有至元乙卯中興路儒學教授王顯仁〈序〉，從仕郎、山南江北道肅政廉訪司管勾、承發架閣兼照磨趙君庸，從事郎、廉訪司知事范勿登，仕郎、廉訪司經歷伯家奴，朝列大夫、僉廉訪司事李執中，奉政大夫、僉事李世藩，奉訓大夫、僉事保保，朝列大夫、廉訪副使李守仁，亞中大夫、副使木八沙，中奉大夫、廉訪司圖魯刊版銜名。嘉定辛未廬陵譚卿月浚明跋，祇存『頃得劉氏家本。特表而出之。且讎正三十六字，乙者十有三，減者六，注者十有七云』三行，而缺其前。《直齋書錄解題》曰：『《春秋比事》，沈棐文伯撰。陳同甫〈序〉曰：「文伯名棐，湖州人。嘗爲婺之校官，以文辭稱，而不聞其以經稱也。」湖有沈文伯名長卿，號審齋居士，爲常州倅，忤秦檜，貶化州。不名棐也。不知同甫何以云然。豈別有名棐字文伯者乎？然則非湖人也。』愚案：《建炎以來繫年要錄》卷九十一：『左儒林郎、新婺州教授沈長卿爲秘書正字，尋不行。』是文伯嘗爲婺州教官，信而有徵；名棐字文伯，於義亦通。意者長卿初名棐，而後改名歟？惜無確證耳。長卿，靖康時太學生，元年二月二十二日曾上書數千言，論諸生伏闕事，見《北盟會編》。建炎二年進士，累官臨安府觀察推官。紹興中，湖南安撫使李綱辟爲屬，旋除婺州教授。五年，除秘書省正字，不行。十八年，以左通直郎通判常州。三月，以將作監丞改判嚴州。十九年十月，進左奉議郎，罷。嘗與芮燁同賦〈牡丹詩〉，有『甯令漢社稷，變作莽乾坤』之句，爲鄰人所告，檜以爲譏訕。二十五年，追兩官，勒停。檜死，復左朝奉郎，主管台州崇道觀。三十年，葉義問使金，辟爲書狀官，比還，卒于保州，見《繫年要錄》、《輿地紀勝》、《嚴州圖經》、《咸淳毘陵志》，長卿仕履大略具是，無言其治《春秋》者，無怪同甫、直齋均有疑辭也。」心源《春秋比事跋》二又曰：「都穆《聽雨紀談》據譚卿月〈序〉以爲劉朔撰，《四庫》所據本無譚〈序〉，故《提要》著錄仍題沈棐名。此本譚〈序〉祇存末三行，但

以『頃得劉氏家本，特表而出之』二語證之，必以為劉朔作。考劉朔為後村之祖《後村集》有〈二大父遺文跋〉云：『麟台公歿于信安傳舍中，故遺稿尤少，有《春秋比事》二十卷，別為書。』與譚月卿廣棪案：應作卿月。之言合，則此書信為劉朔作矣。朔字復之，莆田人，與兄夙皆受業于林光朝。少善《易》，蘄以名家。以《春秋》久為王介甫茅塞，更治《春秋》。紹興庚辰，以《春秋》登第，調溫州司戶，累知福清縣，入為秘書省正字，疾作，求為福建參議官，行至信安，卒于傳舍。見《中興館閣錄》及《葉水心集·二劉墓誌》。朔既以《春秋》名家，又有《後村集》、譚卿月〈序〉可證，其為朔著無疑。惟文伯氣節文章，卓然有以自立，必非竊書以為名者，同甫所見之本，並無撰人姓名，〈序〉稱『或曰沈文伯所為』，亦未定為文伯作也。直齋乃始誤會，當改題劉朔名為是。」是則此書乃劉朔復之所撰，《解題》考之未審也。

春秋經傳集解三十三卷

《春秋經傳集解》三十三卷，林栗撰。其學專主《左氏》，而黜二《傳》，故為《左氏傳解》，表上之。

廣棪案：《玉海》卷四十〈藝文·春秋〉「淳熙《春秋集解》」條載：「（淳熙）十年六月二十二日，知潭州林栗著《經傳集解》三十三卷，乞投進。十一年十二月四日上之，付秘省。」可考出此書撰就投進及表上之歲月。

止齋春秋後傳十二卷、左氏章指三十卷

《止齋春秋後傳》十二卷、《左氏章指》三十卷，陳傅良撰。樓參政鑰大防為之〈序〉。

廣棪案：《讀書附志》卷上〈經解類〉著錄：「《春秋左氏後傳》十二卷、《春秋左氏章指》十七卷。右止齋陳傅良所著也。四明樓忠簡公序其前，清海崔清獻公與之識其後，而刻於惟揚郡庠。」是《讀書附志》所著錄，其書名稱謂既與《解題》略異，而《章旨》一書之卷數亦有多寡之不同。傅良門人為《春秋後傳》作〈後序〉曰：「先生為《後傳》，將脫稿而病，歲而病革。學者有欲速得其書，俾傭書傳寫。其已削者或留，其帖於編增入，是正者或揭去弗存也。」惟揚郡庠所刻《章旨》僅十七卷，疑非完本，或遭傭書傳寫時任意揭削，故刊刻時乃不全。

大略謂《左氏》存其所不書，以實其所書；《公羊》、《穀梁》以其所書，推見其所不書；而《左氏》實錄矣。此《章指》之所以作。廣校案：盧校本「作」下有「也」字。

案：樓鑰〈序〉惟曰：「若《左氏》，或以爲非爲經而作，惟公以爲著其不書，以見《春秋》之所書者，皆《左氏》之力。《章指》一書，首尾專發此意。」其餘無所及。未知直齋何所據而竟與樓〈序〉異。

若其他發明多新說，〈序〉文略見之。

案：鑰〈序〉曰：「又其大節目，如諸侯改元，前所未有。齊、魯諸大國，比數世間，有世而無年。至記厲王奔彘，始有紀年。古者諸侯無私史《乘》與《檮杌》、《春秋》，皆東遷之史也。書齊盟于石門，以志諸侯之合；書盟于鹹，以志諸侯之散者，是《春秋》之終始也。隱、桓、莊之際，惟鄭多特筆；襄、昭、定、哀之際，惟齊多特筆。諸侯專征而後，千乘之國有弑其君者矣；大夫專將而後，百乘之家有弑其君者矣。宋、魯、衛、陳、蔡爲一黨，齊、鄭爲一黨，公會齊、鄭于中丘。而後諸侯之師衡行於天下。罪莫甚於鄭莊，宋、魯、齊、衛次之；而父子、兄弟之禍，亦莫甚於五國，是可爲不臣者之戒矣。齊桓公卒，鄭遂朝楚；夏之變夷，鄭亂爲階。侵蔡，伐楚，以志齊桓之霸；侵陳，遂侵宋，以志楚莊之霸，足以見夷夏之盛衰矣。書公孫茲帥師，書公孫敖帥師，書公子季友卒，習見三家之所從始。首止之盟，鄭伯逃歸，不盟則書，以見其背夏盟也；厲之役，鄭伯逃歸，不書，蓋逃楚也。夷夏之辨嚴矣。自隱而下《春秋》治在諸侯；自文而下，治在大夫。有天下之辭，有一國之辭，有一人之辭，於干戈無不貶，於玉帛之使則從其爵，勸懲著矣。十年而狄秦，而三十年而狄鄭，又五十餘年而狄晉；狄鄭猶可也，狄晉甚矣。貶不於甚，則於事端，餘實錄而已矣。此皆先儒所未發。」又曰：「至僖之三十一年，四卜郊不從，乃二牲，猶三望極言。魯之用天子禮樂，以〈明堂位〉之言爲不然。惠公始乞郊，而不當用。僖公始作〈頌〉，所以郊爲夸，引祝鮀之言爲證。此尤爲前所未聞也。」此即《解題》所謂「其他發明多新說」者也。

春秋經辨十卷

《春秋經辨》十卷，盧陵蕭楚子荊撰。紹聖中，貢禮部不第。蔡京用事，與其徒馮澥書，言蔡將爲宋王莽，誓不復仕。死建炎中。自號三顧隱客，門人

諡為清節先生。胡邦衡師事之，以《春秋》登甲科，歸拜床下。楚告之曰：「學者非但拾一第，身可殺，學不可辱，毋禍吾《春秋》乃佳。」

廣棪案：此書《四庫全書》本稱《春秋辨疑》，凡四卷。書名與卷數均與《解題》著錄不同。《四庫全書總目》卷二十六〈經部〉二十六〈春秋類〉一載：「《春秋辨疑》四卷《永樂大典》本。宋蕭楚撰。楚字子荊。廬陵人。紹聖中游太學，貢禮部不第。於時蔡京方專國，楚憤嫉其姦，謂京且將為宋王莽。誓不復仕，遂退而著書。明《春秋》之學，趙暘、馮澥、胡銓皆師事之。建炎四年始卒。曾敏行《獨醒雜志》稱所著《春秋經辨》行於廬陵。《宋史》亦載其《春秋經解》十卷。廣棪案：〈宋志〉作《春秋經辨》十卷，此處誤。朱彝尊《經義考》謂其已佚，僅摭錄胡銓之〈序〉。此本所載銓〈序〉與《經義考》合，惟題曰《春秋辨疑》為小異。或後來更定，史弗及詳歟？……陳振孫《書錄解題》稱胡銓以《春秋》登第，歸拜床下。楚告之曰：『學者非但拾一第，身可殺，學不可辱，毋禍我《春秋》乃佳。』厥後銓以孤忠讜論震耀千秋，則其師弟之於《春秋》，非徒以口講耳受者矣。」《四庫全書總目》所記與《解題》大同而略異。《江西通志》曰：「蕭楚，泰和人。自漢、唐以來《春秋》專門概癖於《傳》，楚獨以經授，著《經辨》四十九篇。」《經義考》卷一百八十四〈春秋類〉七「蕭氏楚《春秋經辨》」條引。是則楚此書亦可謂卓爾不群矣。

邦衡志其墓。

案：銓《澹菴文集》卷五〈墓誌銘〉有〈清節蕭先生墓誌銘〉，曰：「江左有隱君子曰蕭子荊，諱楚，號三顧隱客。父仲舒死，以甥從羅公括學，攻苦二十年，仕意不汲汲。紹興間，以母夫人命，預螺川賢書，不中禮部程。留太學，時方較聲律，己獨窮經，於《春秋》尤深。淮海孫氏、伊川程氏皆以《三傳》聞，授業者常千人，先生往質疑焉。歸嘆曰：『政未免著文字相。』作《經辨》，眾高之，謂是將名家，乃更北面。會母老，且蔡氏方君圖，遂慨然引還入林下。其與馮澥書，謂：『蔡氏欺國，將為宋王莽，誓不復仕。』澥得之驚，今始證其不狂。嘗游巴峽甌奧，氣愈豪放。其寓於詩文者，鉤章棘句，及閒談清苦，然種種議切，不苟作。自漢、唐迄今，家《春秋》者且千，概癖于《傳》，而先生漸以經。弟子餘百人。傳《春秋》大義者纔三四，如賢良方正趙暘與澥，其人也。澥以忠鯁名天下。初王氏出新學，廢麟書，士媚進無大略。靖康改元，澥驟見，與丞相吳公敏白上，詔可之，後置學官議。蓋先生出，晚以其餘授銓幾十稔。偶發甲科，為《春秋》第一。歸拜床下。先生曰：『學者非但格一第止耳，

身可殺，學不可辱，無禍吾《春秋》乃佳。』異時有友生誣繫大理獄，先生冒盛暑往救，終得不冤，人皆道其義。先生性嫉惡，至亢聲色，數不少卹。及見善，談不釋口。暮年依明德江陳公，及與先君伯仲為方外友。以累免，應得官，不屑就。大臣約薦之朝，度不可強，亦已。建炎四年十月二十四日，以疾終。清風滿床，文字枕履，茶數甲橫斜而已。享年六十七，卜十一月庚申葬於永樂赤岡之原吉。門人繚臨且挽，固以清節易先生名。」可據是〈銘〉略推楚生平行誼風範。

春秋集善十一卷

《春秋集善》十一卷，端明殿學士廬陵胡銓邦衡撰。銓既事蕭楚為《春秋》學，復學於胡文定公安國。南遷後作此書，張魏公浚為之〈後序〉。

　　廣棪案：蕭楚有《春秋經辨》十卷《解題》已著錄，銓為之〈序〉，中云：「胡銓性行恬粹，器識宏遠，自少年登甲科，屏居田里，不願出仕，日從鄉人蕭楚學《春秋》。」《宋元學案》卷三十四〈武夷學案〉「忠簡胡澹庵先生銓」亦云：「丁父憂，從鄉先生蕭子荊學《春秋》。」是銓事楚為《春秋》學之證。至其後學於胡安國，則別無所聞。《宋元學案》王梓材謹案：「先生初事蕭三顧，為《春秋》學，復學于胡文定。南遷後作《春秋集善》十一卷，張魏公為之〈後序〉。」是梓材之案語，顯據《解題》者也。惜張浚〈後序〉，今已不可見矣。

春秋考異四卷

《春秋考異》四卷，不著名氏。錄《三傳》經文之異者。

　　廣棪案：考《宋史》卷二百二〈志〉第一百五十五〈藝文〉一〈經類‧春秋類〉所著錄，既有不知作者之《春秋考異》四卷，又有吳曾《春秋考異》四卷。《經義考》卷一百八十六〈春秋〉十九「吳氏曾《春秋考異》」條，彝尊按：「《春秋考異》，陳氏《書錄解題》云：『不著名氏，錄《三傳》經文之異者。』而《宋史‧藝文志》題作吳曾，今從之。」是《經義考》以此書為吳曾撰。然〈宋志〉既明分兩書著錄，而《解題》亦不以此書為吳曾撰，似不宜將二書輕率混同。此書已佚，難以考得其真矣。

春秋類事始末五卷

《春秋類事始末》五卷，朝請大夫吳興章沖茂深撰。子厚之曾孫，葉少蘊之婿。

　　廣棪案：此書〈宋志〉作《左氏類事始末》五卷，《經義考》作《春秋左傳類事始末》五卷，《四庫全書總目》作《春秋左氏傳類事始末》五卷，均與《解題》所著錄同書而異稱也。《四庫全書總目》卷四十九〈史部〉五〈紀事本末類〉著錄：「《春秋左氏傳類事始末》五卷，江蘇巡撫採進本。宋章沖撰。沖字茂深，章惇之孫也。淳熙中嘗知台州。其妻乃葉夢得女。夢得深於《春秋》，故沖亦頗究心於《左傳》。取諸國事蹟，排比年月，各以類從。使節目相承，首尾完具。前有沖〈自序〉及謝諤〈序〉。」沖〈自序〉曰：「始沖少時，侍石林葉先生為學。先生作《春秋讞》、《考》、《傳》，使沖執《左氏》之書從旁備檢。」是則沖不惟為夢得婿，亦夢得之門人，此書即傳夢得《春秋》之學者也。〈序〉末云：「淳熙丁未十月望日，奉直大夫、知台州軍事，兼管內外勸農使章沖序。」是沖之官銜應為奉直大夫，疑《解題》作朝請大夫者有誤也。

左氏發揮六卷

《左氏發揮》六卷，臨川吳曾虎臣撰。館臣案：原本脫「吳」字，今據《文獻通考》補入。取《左氏》所載事，時為之論，若史評之類。

　　廣棪案：《經義考》卷一百八十六〈春秋〉十九「《左氏發揮》」條引《宋鑑》曰：「紹興十一年六月壬午，布衣吳曾特補右迪功郎。曾獻所著《春秋發揮》，而宜有是命。」是曾以獻此書而特補右迪功郎《解題》漏載其官銜，或未詳悉此故事也。

春秋直音三卷

《春秋直音》三卷，德清丞方淑智善撰。劉給事一止為作〈序〉。以學者或不通音切，故於每字切腳之下，直注其音。蓋古文未有反切，為音訓者皆如此，服虔、如淳、文穎輩，於《漢書音義》可見。

　　廣棪案：徐獻忠《吳興掌故集》卷三曰：「方淑，字智善，祥符人。紹興初舉進士，為德清丞，愛其溪山之勝，遂家焉。以持論平正，不附秦檜意罷官。」《解

題》卷十八〈別集類〉下著錄：「《非有齋類稿》五十卷，給事中吳興劉一止行簡撰。宣和三年進士。居瑣闥僅百餘日，忤秦檜罷去。閒居十餘年，以次對致仕。檜死，被召，力辭，進雜學士而終，年八十二，實紹興庚辰。」據是，方、劉二人固意氣相投，皆以不附秦檜而罷職。《四庫全書》有一止《苕溪集》五十五卷，惟書中已無此書所撰之〈序〉矣。

左傳約說一卷、百論一卷

《左傳約說》一卷、《百論》一卷，奉議郎新昌石朝英撰。又有《王道辨》一書，未板行，僅存其書於此編之末。說平平，無甚高論。

　　廣棪案：《經義考》卷一百八十八〈春秋〉二十一著錄：「石氏朝英《左傳約說》，〈宋志〉一卷，存。《左傳百論》，〈宋志〉一卷，佚。」今朝英各書均佚，而《解題》既評其書為「其說平平，無甚高論」，則書之價值亦可知矣。

春秋分記九十卷

《春秋分記》九十卷，邛州教授眉山程公說伯剛撰。以《春秋》經傳倣司馬遷書為〈年表〉、〈世譜〉、〈曆〉廣棪案：張宗泰《魯巖所學集》卷六《四跋書錄解題》：「《春秋分記》下「世譜曆法」，脫「法」字。」、〈天文〉、〈五行〉、〈地理〉、〈禮樂〉、〈征伐〉、〈官制〉諸書。自周、魯而下，及諸小國、夷狄皆彙次之。時有所論發明，成一家之學。

　　廣棪案：王應麟曰：「《春秋分記》九十卷，推《春秋》旨義，即《左氏傳》分而記焉。又旁採《公》、《穀》、諸子之說附其下。又為〈年表〉、〈世譜〉、〈世本〉，及〈天文〉、〈疆域〉、〈禮樂〉諸書，次國、小國著錄。」《經義考》卷一百九十〈春秋〉二十三「程氏公說《春秋分記》」條引。張萱曰：「宋淳祐年間，克齋程公說編。以聖經為本，而事則按《左氏》，間取《公》、《穀》及先儒論辨以證其訛。至於論述大綱悉本《孟子》，而微辭多取之程、胡二氏，復以己意為新注。又倣司馬遷《史記》為〈年表〉九卷、〈世譜〉七卷、〈名譜〉二卷、〈書〉二十有六卷、〈周天王紀〉二卷、〈魯〉及〈列國世家〉二十六卷、〈附庸諸小國〉及〈四裔〉十有三卷，凡九十卷。」同上引。《四庫全書總目》卷二十七〈經部〉二十七〈春秋類〉二曰：「《春秋分記》九十卷，兩淮馬裕家藏本。宋程公說撰。……是書前有開禧乙丑〈自序〉，淳祐三年，其弟公許刊於宜春。凡〈年表〉九卷、

〈世譜〉七卷、〈名譜〉二卷、〈書〉二十六卷、〈周天王事〉二卷、〈魯事〉六卷、〈大國世本〉二十六卷、〈次國〉二卷、〈小國〉七卷、〈附錄〉三卷。其〈年表〉則冠以周及列國，而后、夫人以下與執事之卿皆各爲一篇。其〈世譜〉則王族、公族以及諸臣每國爲一篇，魯則增以婦人名、仲尼弟子。而燕則有錄無書，蓋原闕也。〈名譜〉則凡名著於《春秋》者分五類列焉。〈書〉則〈曆法〉、〈天文〉、〈五行〉、〈疆理〉、〈禮樂〉、〈征伐〉、〈職官〉七門。其〈周〉、〈魯〉及〈列國世本〉，以及〈次國〉、〈小國〉、〈附錄〉則各以經、《傳》所載分隸之。條理分明，敘述典贍。所采諸儒之說，與公說所附〈序論〉，亦皆醇正。誠讀《春秋》者之總匯也。……公說當異說坌興之日，獨能考核舊文。使本末源流犁然具見，以杜虛辨之口舌，於《春秋》可謂有功矣。」上引諸家所論，於《解題》均有所補充及闡發。

公說積學苦志，早年登科，值逆曦亂，憂憤以死，年廣棪案：盧校本「年」下有「財」字。**三十七。兄弟三人皆以科第進。今中書舍人公許，其季也。**

案：公說字伯剛，號克齋。兄弟三人，仲弟公碩字仲遜；公許字季與，一字希穎，其季也。《宋元學案》卷七十二〈二江諸儒學案〉附載全謝山〈程氏春秋分記序〉曰：「南軒先生講學湘中，蜀人多從之。而范文叔、宇文正甫最著。眉人程克齋兄弟並遊于宇文之門，而克齋之學最醇。所著《春秋分記》九十卷、《左氏始終》三十六卷、《通例》二十卷、《比事》十卷，又纂輯諸儒說爲《春秋精義》，未成而卒。別有詩古文詞二十卷、《語錄》二卷、《士訓》一卷、《程氏大宗譜》十二卷，弗盡傳也。獨《分記》則其弟滄洲閣學上之秘府，行于世。克齋官邛州教授，方爲此書，未卒業，聞吳曦以蜀叛，毀車馬，棄衣冠，抱經逃歸，奉其父入山。時其次弟仲遜亦掌教益昌，誓不屈賊。而克齋悒悒尤甚，遂病。病中急就其所著，幸得成編而卒，年尚未四十也。」謝山〈序〉所記之南軒先生即張栻，范文叔即范仲黼，宇文正甫即宇文紹節，而滄洲閣學即程公許也。公許《宋史》卷四百一十五〈列傳〉第一百七十四有傳，《宋元學案》卷七十二〈二江諸儒學案〉「龍學滄洲先生公許」條曰：「程公許，字季與，一字希穎，克齋先生之弟。由進士積官至權刑部尚書。生平沖澹寡欲，人不得干於私。與故相史嵩之不合，鄭清之尤忤之，所建多格不行。其知袁州時，新周茂叔祠，葺南軒書院，聘宿儒胡安之爲諸生講說。及婺州召還，疏請復京學類申之法，以養士氣。清之嗾言者劾之，出知隆興，未拜命而卒。贈龍圖閣學士、宣奉大夫。所著有《塵缶集》、《內外制》、《奏議》、《奉常擬諡》、《掖垣繳奏》、《金革

講義》、《進故事》行世。」綜上所引《解題》所述公說兄弟事蹟，皆符史實。

春秋通說十三卷

《春秋通說》十三卷，永嘉黃仲炎若晦撰。端平中，嘗進之於朝。

廣棪案：此書有仲炎〈自序〉，中曰：「余由童至壯，研思是經。嘗眩於舊說，如手棼絲，目暗室，難於解辨，蓋久而後能破之。旁稽記載，互參始末，為書十有三卷，名曰《春秋通說》。」其〈序〉末署云：「紹定三年五月朔仲炎序。」此書蓋成於宋理宗紹定三年庚寅（1230）也。至其進於朝，仲炎則有〈繳進春秋通說表〉，略謂：「臣肆舉業而罔功，抱遺經而永慨。潛心十稔，課稿一編。遠稽孟子之書，近酌朱熹之論。務陳理要，痛翦蕪繁。鳴世儒寡和之音，關眾傳多歧之礙。強名《通說》，頗異舊聞。懼微命之填溝，致此書之覆瓿。僭塵閒燕，期廣緝熙。」然無繳進歲月。考李鳴復之〈經筵講讀奏舉狀〉有云：「伏見溫州布衣黃仲炎，折衷是非，事為之說。證以後代，鑒戒昭然。言古驗今，切於治道。如謂經有教戒，不為褒貶。足杜擬僭，允為潛心。」末署：「端平三年七月口日。」則仲炎表上此書之時亦應在端平三年丙申（1236），與《解題》所述略合。宋慈抱《兩浙著述考・經術考・春秋類》著錄：「《春秋通說》十三卷，宋永嘉黃仲炎撰。仲炎，字若晦。老而不第。此書《四庫》著錄，稱成於紹定三年。《溫州經籍志》云：『仲炎，舊府縣志無考，據李鳴復〈奏狀〉稱溫州布衣，〈狀〉末有「甄以寵光」之語，則若晦進書時，鳴復又為乞恩澤。萬曆《溫州府志・選舉門》載宋進書補官有永嘉黃叔炎，當即仲炎之誤。然所補何官，終無可考。《通說》大旨宗朱子《春秋》無褒貶之說，故其書於治亂得失，推論明切。又多引後世史事，參互證驗，以闡教戒之旨。雖不必果得聖人筆削之意，然以觀孫復諸人以《春秋》為有貶無褒者，其厚薄固有間矣。』原書有《通志堂經解》刊本。」慈抱徵引孫詒讓《溫州經籍志》所考，足補《解題》之未及。

孝經類

古文孝經一卷

《古文孝經》，凡二十二章，比今文多〈閨門〉一章，餘三章分出。

廣棪案：《漢書》卷三十〈藝文志〉第十〈六藝略·孝經〉著錄：「《孝經古孔氏》一篇。二十二章。」顏師古注：「劉向云：『古文字也。〈庶人章〉分為二章，〈曾子敢問章〉為三，又多一章，凡二十二章。』」《經義考》卷二百二十二〈孝經〉一著錄：「《古文孝經》，〈漢志〉一篇，存。」下引黃震曰：「案《孝經》一爾，古文、今文，特所傳微有不同。……至於分章之多寡，今文〈三才章〉『其政不嚴而治』與『先王見教之可以化民』通為一章，古文則分為二章。今文〈聖治章〉第九『其所因者本也』與『父子之道天性』通為一章，古文則分為二章；『不愛其親而愛他人者』，古文又分為一章。章句之分合率不過如此，於大義亦無不同。古文又云：『閨門之內具禮矣乎！嚴父、嚴兄、妻子、臣妾，猶百姓徒役也。』此二十二字，今文全無之，而古文自為一章。與前之分章者三，共增為二十二。所異者又不過如此，非今文與古文各為一書也。」觀是，則古文較今文所增章，從可知矣。

本亦出孔壁中。

案：《漢書》卷三十〈藝文志〉第十〈六藝略·易〉有曰：「武帝末，魯共王壞孔子宅，欲以廣其宮，而得《古文尚書》及《禮記》、《論語》、《孝經》、凡數十篇，皆古字也。」是《古文孝經》亦出孔壁。惟許沖〈說文解字後序〉曰：「《古文孝經》者，孝昭帝時魯國三老所獻。建武時給事中議郎衛宏所校，皆口傳，官無其說。謹撰具一篇并上。」則又有魯國三老所獻之說。然段玉裁作《注》辯之曰：「〈藝文志〉曰：『《古文尚書》者，出孔子壁中。武帝末，魯恭王壞孔子宅，欲以廣其宮，而得《古文尚書》及《禮記》、《論語》、《孝經》，下皆不言安國獻壁中文，然則安國所得雖多，而所獻者獨《尚書》一種而已。淹中所出之《禮古經》，魯國三老所獻之《古文孝經》，皆即恭王壁中所得，而安國未獻者也。《孝經》至昭帝時魯國三老乃獻之。』」是則《古文孝經》仍出孔壁，至昭帝之世始由魯國三老獻之耳。

孝經注一卷

《孝經注》一卷，漢鄭康成注。

> 廣棪案：《隋書》卷三十二〈志〉第二十七〈經籍〉一〈經〉著錄：「《孝經》一
> 卷，鄭氏注。」鄭氏乃康成。《新》、《舊唐書》著錄同。康成有〈自序〉曰：「《孝
> 經》者，三才之經緯，五行之綱紀。孝為百行之首，經者至易之稱。僕避兵於
> 城南之山，棲遲於巖石之下，念昔先人餘暇述夫子之志，而注《孝經》焉。」
> 見《經義考》卷二百二十二〈孝經〉一「鄭氏玄《孝經注》」條引。是康成實有注《孝
> 經》。然〈隋志〉又曰：「又有鄭氏注，相傳或云鄭玄。其立義與玄所注餘書不
> 同，故疑之。」是唐人有疑此書非康成注者。

世傳秦火之後，河間人顏芝得《孝經》藏之，以獻河間王，今十八章是也。

> 案：〈隋志〉曰：「遭秦焚書，為河間人顏芝所藏。漢初，芝子貞出之，凡十八
> 章。」是藏者顏芝，出而獻之者顏貞也。《解題》未盡審核。

相承云康成作《注》，而《鄭志》、〈目錄〉不載，故先儒並疑之。

> 案：陸德明《孝經釋文》卷一〈序錄・注解傳述人〉云：「世所行鄭《注》，相
> 承以為鄭玄。案《鄭志》及《中經簿》無，唯中朝穆帝集講《孝經》，云以鄭玄
> 為主。檢《孝經注》，與康成注《五經》不同，未詳是非。」又《唐會要》云：
> 「（開元七年）四月七日，左庶子劉子玄上《孝經註》，議曰：『謹按：今俗所行
> 《孝經》，題曰鄭氏注。爰自近古，皆云鄭即康成，而魏、晉之朝無有此說。……
> 蓋由膚俗無識，故致斯訛舛。然則《孝經》非玄所著，其驗十有二條。按鄭君
> 〈自序〉云：『遭黨錮之事，逃難注《禮》，黨錮事解，註《古文尚書》、《毛詩》、
> 《論語》。為袁譚所逼，來至元城，乃註《周易》。』都無註《孝經》之文，其
> 驗一也。鄭玄卒後，其弟子追論師所著述，及應對時人，謂之《鄭志》。其言鄭
> 所註者，惟有《毛詩》、《三禮》、《尚書》、《周易》，都不言鄭註《孝經》，其驗
> 二也。又《鄭志》、〈目錄〉，記鄭之所註，《五經》之外，有《中候書傳》、《七
> 政論》、《乾象曆》、《六藝論》、《毛詩譜》、《答臨碩難禮》、《駁許慎異義》、《發
> 墨守》、《鍼膏肓》及《答甄子然》等書，寸紙片言，莫不悉載。若有《孝經》
> 之註，無容匿而不言，其驗三也。」《解題》所述殆據此。

《古文孝經》有孔安國《傳》，不行於世。

> 案：〈隋志〉著錄：「《古文孝經》一卷。孔安國書。梁末亡逸，今疑非《古文》。」
> 又曰：「梁代安國及鄭氏二家並立國學，而安國之本亡於梁亂。」是安國《古文

孝經傳》，梁末已亡也。

劉炫為作《稽疑》一篇，〈序〉所謂劉炫明安國之本，陸澄譏康成之《注》者也。

案：《解題》所言：「〈序〉」，乃指唐玄宗〈孝經序〉。該〈序〉正有「劉炫明安國之本，陸澄譏康成之《注》」二句。邢昺《疏》云：「《隋書》云：『劉炫字光伯，河間景城人。炫左畫方，右畫圓，口誦，目數，下聽，五事並舉，無所遺失。……初炫既得劭所送《古文》孔安國注本，遂著《古文稽疑》以明之。』蕭子顯《齊書》曰：『陸澄字彥淵，吳郡吳人也。少學，博覽無不知。起家仕宋至齊，歷國子祭酒、光祿大夫。初澄以晉荀昶所學，為非鄭玄所注，請文藏秘書，王儉違其議。』」《解題》所述，殆本此。

及唐開元中，詔議孔、鄭二家，劉知幾以為宜行孔廢鄭，諸儒非之，卒行鄭學。

案：《唐會要》卷七十七〈貢舉〉下〈論經義〉云：「開元七年三月一日敕：『《孝經》、《尚書》有古文本孔、鄭註，其中旨趣頗多踳駁，精義妙理，若無所歸，作業用心，復何所適，宜令諸儒并訪後進達解者質定奏聞。』其月六日詔曰：『《孝經》者，德教所先，自頃已來獨宗鄭氏，孔氏遺旨，今則無聞。……其令儒官詳定所長，令明經者習讀。』……其年四月七日，左庶子劉子玄上《孝經註》，議曰：『謹按：今俗所傳《孝經》，題曰鄭氏《注》。……而代之學者不覺其非。乘彼謬說，競相推舉。諸解不立學官，此《注》獨行於代。觀夫言語鄙陋，固不可以示彼後來，傳諸不朽。至如《古文孝經》孔《傳》，本出孔氏壁中，語其詳正，無俟商榷。而曠代亡逸，不復流行。至隋開皇十四年，秘書學士王孝逸於京市陳人處買得一本，送與著作郎王劭，以示河間劉炫，仍令校定。而更此書無兼本，難所依憑。炫輒以所見率意刊改，因著《古文孝經稽疑》一篇。劭以為此書經文盡正，而歷代未嘗置於學官，良可惜也。然則孔、鄭二家，雲泥致隔。今綸音發問，校其短長，愚謂行孔廢鄭，於義為允。』……國子祭酒司馬貞議曰：『《今文孝經》是漢河間王所得顏芝本，至劉向以此本參校《古文》，省除煩惑，定為此一十八章。其《注》相承云是鄭玄所注，而《鄭志》及〈目錄〉等不載，故往賢共疑焉。惟荀昶、范煜以為鄭注，故昶《集解孝經》具載此《注》，而其〈序〉云以鄭為主。是先達博選，以此《注》為優。且其《注》縱非鄭氏所作，而義旨敷暢，將為得所。其數處小有非穩，實亦未爽經、《傳》。其《古文》二十二章，元出孔壁。先是安國作《傳》，緣遭巫蠱，代未之行。荀

昶集注之時，尚有孔《傳》，中朝遂亡其本。近儒欲崇古學，妄作此《傳》，假稱孔氏，輒穿鑿改更。又僞作〈閨門〉一章，劉炫詭隨，妄稱其善。且閨門之義，近俗之語，非宣尼之正說。案其文云：「閨門之內，具禮矣！嚴父、嚴兄、妻子、臣妾，繇百姓徒役也。」是比妻子於徒役，文句凡鄙，不合經典。又分〈庶人章〉，從「故自天子」以下別爲一章，仍加「子曰」二字。然「故」者，連上之詞，即爲章首，不合言「故」。《古文》既亡，後人妄開此等數章，以應二十二章之數，非但經文不眞，抑亦傳習淺僞。又注「因天之時，因地之利」，其略曰：「脫衣就功，暴其肌膚，朝暮從事，露髮跣足，少而習之，其心安焉。」此語雖傍出諸子，而引之爲注，何言之鄙俚乎！與鄭氏之所云：「分別五土，視其高下。高田宜黍稷，下田宜稻麥。」優劣懸殊，曾何等級。今議者欲取近儒詭說，殘經缺《傳》，而廢鄭《注》，理實未可。望請准式《孝經》鄭《注》與孔《傳》，依舊俱行。』……其年五月五日詔曰：『……其河、鄭二家，可令仍舊行用，王、孔所注，傳習者稀，宜存繼絕之典。』頗加獎飾。」《解題》所述本此。

按《三朝志》：「五代以來，孔、鄭《注》皆亡。周顯德中，新羅獻《別序孝經》即鄭《注》者。」而《崇文總目》以爲「咸平中日本國僧奝然所獻」。未詳孰是。

案：《崇文總目》卷一〈孝經類〉著錄：「《孝經》一卷，原釋：『鄭康成注，先儒多疑其書，唯晉孫㷱廣校案：應作「荀昶」。《集解》以此《註》爲優，請與孔《註》並行。詔可。今太學所立陸德明《釋文》，與此相應。五代兵興，中原久逸其書。咸平中，日本僧以此書來獻，議藏秘府。』見《文獻通考》。錢東垣輯釋本。清人吳騫撰〈古文孝經孔氏傳序〉曰：「迨明皇《御注》出，而鄭氏亦幾于廢。雍熙初，日本僧奝然以鄭注《孝經》來獻，中土始有其書。按《宋三朝藝文志》云：『周顯德末，新羅獻《別序孝經》，即鄭《注》也。』然歐公《五代史記》謂新羅自晉以後不復至中國。而奝然則見于《宋史》，日本傳斯爲可信。是書厄於秦，巫蠱于漢，亡於梁，嘩于隋，聚訟于唐，散佚于五代。自有經傳以來，更歷患難，莫甚于此矣！」見知不足齋本。可與《解題》相參證。

世少有其本。乾道中，熊克子復從袁樞機仲得之，刻于京口學宮。

案：熊克，字子復，建寧建陽人《宋史》卷四百四十五〈列傳〉第二百四〈文苑〉七有傳。史稱：「克博聞強記，自老至少，著述外無他嗜。尤淹習宋朝典故，有問者酬對如響。……卒，年七十三。」袁樞字機仲，建之建安人。《宋史》卷

三百八十九〈列傳〉第一百四十八有傳。史稱：「樞常喜誦司馬光《資治通鑑》，苦其洪博，乃區別其事而貫通之，號《通鑑紀事本末》。……開禧元年卒，年七十五。……作《易傳解義》及《辯異》、《童子問》等書，藏于家。」然均未載及刊刻鄭玄《孝經注》事。《解題》是記，可補史傳之未及。

而孔《傳》不可復見。

案：耿文光《萬卷精華樓藏書記》卷九〈經部〉六〈孝經類〉著錄：「《古文孝經孔氏傳》一卷，漢孔安國撰。<small>知不足齋本。</small>前有乾隆四十一年盧文弨、吳騫、鄭辰〈序〉，次孔氏〈序〉，日本享保十六太宰純〈序〉，內題漢魯人孔安國傳，日本信陽太宰純音。通計《經》一千八百六十一字《傳》八千七百九十四字。復刻《指解》本正文于後，凡一千八百一十言。末有鮑廷博〈跋〉。」是鮑廷博於乾隆四十一年（1776）丙申歲刊有知足齋本《古文孝經孔氏傳》一卷。盧文弨爲之〈序〉曰：「《孝經》有古、今文。鄭《注》者，今文也；孔《傳》者，古文也。五代之際，二家并亡，宋雍熙中嘗得鄭《注》于日本矣，今又不傳。鮑君以文訪得《古文孔氏傳》，遂傳以入中國。余按其文義與《釋文》、《會要》、《舊唐書》所載，一一符合，必非近人所能撰。然安國之本亡于梁，而復顯於隋，當時有疑爲劉光伯所作者。即鄭《注》，人亦疑爲光伯所補綴，亦何可廢也？蓋其文辭與西京不類，與《尚書孔傳》體裁亦別，又不爲漢惠帝諱『盈』字，唯此爲可疑耳。漢桓譚、唐李士訓皆稱《古文經》千八百七十二言，與此本不符。章首《傳》云：『孔子者，男子之通稱。仲尼之兄，伯尼』十五字，斷數訛誤。在讀者之善擇矣。」是文弨頗疑此書乃劉炫所補綴。惟耿文光有案語曰：「劉炫所得孔《傳》，儒者誾誾，謂非舊本，此僞孔《傳》也。今鮑氏所刻日本本，此又一僞孔《傳》也。」是《解題》謂「孔《傳》不可復見」，眞「一語成讖」矣。

御注孝經一卷

《御注孝經》一卷，唐孝明皇帝撰並序。

廣棪案：《郡齋讀書志》卷第三〈孝經類〉著錄：「《唐明皇注孝經》一卷。右漢初顏芝之子貞獻於朝，千八百七十二字。唐玄宗注。〈序〉稱取王肅、劉劭、虞翻、韋昭、劉炫、陸澄六家說，約孔、鄭舊義爲之。」考玄宗〈序〉云：「朕聞上古其風樸略，雖因心之孝已萌，而資敬之禮猶簡。及仁義既有，親譽益著。

聖人知孝之可以教人也，故因嚴以教敬，因親以教愛。於是以順移忠之道昭矣，立身揚名之義彰矣。子曰：『吾志在《春秋》，行在《孝經》。』是知孝者，德之本歟！經曰：『昔者明王之以孝理天下也，不敢遺以小國之臣，而況於公、侯、伯、子、男乎？』朕嘗三復斯言，景行先哲，雖無德教加於百姓，庶幾廣愛刑於四海。嗟乎！夫子沒而微言絕，異端起而大義乖。況泯絕於秦，得之者皆煨燼之末；濫觴於漢，傳之者皆糟粕之餘。故魯史《春秋》，學開五〈傳〉；〈國風〉、〈雅〉、〈頌〉，分爲四《詩》。去聖逾遠，源流蓋別。近觀《孝經》舊註，踳駁尤甚。至於跡相祖述，殆且百家；業擅專門，猶將十室。希升堂者必自開戶牖，攀逸駕者必騁殊軌轍。是以道隱小成，言隱浮僞。且《傳》以通經爲義，義以必當爲主。至當歸一，精義無二。安得不剪其繁蕪，而撮其樞要也。韋昭、王肅，先儒之領袖；虞翻、劉邵，抑又次焉。劉炫明安國之本，陸澄譏康成之《註》。在理或當，何必求人。今故特舉六家之同異，會《五經》之旨趣。約文敷暢，義則昭然；分註錯經，理亦條貫。寫之琬琰，庶有補於將來。且夫子談經，志取垂訓，雖五教之用則別，而百行之源不殊。是以一章之中，凡有數句；一句之內，意有兼明。具載則文繁，略之又義闕。今存於《疏》，用廣發揮。」可悉玄宗撰作之旨。

始刻石太學，御八分書，末有祭酒李齊古所上表及答詔，且具宰相等名銜，實天寶四載，號為《石臺孝經》。

案：《經義考》卷二百二十四〈孝經〉三「《唐明皇孝經注》」條，下引秦再思曰：「玄宗開元中親注《孝經》，并製八分書之，立於國學，以層樓覆之。」又引李齊古〈表〉曰：「臣聞《孝經》者，天經地義之極，至德要道之源，在六籍之上，爲百行之本。自文宣既沒，後賢所注，雖事有發揮，而理甚乖舛。伏惟開元天寶聖神文武皇帝陛下，躬親筆削。以無方之聖，討正舊經；以不測之神，改作新注。朗然如日月之照，邈矣合天地之德。使家藏其本，人習斯文，普天之下，罔不欣載。仍以太學，王化所先；《孝經》，聖理之本。分命璧沼，特建石臺，義展睿詞，書題御翰。以垂百代之則，故得萬國之歡。今刊勒既終，功績斯著。天文炳煥，開七曜之光輝；聖札飛騰，奪五雲之氣色。煙花相照，龍鳳杳起。實可配南山之壽，增北極之尊。百寮是瞻，四方取則。豈比《周官》之禮，空懸象魏；孔氏之書，但藏屋壁。臣之何幸，躬睹盛事。遇陛下興其五孝，忝守國庠；率冑子歌其六德，敢揚文教。不勝忭躍之至，謹打《石臺孝經》本，分爲上下兩卷，謹於光順門奉獻兩本以聞。天寶四載九月一日，特進行尙書左僕

射、兼右相、吏部尙書、集賢殿學士修國史、上柱國、晉國公臣李林甫，光祿大夫行左相、兼兵部尙書、弘文館學士、上柱國、渭源縣開國公臣李適之。……銀青光祿大夫、國子祭酒、上柱國陳李齊古，……」是齊古所上〈表〉具宰相名銜也。至明皇之勅曰：「孝者，德之本，教之所由生也。故親自訓注，垂範將來。今石臺畢功，亦卿之善職。覽所進本，深嘉用心。」此即《解題》所言「答詔」也。

乾道中，蔡洸知鎮江，以其本授教授沈必豫、熊克，使刻石學宮，云歐公《集古錄》無之，豈偶未之見耶？家有此刻，爲四大軸，以爲書閣之鎮。

　　案：蔡洸《宋史》卷三百九十〈列傳〉第一百四十九有傳，曰：「蔡洸字子平，其先興化仙遊人，端明殿學士襄之後，徙霅川。父伸，左中大夫。洸以蔭補將仕郎，中法科，除大理評事，遷寺丞，出知吉州。召爲刑部郎，徙度支，以戶部郎總領淮東軍馬錢糧，知鎮江府。」然未載洸以明皇《御注孝經》授沈、熊刻石學宮事。熊克事蹟已考見「《孝經注》一卷」條，惟沈必豫其人無可考。至《四庫全書總目》卷三十二〈經部〉三十二《孝經類》「《孝經正義》三卷」條有云：「趙明誠《金石錄》載《明皇註孝經》四卷。陳振孫《書錄解題》亦稱『家有此刻，爲四大軸。』，蓋天寶四載九月，以御註刻石於太學，謂之《石臺孝經》。今尙在西安府學中，爲碑凡四，故拓本稱四卷耳。」則《解題》所言「四大軸」者，蓋以拓本分四卷，卷作一軸也。

按〈唐志〉作《孝經制旨》。廣棪案：盧校注：「末八字疑《通攷》所增。」

　　案：盧校注曰：「末八字疑《通攷》所增」。考《新唐書》卷五十七〈志〉第四十七〈藝文〉一〈甲部經錄‧孝經類〉著錄：「《今上孝經制旨》一卷。玄宗。」惟《御注孝經》與《今上孝經制旨》似非一書，後世有所聚訟。《四庫全書總目》云：「《孝經正義》三卷，內府藏本。唐玄宗明皇帝御註，宋邢昺疏。案《唐會要》：『開元十年六月，上註《孝經》，頒天下及國子學。天寶二年五月，上重註，亦頒天下。』《舊唐書‧經籍考》：『《孝經》一卷，玄宗註。』《唐書‧藝文志》：『今上《孝經制旨》一卷，註曰：玄宗。』其稱『制旨』者，猶梁武帝《中庸義》之稱『制旨』，實一書也。」《四庫全書總目》殆以二者爲一書。然余嘉錫先生《四庫提要辨證》卷一〈經部〉一〈孝經類〉「《孝經正義》三卷」條云：「嘉錫案：《直齋書錄解題》卷三云：『《御注孝經》一卷，唐孝明皇撰，案〈唐志〉作《孝經制旨》。』《提要》之說，蓋本於此。然《注》與《制旨》，實非一書。王昶《金石萃編》卷八十七〈石臺孝經跋〉云：『案《書錄解題》云：「明皇《孝

經注》，〈唐志〉作《孝經制旨》。」考《新書・藝文志》，今上《孝經制旨》一卷，注「玄宗」二字，又載元行沖《御注孝經疏》二卷。然則《注》與《制旨》，各自爲書，猶《隋書・經籍志》既載梁武帝《中庸講疏》一卷，又有《私記制旨中庸義》五卷也。邢昺《疏》於〈庶人章〉引《制旨》曰「嗟乎孝之爲大，若天之不可逃也」云云，〈聖治章〉引《制旨》曰「夫人倫正性，在蒙幼之中」云云，其語甚詳。陳直齋未見《制旨》，則其書宋時已佚。然邢氏之《疏》，大牛藍本元《疏》，此二條必因行沖之舊。行沖作《疏》，旁引《制旨》以申《御注》，尤非一書之證。《經義考》及《閩中金石錄》並沿直齋之誤，附辨於此。』其說是也。」是則不惟《四庫全書總目》等有誤，振孫亦有誤；惟後人之誤。均沿於誤信《解題》也。

孝經正義三卷

《孝經正義》三卷，翰林侍講學士濟陽邢昺叔明撰。明皇既注《孝經》，元行沖爲之《疏》。咸平中，以諸說尚多，詔昺與直秘閣杜鎬等，據元氏本增損，定爲《正義》。四年上之。

　　廣棪案：《崇文總目》卷一〈孝經類〉曰：「《孝經正義》三卷，原釋：『皇朝翰林侍講學士邢昺等撰。初，世傳行沖《疏》外，餘家尚多，皆猥俗褊陋，不足行遠。咸平中，詔昺及杜鎬等集諸儒之說而增損焉。』見《文獻通攷》。」錢東垣輯釋本。又《宋會要》曰：「至道二年，判監李至請命李沆、杜鎬等纂《孝經正義》，從之。咸平三年三月，祭酒邢昺代領其事，杜鎬、舒雅、李維、孫奭、李慕清、王煥、崔偓佺，劉士元預其事，取元行沖《疏》約而修之。四年九月以獻，賜宴國子監，進秩有差。十月，命杭州刻板。」《經義考》卷二百二十五〈孝經〉四「邢氏昺等《孝經正義》條引。至道，太宗年號；咸平，眞宗年號。是此書之撰，始自太宗，成於眞宗。領銜者爲邢昺，而預其事者有杜鎬等八人。《解題》所記，不及《崇文總目》、《宋會要》詳盡也。

古文孝經指解一卷

《古文孝經指解》一卷，司馬光撰。按〈唐志〉：「《孝經》二十七家。」

　　廣棪案：此據《新唐書・藝文志》。〈唐志〉曰：「右〈孝經類〉二十七家、三十六部、八十二卷。注：失姓名一家。尹知章以下不著錄六家、一十三卷。」

今溫公〈序〉言「秘閣所藏，止有鄭氏、明皇及《古文》三家而已。《古文》有《經》無《傳》，以隸體寫之，而為之《指解》。」

案：光此書〈自序〉曰：「前世中《孝經》多者五十餘家，少者亦不減十家。今秘閣所藏，止有鄭氏、明皇及《古文》三家而已。其《古文》有《經》無《傳》。按孔安國以古文時無通者，故以隸體寫《尚書》而傳之。然則《論語》、《孝經》不得獨用古文。此蓋後世好事者用孔氏傳本，更以古文寫之。其文則非，其語則是也。夫聖人之經，高深幽遠，固非一人所獨了，是以前世並存百家之說，使明者擇焉，所以廣思慮，重經術也。臣愚雖不足以度越前人之胸臆，闚望先聖之藩籬，至於時有所見，亦各言爾志之義。是敢輒以隸寫古文為之《指解》。其《今文》舊注有未盡者，引而伸之；其不合者，易而去之。亦未知此之為是，而彼之為非。然經猶的也，一人射之，不若眾人射之，其為取中多也。臣不敢避狂僭之罪，而庶幾於先王之道，萬一有所裨焉。」《解題》據此隱括。

仁宗朝表上之。

案：《經義考》卷二百二十五〈孝經〉四「司馬氏光《古文孝經指解》」條引王應麟曰：「至和元年十二月，殿中丞、直秘閣司馬光上〈古文孝經指解表〉曰：『聖人之德，莫加於孝。猶江河之有源，草木之有本。源遠則流大，本固則葉繁。秘閣所傳《古文孝經》，先秦舊書，傳注遺逸，孤學湮滅。妄以所聞為《指解》一卷。』詔送秘閣。」是光表上此書，在仁宗至和元年（1054）甲午十二月。其〈表〉尚存，不贅錄。

古文孝經說一卷

《古文孝經說》一卷，翰林學士成都范祖禹淳甫撰。元祐二年經筵所進。

廣校案：《郡齋讀書志》卷第三〈孝經類〉著錄：「范淳夫《古文孝經說》一卷，右皇朝范祖禹撰。元祐中侍經幄時所上。」《解題》與之同，惟注明所進之年。祖禹有〈進呈序〉，曰：「《古文孝經》二十二章，與《尚書》、《論語》同出於孔氏壁中。歷世諸儒遺眩莫能明，故不列於學官。《今文》十八章，自唐明皇為之《注》，遂行於世。二書雖大同小異，然得其真者《古文》也。臣今竊以《古》為據，申之以訓說，雖不足以明先王之道，庶幾有萬一之補焉。臣謹上。」可藉知撰書之旨。《經義考》卷二百二十五〈孝經〉四「范氏祖禹《古文孝經說》」條引真德秀曰：「自唐玄宗《御注孝經》出，世不復知有《古文》。先正司馬公

作爲《指解》，太史范公復爲之《說》，於是學者始得見此經舊文。」則溫公與祖禹，其存古之功，爲不可沒也。

孝經解一卷

《孝經解》一卷，張九成撰。

廣校案：《宋史》卷二百二〈志〉第一百五十五〈藝文〉一〈經類・孝經類〉著錄：「張九成〈解〉四卷。」卷數與《解題》不同。張書已佚，無由考其是非矣。

孝經刊誤一卷

《孝經刊誤》一卷，朱熹撰。抱遺經于千載之後，而能卓然悟疑辨惑，非豪傑特起獨立之士，何以及此？後學所不敢倣傚，而亦不敢擬議也。廣校案：盧校注：善于措辭。

廣校案：《四庫全書總目》卷三十二〈經部〉三十二〈孝經類〉著錄：「《孝經刊誤》一卷，通行本。宋朱子撰。書成於淳熙十三年，朱子年五十七，主管華州雲臺觀時作也。取《古文孝經》分爲經一章、傳十四章，刪舊文二百二十三字。……陳振孫《書錄解題》載此書，註其下曰：『抱遺經於千載之後，而能卓然悟疑辨惑，非豪傑特起獨立之士，何以及此？後學所不敢倣傚，而亦不敢擬議也。』斯言允矣。南宋以後，作註者多用此本。」考《經義考》卷二百二十六〈孝經〉五「朱子熹《孝經刊誤》」條彝尊案語曰：「按自漢以來，說經家鮮有移易經文片言者，移之自二程子《大學》始也。自漢以來，注疏家莫能刪削經文隻字者，刪之自朱子《孝經刊誤》始也。」彝尊所述，可謂知言。至振孫之推譽朱子爲「豪傑特起獨立之士」，亦正以其敢於「刪削經文」而爲《刊誤》耳。盧文弨稱振孫「善于措辭」，似屬皮相，非眞知振孫者也。

孝經本旨一卷

《孝經本旨》一卷，黃榦撰。凡諸經傳於言及孝者，廣校案：盧校本此句改爲「凡諸經傳言及於孝者」。輯錄之爲二十有四篇。

廣校案：《經義考》卷二百二十六〈孝經〉五「黃氏榦《孝經本旨》」條引《中興藝文志》曰：「榦繼熹之志，輯《六經》、《論》、《孟》之言孝者爲一書，釐爲

二十四篇，名爲《孝經本旨》。」又引陸元輔曰：「朱子嘗欲掇取他書之言可發《孝經》之旨者，別爲《外傳》，未及屬草。勉齋繼其志，輯《孝經本旨》二十四篇。」均可與《解題》相發明。

孝經說一卷

《孝經說》一卷，項安世撰。

　　廣棪案：《經義考》二百二十六〈孝經〉五著錄：「項氏安世《孝經說》，〈宋志〉一卷，佚。」此書既佚，無從稽考矣。

蒙齋孝經說三卷

《蒙齋孝經說》三卷，禮部尚書四明袁甫廣微爲鄱憲日，爲諸生說《孝經》，旁及諸子，諸生錄之以爲此編。

　　廣棪案：甫《宋史》卷四百五〈列傳〉第一百六十四有傳。其〈傳〉曰：「袁甫，字廣微，寶文閣直學士燮之子。嘉定七年進士第一。……知徽州，治先教化，崇學校，訪便民事上之。……遷吏部侍郎兼國子祭酒。……權兵部尚書，暫兼吏部尚書，卒，贈通奉大夫，諡正肅。有《孝說》、廣棪案：應作《孝經說》。《孟子解》、《後省封駁》、《信安志》、《江東荒政錄》、《防拓錄》、《樂事錄》及《文集》行世。」未言及任禮部尚書。甫爲鄱憲，即指知徽州，蓋鄱江出安徽也。此書有元人戴表元〈後序〉，略云：「右袁正肅公廣微《孝經說》三卷，前一卷已刊在宣州學宮，有知州王侍郎附注，行於世。餘二卷引《論語》、《孟子》而發者，予未之見也。……正肅公既貴，嘗持江東憲節，數數爲士大夫講象山之說。行部之貴溪，乃爲象山改創祠塾，故江東之人自正肅公而尊象山之道益嚴。貴溪姜翔仲之先世，故當時講下士大夫一人之數。翔仲今又爲侍祠諸生，能取家藏是書并列之塾中，可謂鶴鳴而子和之矣。予實不敏，區區家世亦有與翔仲通者，遂不得讓，而繫名其編末云。大德十年丙午歲後正月既望識。」則此書內容或多發揚象山之學者，惜書已亡，無由知其究竟矣。

語孟類

前〈志〉,《孟子》本列於儒家,然趙岐固嘗以為則象《論語》矣。

> 廣校案:此段屬〈語孟類〉之小序《解題》有小序,始此。《漢書》卷三十〈藝文志〉第十〈諸子略‧儒家〉著錄:「《孟子》十一篇。」《隋書》卷三十四〈志〉第二十九〈經籍〉三〈子‧儒家〉著錄:「《孟子》十四卷,齊卿孟軻撰,趙岐注。《舊唐書》卷四十七〈志〉第二十七〈經籍〉下〈儒家類〉著錄:「《孟子》十四卷,孟軻撰,趙岐注。」《新唐書》卷五十九〈志〉第四十九〈藝文〉三〈儒家類〉著錄:「趙岐注《孟子》十四卷。孟軻。」是直齋《解題》之前,諸史《志》之著錄《孟子》,皆列於儒家。東漢趙岐注《孟子》,所撰〈題辭〉有曰:「孟子退自齊、梁,述堯、舜之道而著作焉。此大賢擬聖而作者也。七十子之疇會集夫子所言以為《論語》。《論語》者《五經》之錧鎋,〈六藝〉之喉衿也。孟子之書則而象之。」是岐以孟軻則象《論語》而作《孟子》也。

自韓文公稱孔子傳之孟軻,軻死,不得其傳。天下學者咸曰孔、孟。孟子之書,固非荀、揚以降所可同日語也。

> 案:此據韓愈〈原道〉篇。〈原道〉略云:「曰:『斯道也,何道也?』曰:『斯吾所謂道也,非向所謂老與佛之道也。堯以是傳之舜,舜以是傳之禹,禹以是傳之湯,湯以是傳之文、武、周公,周公傳之孔子,孔子傳之孟軻。軻之死,不得其傳焉。荀與揚也,擇焉而不精,語焉而不詳。由周公而上,上而為君,故其事行。周公而下,下而為臣,故其說長。』」《解題》蓋據〈原道〉之文而作檃括。

今國家設科取士《語》、《孟》並列為經,而程氏諸儒訓解二書常相表裏,故今合為一類。

> 案:此述《語》、《孟》稱經及其合類之由。《四庫全書總目》卷三十五〈經部〉三十五〈四書類〉一「《孟子音義》二卷」條有云:「案:宋《禮部韻略》所附條式,自元祐中即以《論語》、《孟子》試士。是當時已遵為經。而晁氏《讀書志》,《孟子》仍列儒家。至陳氏《書錄解題》,始與《論語》同入經部。蓋宋尊《孟子》始王安石。元祐諸人務與作難,故司馬光疑《孟》,晁說之詆《孟》作焉。非攻《孟子》,攻安石也。白珽《湛淵靜語》所記,言之頗詳。晁公武不列於經,猶說之之家學耳。陳振孫雖攻晁氏之例,列之於經。然其立說,乃以程

子爲詞。則亦非尊《孟子》，仍尊程子而已矣。考趙岐〈孟子題辭〉，漢文帝時已以《論語》、《孝經》、《孟子》同置博士。而孫奭是編，實大中祥符間奉敕校刊《孟子》所修。然則表章之功，在漢爲文帝，在宋爲眞宗。訓釋之功，在漢爲趙岐，在宋爲孫奭。固不始於王安石，亦不始於程子。紛紛門戶愛憎，皆逐其末也。」《四庫全書總目》所言，足補《解題》之未及。

論語十卷

《論語》十卷，漢有《齊》、《魯》及《古文》三家，今行於世者《魯論語》也。傳授本末，何晏〈序〉文備矣。廣棪案：盧校注：「《聞見後錄》云：『洛陽得石刻：「夕死可也」，「何而德之衰」，「執車者爲誰子」，「曰是知津矣」，「置其杖而耘」。』今大興翁覃溪得石刻〈爲政篇〉，如『□□毋違』，『孝子惟孝』，□今本不同。(□爲盧校本蟲蛀闕字)」

廣棪案：《漢書》卷三十〈藝文志〉第十〈六藝略・論語〉著錄：「《論語》：《古》二十一篇，《齊》二十二篇，《魯》二十篇。」僅稱篇，仍未分卷也。《隋書》卷三十二〈志〉第二十七〈經籍〉一經著錄：「《論語》十卷。鄭玄注。梁有《古文論語》十卷，鄭玄注。又王肅、虞翻、譙周等注《論語》各十卷，亡。」是《論語》作十卷者自鄭玄始。〈隋志〉又著錄：「《集解論語》十卷。何晏集。」晏書有〈序〉，曰：「漢中壘校尉劉向言《魯論語》二十篇，皆孔子弟子記諸善言也。太子太傅夏侯勝、前將軍蕭望之、丞相韋賢及子玄成等傳之。《齊論語》二十二篇，中章句頗多於《魯論》。琅邪王卿及膠東庸生、昌邑中尉王吉皆以教授。故有《魯論》，有《齊論》。魯共王時，嘗欲以孔子宅爲宮，壞，得《古文論語》。《齊論》有〈問王〉、〈知道〉，多於《魯論》二篇。《古論》亦無此二篇。分〈堯曰〉下章『子張問』以爲一篇，有兩〈子張〉，凡二十一篇。篇次不與《齊》、《魯論》同。安昌侯張禹本受《魯論》，兼講《齊》說，善者從之，號曰《張侯論》，爲世所貴。包氏、周氏章句出焉。《古論》唯博士孔安國爲之訓解，而世不傳。至順帝時，南郡太守馬融亦爲之訓說。漢末大司農鄭玄就《魯論》篇章，考之《齊》、《古》爲之注。近故司空陳群、太常王肅、博士周生烈皆爲義說。」是漢代行世者《魯論》也。何晏〈序〉記三家《論語》之傳授本末甚備。

論語集解十卷

《論語集解》十卷，魏尚書駙馬都尉南陽何晏平叔撰。

　　廣棪案：《解題》所署晏之官爵乃據〈論語集解序〉，然脫「關內侯」三字，應補上。邢昺《疏》曰：「何晏字平叔，南陽宛人也。何進之孫，咸之子。曹爽秉政，以晏為尚書，又尚公主。著述凡數十篇，正始中此五人共上此《論語集解》也。」是稱晏撰之《論語集解》，實非其一人所為。〈集解序〉末署：「光祿大夫、關內侯臣孫邕，光祿大夫臣鄭沖，散騎常侍、中領軍、安鄉亭侯臣曹羲，侍中臣荀顗，尚書、駙馬、都尉、關內侯臣何晏等上。」蓋此書乃晏與孫邕等五人共撰，惟以晏之官階最高，乃領銜耳。陸德明《經典釋文》卷一〈序錄・注解傳述人・論語〉曰：「魏吏部尚書何晏集孔安國、包咸、周氏、馬融、鄭玄、陳群、字長文，潁川人，魏司空。王肅、周生烈燉煌人。《七錄》云：『字文逢，本姓唐。魏博士、侍中。』之說，并下己意為《集解》。正始中上之，盛行於世，今以為主。」是晏所任者乃吏部尚書，而其書乃集孔安國以下諸氏之說而成，故名《集解》。

論語釋文一卷

《論語釋文》一卷，唐陸德明撰。

　　廣棪案：此書收入《經典釋文》卷第二十四，稱《論語音義》，唐國子博士兼太子中允、贈齊州刺史、吳縣開國男陸德明撰。

論語注疏解經十卷

《論語注疏解經》十卷，邢昺撰。唐人止為《五經》疏，而不及《孝經》、《論語》，至昺始奉詔為之。

　　廣棪案：《宋史》卷四百三十一〈列傳〉第一百九十〈儒林〉一〈邢昺〉略曰：「邢昺字叔明，曹州濟陰人。太平興國初擢《九經》及第。咸平初為國子祭酒，二年始置翰林侍講學士，以昺為之。受詔與杜鎬、舒雅、孫奭、李慕清、崔偓佺等校定《周禮》、《儀禮》、《公羊》、《穀梁春秋傳》、《孝經》、《論語》、《爾雅義疏》。官至禮部尚書，卒贈左僕射。」與《解題》所述略同。國立故宮博物院藏有此書宋紹熙間兩浙東路刊元明遞修本，《國立故宮博物院宋本圖錄》甲〈經部〉著錄：「《論語註疏解經》存十卷，魏何晏集解，宋邢昺疏。宋紹熙間兩浙東路刊元明遞修本。……按唐人止為《五經》疏，而不及《論語》、《孝經》、《爾

雅》，至趙宋咸平二年昺始奉詔，刊定《論語》義疏。昺此書於章句、名器、事物考定至詳外，復能薈萃群言，創通大義，故後世承用不衰。……是書據《崇文總目》、《中興書目》、《讀書志》、《通考》、〈宋志〉俱作《論語正義》十卷《四庫全書》著錄從之，因改注疏爲正義。然此本作二O，宋十行本《注疏》、明監本、毛本、清武英殿刊《十三經注疏》本俱作二O卷，似悉據此本舊第。而《書錄解題》作《論語注疏解經》十卷，就其著錄書名乃據此《注疏》合刊本之稱，惟改作十卷，疑陳氏脫去『二』字也。」是則此書爲二十卷，故宮所藏者現僅存卷十一至卷二十。《解題》作十卷，「十」字上脫「二」也。

孟子十四卷

《孟子》十四卷，趙岐云名軻，字則未聞也。按《史記》字子輿《孔叢子》作子車。

廣棪案：趙岐〈孟子題辭〉曰：「孟子，鄒人也。名軻，字則未聞也。」《史記》卷七十四〈孟子荀卿列傳〉第十四曰：「孟子，騶人也。受業子思之門人。」未云軻字子輿。言軻字子輿者，乃張守節《史記正義》，直齋殆誤記。《孔叢子・雜訓》則稱孟子車，注云：「一作子居。」有關孟子之字，梁玉繩《史記志疑》已詳爲考證，曰：「案史不書孟子之字，趙岐〈題辭〉曰：『字未聞。』考漢〈藝文志〉，師古注引《聖證論》云：『字子車。』王氏《藝文志考證》引傅子云：『字子輿。』《文選》劉峻〈辨命論〉：『子輿困臧倉之訴。』注亦引傅子云：『鄒之君子孟子輿。』唐虞世南《北堂書鈔》引〈孟軻傳〉，荀子〈非十二子〉篇楊注並云：『字子輿。』《孔叢子・雜訓》云：『孟子車。』注：『一作子居。』據此則魏晉以來始傳孟子之字，故《正義》著之，雖未詳其所得，要非無據，可補史遺。古車、輿通，如秦三良子車氏，史于〈秦紀〉、〈趙世家〉、〈扁鵲傳〉並作子輿，可驗。惟居字以音同而譌，顏師古《急就篇注》：『孟子字子居。』《廣韻》：『孟子居貧轗軻，故名軻字子居。』疑非。」玉繩《志疑》所考允恰，可補《解題》未及。又《孟子》一書，原〈內篇〉七篇，〈外篇〉四篇，故《漢書》卷三十〈藝文志〉第十〈諸子略・儒〉著錄：「《孟子》十一篇。」及至趙岐爲《孟子》作注，乃以〈外篇〉之〈性善〉、〈辯文〉、〈說孝經〉、〈爲正〉四篇，「其文不能弘深，不與〈內篇〉相似，似非《孟子》本眞」，遂不爲之注；又分〈內篇〉七篇爲上、下，此即今本《孟子》凡十四卷之所由出也。

孟子章句十四卷

《孟子章句》十四卷，後漢太僕京兆趙岐邠卿撰。本名嘉，字臺卿，避難改名。

　　廣桉案：《後漢書》卷六十四〈吳延史盧趙列傳〉第五十四載：「趙岐字邠卿，京兆長陵人。初名嘉。生於御史臺，因字臺卿。後避難，故自改名字，示不忘本土也。少明經，有才藝，娶扶風馬融兄女。永興二年辟司空掾，舉理劇，爲皮氏長。中常侍唐衡兄玹，爲京兆虎牙都尉，岐數爲貶議，玹深毒恨。延熹元年，玹爲京兆尹，岐懼禍逃避之。玹果收岐家屬，以重法盡殺之。岐遂逃難四方，江、淮、海、岱，靡所不歷，自匿姓名，賣餅北海市中。後諸唐死滅，因赦，乃出拜并州刺史。遭黨錮十餘歲。中平元年徵拜議郎，舉燉煌太守，後遷太僕，終太常。年九十餘，卒。」《解題》所述，乃據此檃括。

孟子音義二卷

《孟子音義》二卷，龍圖閣學士侍講博平孫奭宗右撰。舊有張鎰、丁公著爲之《音》，俱未精當。奭方奉詔校定，撰集《正義》，遂討論音釋，疏其疑滯，廣桉案：「疑」字原缺，據盧校本補入。備其闕遺，既成上之。

　　廣桉案：奭〈進孟子音義序〉曰：「其書由炎漢之後，盛傳於世。爲之《注》者則有趙岐、陸善經。爲之《音》者則有張鎰、丁公著。自陸善經已降，其所訓說小有異同，而共宗趙氏。今既奉敕校定，仍據趙《注》爲本。惟是音釋，宜在討論。臣今詳二家撰錄，俱未精當。張氏則徒分章句，漏略頗多。丁氏則稍識指歸，譌謬時有。若非刊正，詎可通行。謹與尚書虞部員外郎、司判國子監臣王旭，諸王府侍講、太常博士、國子監直講臣馬龜符，鎮寧軍節度推官、國子監說書臣吳易直，前江陰軍江陰縣尉、國子學說書臣馮元等推究本文，參考舊注。采諸儒之善，削異說之煩。證以字書，質諸經訓，疏其疑滯，備其闕遺，集成《音義》二卷。雖仰測至言，莫窮於奧妙；而廣傳博識，更俟於發揮。謹上。」《解題》所述殆據此。

孟子正義十四卷

《孟子正義》十四卷，孫奭撰。廣桉案：盧校注：邵武士人所爲。〈序〉言爲之注

者，有趙岐、陸善經，其所訓說，廣棪案：考孫奭〈孟子正義序〉原文，此句上有「自陸善經已降」一句。雖小有異同，而共宗趙氏，今惟據趙注為本。

廣棪案：此全據奭之〈孟子正義序〉檃括。盧文弨校注謂此書乃邵武士人所為，則據朱子之說。朱子《語錄》曰：「《孟子疏》乃邵武士人假作，蔡季通識其人。其書全不似疏體，不曾解出名物、制度，只繞纏趙岐之說爾。」見《經義考》卷二百三十三〈孟子〉三「孫氏奭《孟子正義》」條引。是朱子已疑此書之偽。《四庫全書總目》卷三十五〈經部〉三十五〈四書類〉一載：「《孟子正義》十四卷，內府藏本。漢趙岐註。其疏則舊本題宋孫奭撰。……今考《宋史·邢昺傳》稱，昺於咸平二年，受詔與杜鎬、舒雅、孫奭、李慕清、崔偓佺等校定《周禮》、《儀禮》、《公羊》、《穀梁春秋傳》、《孝經》、《論語》、《爾雅義疏》，不云有《孟子正義》。《涑水紀聞》載奭所定著，有《論語》、《孝經》、《爾雅正義》，亦不云有《孟子正義》。其不出奭手，確然可信。其《疏》皆敷衍語氣，如鄉塾講章。故朱子《語錄》謂其不似疏體，不曾解出名物、制度，只繞纏趙岐之說。至岐註好用古事為比《疏》多不得其根據。如註謂『非禮之禮，若陳質娶妻而長拜之。非義之義，若藉交報讎。』此誠不得其出典。廣棪案：藉交報讎，似謂藉交游之力以報讎，如朱家、郭解，非有人姓藉名交也。疑不能明，僅附識於此。至於單豹養其內而虎食其外，事出《莊子》，亦不能舉，則弇陋太甚。朱彝尊《經義考》摘其欲見西施者，人輸金錢一文事，詭稱《史記》。今考註以尾生為不虞之譽，以陳不瞻為求全之毀《疏》亦並稱《史記》。尾生事，實見《莊子》；陳不瞻事，實見《說苑》。廣棪案：《說苑》作陳不占，蓋古字同音假借。皆《史記》所無。如斯之類，益影撰無稽矣。」是則此書決非奭所撰。朱子謂邵武士人假作，蔡季通識其人，既有所本，必為事實。惜《解題》一無所考耳。

論語筆解二卷

《論語筆解》二卷，唐韓愈退之、李翱習之撰。按《館閣書目》云：「祕書丞許勃為之〈序〉。」

廣棪案：此書或作十卷，見許勃〈序〉及晁氏《郡齋讀書志》。惟《經義考》又謂《中興書目》作二十卷，今檢趙士煒輯考之《中興館閣書目》，其〈經部·論語類〉著錄此書，仍作二卷，故疑《經義考》有誤。許勃〈序〉云：「昌黎文公著《筆解論語》一十卷，其間翱曰者，蓋李習之同與切磨。世所傳率多訛舛。始愈筆大義則示翱，翱從而交相明辨，非獨韓製此書也。噫！齊、魯之門人所

記善言既有同異，漢、魏學者注集繁闊，罕造其精。今觀韓、李二學勤拳淵微，可謂窺聖人之堂奧矣，豈章句之技所可究極其旨哉！予繕校舊本數家，得其純粹，欲以廣傳，故序以發之。」闡述韓、李同撰此書事實頗詳。

今本乃王存序，_{館臣案：原本脱此句，今據《文獻通考》補入。}云「得於錢塘汪充，而無許〈序〉」。_{廣棪案：盧校注：余所見仍許勃〈序〉。}

案：王存序本《論語筆解》已散佚，其〈序〉亦未見。惟王楙《野客叢書》卷二十八「退之注《論語》」條云：「李漢序退之《集》云：有《論語注》十卷。後世罕傳，然搢紳先生往往有道其三義者。近時錢塘江充家有是本，王公存刻於會稽郡齋，目曰韓文公《論語筆解》，自〈學而〉至〈堯曰〉二十篇，文公與李翺指摘大義，以破孔氏之《注》，正所謂三義者。觀此，不可謂《魯論》未訖注，後世罕傳也。」是王存曾刻此書於會稽郡齋，惟其書得自錢塘江充，與《解題》作汪充不同，江、汪二字形近，未知孰是。

東坡論語傳十卷

《東坡論語傳》十卷，_{館臣案：《宋史・藝文志》作《論語解》四卷《文獻通考》作《論語解》十卷。}蘇軾撰。

廣棪案：《郡齋讀書志》卷第四〈論語類〉著錄曰：「東坡《論語解》十卷。右皇朝蘇軾子瞻撰。子瞻沒後，義有未安者，其弟子由嘗辨正之。凡二十有七章。」是軾此書其後嘗經蘇轍辨正。轍《欒城第三集》有〈論語拾遺〉一卷，其〈自序〉曰：「予少年為《論語略解》，子瞻謫居黃州，為《論語說》，盡取以往，今見於其書者十二三也。大觀丁亥，閑居潁川，為孫籒、簡、筠講《論語》。子瞻之說，意有所未安，時為籒等言之，凡二十有七章，謂之《論語拾遺》。」是軾之書，初撰於謫居黃州時，名《論語說》，後始改今名，或稱《論語傳》，或稱《論語解》，名異而實同。卷數有四卷、十卷之別。因書已佚，其分卷之異同，不可考矣。

潁濱論語拾遺一卷

《潁濱論語拾遺》一卷，蘇轍撰。於其兄之說，意有未安者，凡二十七章。

廣棪案：此書轍有〈自序〉，言其撰作原委甚詳，已引見「《東坡論語傳》十卷」

條。《四庫全書總目》卷三十五〈經部〉三十五〈四書類〉一著錄:「《論語拾遺》一卷,江蘇巡撫採進本。宋蘇轍撰。……此書所補凡二十七章,其以思無邪爲無思,以從心不踰矩爲無心,頗涉禪理。以苟志於仁矣無惡也爲有愛而無惡,亦冤親平等之見。以朝聞道夕死可矣爲雖死而不亂,尤去來自如之義。蓋眉山之學本雜出於二氏故也。其顯駁軾說者凡三條。請討陳恒一章,軾以爲能克田氏則三桓不治而自服,孔子欲借此以張公室。轍則以爲雖知其無益,而欲明君臣之義。子見南子及齊人歸女樂二章,軾以爲靈公未受命者故可,季桓子已受命者故不可。轍則以爲諸侯之如衛靈公者多,不可盡去,齊間孔子,魯君大夫已受其餌,孔子不去則坐受其禍。泰伯至德一章,軾以爲泰伯不居其名,故亂不作;魯隱、宋宣取其名,是以皆被其禍。轍則以爲魯之禍始於攝,宋之禍成於好戰,皆非讓之過。其說皆較軾爲長。他如以剛毅木訥與巧言令色相證;以六蔽章之不好學,與入孝出弟章之學文互勘,亦頗有所發明。」可補《解題》之未及。

潁濱孟子解一卷

《潁濱孟子解》一卷,蘇轍撰。其少年時所作,凡二十四章。

廣棪案:《經義考》卷二百三十三〈孟子〉三著錄,下引「陳振孫曰」:「次公少時所作,凡二十四章。」首句與《四庫全書》本不同。《四庫全書總目》卷三十五〈經部〉三十五〈四書類〉一著錄:「《孟子解》一卷,江蘇巡撫採進本。宋蘇轍撰。舊本首題潁濱遺老字,乃其晚歲退居之號。以陳振孫《書錄解題》考之,實少年作也。凡二十四章。一章謂聖人躬行仁義而利存,非以爲利。二章謂文王之囿七十里,乃山林藪澤與民共之。三章謂小大貴賤,其命無不出於天,故曰畏天樂天。四章引責難於君,陳善閉邪,畜君爲好君。五章謂浩然之氣,即子思之所謂誠。六章論養氣在學,而待其自至。七章論知言,曰知其所以病。八章以克己復禮,解射者正己。九章論貢之未善,由先王草創之初,故未能周密。十章論陳仲子之廉,病在使天下之人無可同立之人。十六章論孔子以微罪行,爲上以免君,下以免我。十八章論事天立命。十九章論順受其正。二十二章論進銳退速。二十四章論擴充仁義。立義皆醇正不支。二十章以《周官》八議,駁竊負而逃。二十三章以司馬懿、楊堅得天下,言仁不必論得失。亦自有所見。惟十一章謂學聖不如學道。十二章、十三章、十四章以孔子之論性,難孟子之論性。十五章以智屬夷、惠,力屬孔子。十七章以貞而不亮,難君子不

亮。二十一章以形色天性，爲強飾於外。皆未免駁雜。蓋瑕瑜互見之書也。然
較其晚年著述，純入佛老者，則謹嚴多矣。」《四庫全書總目》考證均甚翔實，
《解題》則流於簡略矣。

王氏論語解十卷、孟子解五卷

《王氏論語解》十卷、《孟子解》五卷，廣陵王令逢原撰。

　　廣棪案：《宋史》卷二百二〈志〉第一百五十五〈藝文〉一〈經類·論語類〉著
　　錄：「王令《註》十卷。」又同書卷二百五〈志〉第一百五十八〈藝文〉四〈子
　　類·儒家類〉著錄：「王令《孟子講義》五卷。」是〈宋志〉著錄令此二書，其
　　稱謂與《解題》不同。

今年二十八，終於布衣。所講《孟子》纔盡二篇，其第三篇盡二章而止。

　　案：王安石《臨川文集》卷七十一〈題王逢原講孟子後〉曰：「逢原在常江陰時，
　　學者有問以《孟子》，而逢原爲之論說，是以如是其詳也。未幾而逢原卒，故其
　　書纔終於一篇，而考之時不同，蓋其志猶未就也。雖然，觀其說亦足以概見之
　　矣。若逢原，所謂見其進，未見其止也。其卒時年二十八，嗚乎惜哉！逢原卒
　　於嘉祐己亥六月，後七年《講義》方行。」是安石亦謂令之《孟子解》爲未成
　　之書，惟所言「其書纔終於一篇」，則與《解題》不同。恐令之《孟子解》，實
　　未完成五卷之數。

王荊公志其墓，不言其所著書。

　　案：《臨川文集》卷九十七〈墓誌〉載〈王逢原墓誌銘〉，曰：「余友字逢原，諱
　　令，姓王氏，廣陵人也。始予愛其文章，而得其所以言。中予愛其節行，而得
　　其所以行。卒予得其所以言，浩浩乎其將沿而不窮也；得其所以行，超超乎其
　　將追而不至也。於是慨然歎以爲可以任世之重，而有功於天下者將在於此，余
　　將友之而不得也。嗚呼，今棄予而死矣，悲夫！」實未言及令所著書。

而晁氏《讀書志》云：「今於〈堯曰〉篇解曰：『四海不困窮，則天祿不永終
矣。』王氏《新經書義》取之。」

　　案：《郡齋讀書志》卷第四〈論語類〉著錄：「王令《論語》十卷。右皇朝王令
　　逢原撰。解〈堯曰〉篇云：『四海不困窮，則天祿不永終矣。』王安石《書新義》
　　取此。」《解題》蓋轉錄《郡齋讀書志》。

龜山論語解十卷

《龜山論語解》十卷，工部侍郎延平楊時中立撰。

廣棪案：《經義考》卷二百十四〈論語〉四著錄：「楊氏時《論語解》，〈宋志〉二卷，未見。」則〈宋志〉所載卷數與《解題》不同，且彝尊亦未見此書。時有〈自序〉，略謂：「《論語》之書，孔子所以告其門人，群弟子所以學於孔子者也。聖學之傳，其不在茲乎？然而其言近，其指遠。世儒以其近也，易之以為童子之習，而莫之究入德之途，背而去之，如在荒墟之中，曾無蘧廬以託宿焉，況能宅天下之廣居乎？善夫伯樂之論馬也，以為天下馬不可以形容、筋骨相，視其所視，而遺其所不視，則馬之絕塵弭轍者無遺矣。予於是得為學之方焉。夫道之不可以言傳也，審矣。士欲窺聖學淵源，而區區於章句之末，是猶以形容、筋骨而求天下馬也。其可得乎？予於是書已於牝牡有不知者蓋多矣，學者能視其所視，而遺其所不視，則於予言其庶矣乎！」讀此〈序〉，可略探時之解《論語》之志及其方矣。

謝氏論語解十卷

《謝氏論語解》十卷，上蔡謝良佐顯道撰。

廣棪案：《郡齋讀書志》卷第四〈論語類〉著錄：「謝顯道《論語解》十卷。右皇朝謝顯道撰。少嘗師事程正叔。」此書彝尊亦未見。胡寅撰〈後序〉，略曰：「上蔡謝公，得道於河南程先生。元祐中，掌秦亭之教，遂著《論語解》，發其心之所得，破世儒穿鑿附會、淺近膠固之論，如五星經乎太虛，與日月為度數，不可易也。其有功於吾道也，卓矣！」可見此書成就之一斑。

游氏論語解十卷

《游氏論語解》十卷，監察御史建陽游酢定夫撰。

廣棪案：《宋史》卷二百二〈志〉第一百五十五〈藝文〉一〈經類·論語類〉著錄：「游酢《雜解》一卷。」書名、卷數均與《解題》不同。《宋元學案》卷二十六〈廌山學案〉「文肅游廣平先生酢」條記酢著述謂：「所著有《易說》、《詩二南義》、《中庸義》、《論語孟子雜解》各一卷。」是《解題》所載書名、卷數均與〈宋志〉、《宋元學案》相異，未知孰是？

尹氏論語解十卷、孟子解十四卷

《尹氏論語解》十卷、《孟子解》十四卷，徽猷閣待制河南尹焞彥明撰。紹興中經筵所上。《孟子解》未成，不及上而卒。

廣校案：《郡齋讀書志》卷第四〈論語類〉著錄：「尹氏《論語義》十卷。右皇朝尹焞彥明撰。彥明亦程氏門人。紹興中，自布衣召爲崇政殿說書，被旨訓解，多采純夫之說。」又《讀書附志·經解類》著錄：「《孟子解》兩卷。右和靜先生尹侍講焞所著也。先生乃伊川之高弟，欽宗累聘不起，賜號和靜。紹興初，再以崇政殿說書召。既侍講筵，首解《論語》以進，繼解《孟子》，甫及終篇而卒。此本乃邢正夫刻于岳陽泮宮者。」所記與《解題》有所異同。如《論語解》之作《論語義》；《孟子解》十四卷之作兩卷；又《解題》謂「《孟子解》未成」，而《讀書附志》謂「甫及終篇而卒」；均其所異者也。惟《宋史》卷四百二十八〈列傳〉第一百八十六〈道學〉二〈尹焞〉謂焞賜號「和靖」，《讀書附志》作「和靜」則顯誤。今檢《四庫全書總目》有《孟子解》二卷，《四庫全書總目》卷三十七〈經部〉三十七〈四書類存目〉云：「舊本題宋尹焞撰。……此本出浙江吳玉墀家，莫知其所自來。每章之末，略贅數語，評論大意。多者不過三四行，皆詞義膚淺，或類坊刻史評。或類時文批語，無一語之發明。焞爲程氏高弟，疑其陋不至於此。又書止上下二卷，首尾完具，無所闕佚。與十四卷之數亦不相合，殆近時妄人所依託也。」是則今所稱焞撰之《孟子解》二卷者，恐依託不足信。

自龜山而下，皆程門高弟。

案：《宋史》卷四百二十八〈列傳〉第一百八十七〈道學〉二〈程氏門人〉所載計有劉絢、李籲、謝良佐，游酢、張繹、蘇昞、尹焞、楊時、羅從彥、李侗等十人，楊、謝、游、尹皆在其中，固程氏之高弟也。

論語釋言十卷

《論語釋言》十卷，葉夢得少蘊撰。

廣校案：《經義考》卷二百十五〈論語〉五著錄：「葉氏夢得《論語釋言》，〈宋志〉十卷，未見。」考王應麟《困學紀聞》卷七〈論語〉載：「張衡《思玄賦》：『匪仁里其焉宅兮，匪義跡其焉追。』注引《論語》『里仁爲美，宅不處仁，焉得知』。里、宅，皆居也。石林《論語釋言》云：『以擇爲宅，則里猶宅也。蓋

《古文》云然。今以宅爲擇，而謂里爲所居，乃鄭氏訓解，而何晏從之。當以《古文》爲正。』又載：「石林解執禮云：『猶執射執御之執。《記》曰：「秋學禮，執禮者詔之。」蓋古者謂持禮書以治人者曰執。《周官・太史》：「大祭祀，宿之日讀禮書，祭之日執書以次位常。凡射事執其禮事。」此禮之見於書者也。』解雅頌各得其所云：『季札觀魯樂，以小雅爲周德之衰，大雅爲文王之德。小雅皆變雅，大雅皆正雅。楚莊王言武王克商作頌，以〈時邁〉爲首，而〈武〉次之，〈賚〉爲第三，〈桓〉爲第六，以所作爲先後。以此考之，雅以正變爲大小，頌以所作爲先後者《詩》未刪之序也。論政事之廢興，而以所陳者爲大小，推功德之形容，而以所告者爲先後者，刪《詩》之序也。』其說可以補《注》義之遺。」《困學紀聞》所載此二段文字，或今僅見之夢得《論語釋言》佚文矣。

張氏論語解二十卷、孟子解十四卷

《張氏論語解》二十卷、《孟子解》十四卷，張九成撰。

廣棪案：《經義考》卷二百十六〈論語〉六著錄：「張氏九成《論語解》，〈宋志〉十卷，未見。」〈宋志〉所載此書卷數與《解題》不同。下引周必大曰：「淳熙九年正月，御筆問《張氏論孟傳》是誰作？論議如何？必大回奏曰：『此是張九成撰，議論明白，而以洛中程氏爲主。』」是則九成之書又名《論語傳》、《孟子傳》矣。《經義考》卷二百三十四〈孟子〉四著錄：「張氏九成《孟子解》，《通考》十四卷，未見。」惟今《四庫全書》有《孟子傳》二十九卷。《四庫全書總目》卷三十五〈經部〉三十五〈四書類〉一載：「《孟子傳》二十九卷，內府藏本。宋張九成撰。……《文獻通考》載九成《孟子解》十四卷，朱彝尊《經義考》註云未見。此本爲南宋舊槧，實作《孟子傳》，不作《孟子解》。又〈盡心篇〉已佚，而〈告子篇〉以上已二十九卷，則亦不止十四卷，蓋《通考》傳寫誤也。九成之學出於楊時，又喜與僧宗杲遊，故不免雜於釋氏。……惟註是書，則以當時馮休作《刪孟子》，李覯作《常語》，司馬光作《疑孟》，晁說之作《詆孟》，鄭厚叔作《藝圃折衷》，皆以排斥孟子爲事，故特發明於義利、經權之辨，著孟子尊王賤霸有大功，撥亂反正有大用。每一章爲〈解〉一篇，主於闡揚宏旨，不主於箋詁文句。是以曲折縱橫，全如論體。又辨治法者多，辨心法者少，故其言亦切近事理，無由旁涉於空寂。在九成諸著作中，此爲最醇。」是則九成此二書，其有裨於儒學，殆可推見。惟其《孟子》書之體例，既以「每一章爲〈解〉一篇，主於闡揚宏旨，不主於箋詁文句」，則殊不符於「傳」之體例。

故其書名，仍以稱「解」爲適當矣。

致堂論語詳說二十卷

《致堂論語詳說》二十卷，禮部侍郎建安胡寅明仲撰。文定之子也。

　　廣棪案：寅《宋史》卷四百三十五〈列傳〉第一百九十四附〈胡安國〉。《經義考》卷二百十六〈論語〉六著錄：「胡氏寅《論語詳說》，未見。」下引《閩書》曰：「寅字明仲，安國弟淳之子也。宣和中進士，從侯師聖游，復從楊時受學。仕爲禮部侍郎，兼侍講，兼直學士院。以徽猷閣直學士提舉江州太平觀。秦檜當國，安置新州。」是寅本胡淳之子。文定乃安國諡號。《宋元學案》卷四十一〈衡麓學案〉「文定胡致堂先生寅」條曰：「胡寅，字明仲，崇安人，文定之弟子也。將生，母以多男不欲舉，文定夫人夢大魚躍盆水中，急取而子之。」故寅亦可稱作文定子也。此書寅有〈自序〉，略曰：「愚不肖，幸聞伊、洛至教，承過庭之訓，而冥頑怠廢，不早用力。蓋嘗妄意《論語》一書爲仁道樞管，欲記所見聞指趣，附於章句之下。內揆淺疏，久而未果。髮禿齒豁，恐負初志矣。適有天幸，投畀炎壤，結廬地偏，塵事遼絕。門挹山秀，窗涵水姿。簷竹庭梧，時動涼吹。朝夕飯一盂、蔬一盤，澹然太虛，不知浮雲之莽眇也。觀過宅心，自是始篤。乃得就稿，遺諸童丱。博學而詳說之，將以反說約焉。若夫推己及人，指南洙泗之路；放淫拒詖，分北荊舒之旅，非愚所能也。困而學之，期成功於不二而已矣。紹興甲戌三月。」是寅此書乃成於紹興二十四年（1154）甲戌三月者，時值安置新州（今廣東省新興縣），故〈自序〉有「投畀炎壤」之語。紹興二十六年（1156）丙子，寅卒。此書蓋其晚年之作矣。

五峰論語指南一卷

《五峰論語指南》一卷，監南嶽廟胡宏仁仲撰。詳論黃祖舜、沈大廉之說。宏，文定之季子也。

　　廣棪案：宏《宋史》亦附〈胡安國傳〉。《宋元學案》卷四十二〈五峰學案〉「承務胡五峰先生宏」條云：「胡宏，字仁仲，崇安人，文定之季子。自幼志于大道，嘗見龜山于京師，又從侯師聖于荊門，而卒傳其父之學。優游衡山二十餘年，玩心神明，不舍晝夜。張南軒師事之。學者稱五峰先生。」百家謹案：「文定以游廣平之薦，誤交秦檜，失知人之明。想先生兄弟竊所痛心，故顯與檜絕，所

以致堂有新州之徙。先生初以蔭補右承務郎，避檜不出。至檜死，被召，以疾卒。嗚呼，此眞孝子慈孫克盡前人之憝者也！其志昭然，千古若見焉。」可以推知宏之德操矣。樓鑰《攻媿集》卷七十八有〈跋胡五峰論語指南〉一文，云：「《論語》一書，自昔大儒不知幾人，未有能發明仁之一字。子夏問仁，夫子固嘗答以愛人矣。韓昌黎〈原道〉首曰：『博愛之謂仁。』他何望焉。自伊、洛二先生始發千古之祕，洙泗言仁，深見本原。茲讀《指南》一卷，樞密黃公、諫院沈公皆深於此者。五峰斷以一言，方見二公猶有差處。一曰：『有心於爲仁。』則曰：『如此立言，恐不識心，不識仁也。』一曰：『能惡人，則或者疑焉，於是復明仁者之心。曰：本無所惡也。』曰：『則是當始惡之時，胸中原未了了也，烏得爲仁。』又顏淵問仁之下有曰：『人有仁、不仁，心無不仁。此要約處，不可毫釐差。』嗚呼，斯言旨哉！此《論語》之本體也。然而非二公相與講貫，亦無以發五峰之言，故亦以朋友講習爲說。蓋天下之說，未有過於此者。夫子以學之不講爲憂，蓋君子之憂，未有甚於此者，學者可不勉哉！」宏此書自彝尊《經義考》已注曰未見，讀鑰〈跋〉，猶可藉悉其評論黃、沈二氏說之一斑。

竹西論語感發十卷

《竹西論語感發》十卷，中書舍人江都王居正撰。

廣棪案：《宋元學案》卷二十五〈龜山學案〉「待制王竹西先生居正」條曰：「王居正，字剛中。故蜀人，高祖始遷揚之江都，故學者稱爲竹西先生。」考臧勵龢案編《中國古今地名大辭典》曰：「竹西亭，在江蘇江都縣北。唐杜牧〈題禪智寺詩〉：『誰知竹西路，歌吹是揚州。』後人以此名亭。」宋時學者稱居正爲竹西先生，殆以其居江都，地近竹西亭之故也。

論語探古二十卷

《論語探古》二十卷，畢良史撰。

廣棪案：《經義考》卷二百十六〈論語〉六著錄：「畢氏良史《論語探古》，《通志》二十卷，佚。」下引楊萬里曰：「畢敷文少董，紹興初陷金居汴，閉戶著《春秋正辭》、《論語探古》二書。有宋城哲夫、李師魏良執經師之。好事者寫爲〈繙經之圖〉，繪少董坐榻上，兩生執卷，而前有二女奴，各有所執。而阿多者坐其間，少董之季子也。女奴之鬌者孫壽，冠者馬惠眞。」是則良史之《論語探古》

二十卷，乃著於陷金居汴之時，惜已散佚。

論語續解十卷、考異、說例各一卷

《論語續解》十卷、《考異》、《說例》各一卷，吳棫撰。其所援引百家諸史傳，出入詳洽。

> 廣棪案：《經義考》卷二百十六〈論語〉六著錄：「吳氏棫《論語續解》、《考異》、《說例》，〈宋志〉共十二卷，佚。」下引《中興藝文志》曰：「吳棫撰。自謂考研甚眾，獨於何晏《集解》、邢昺《疏》所得爲多。又謂孔門弟子之言多未盡善，而《註》信經《疏》信《註》太過。嘗作《指掌》十卷，亡於兵火，僅追記大略，以解何晏《集解》之未盡未安者，故曰《續解》。又考他書之文之說異於《論語》者，爲《考異》。又有《說例》，有〈集語〉、〈明原〉、〈微言〉、〈略例〉、〈答問〉、〈正統〉、〈權道〉、〈弟子〉、〈雜說〉，凡十篇，多發明。」以此與《解題》所述相參證，可略悉棫著作之一斑。

所稱欒肇駁王、鄭之說，間取一二。肇，晉人。〈隋〉、〈唐志〉載《論語釋》二卷、《駁》二卷。按董逌《藏書志》：「《釋》已亡《駁》幸存。」而《崇文總目》及諸藏書皆無有，棫蓋嘗見其書也。《館閣書目》亦不載。

> 案：《隋書》卷三十二〈志〉第二十七〈經籍〉一著錄：「《論語釋疑》十卷，晉尚書郎欒肇撰。《論語駁序》二卷，欒肇撰。」《舊唐書》卷四十六〈志〉第二十六〈經籍〉上〈甲部經錄·論語〉著錄：「《論語釋》十卷、《論語駁》二卷，欒肇撰。」《新唐書》卷五十七〈志〉第四十七〈藝文〉一〈甲部經錄·論語類〉著錄：「欒肇《論語釋》十卷，又《駁》二卷。」三〈志〉所載之書名有異同。惟《論語釋》應爲十卷，《解題》著錄作二卷，實誤。

玉泉論語學十卷

《玉泉論語學》十卷，工部郎官嚴陵喻樗子才撰。樗與沈元用、張子韶、凌彥文、樊茂實諸公厚善，為館職，坐與張通書，得罪秦檜。玉山汪端明應辰，其婿也。

> 廣棪案：《經義考》卷二百十六〈論語〉六著錄：「喻氏樗《玉泉論語學》，〈宋志〉四卷，《通考》十卷。佚。」是〈宋志〉著錄卷數，與《解題》不同。《經義

考》於下引「陳振孫曰」:「工部侍郎喻樗子才撰。樗與張子韶諸公友善,坐此得罪秦檜。汪端明應辰,其婿也。」文字簡略,謂樗任工部侍郎,亦與《四庫全書》本《解題》作工部郎官異。《宋元學案》卷二十五〈龜山學案〉「提舉喻湍石先生樗」條云:「喻樗,字子才,號湍石,其先南昌人,後徙嚴陵。建炎末第進士。先生質直好議論,謁趙忠簡鼎曰:『公之事上,當使啓沃多而施行少。啓沃之際,當使誠意多而語言少。』忠簡奇之,引為上客。後都督川、陝、荊、襄,辟為屬,多所裨益,即薦授祕書省正字,兼史官校勘。以忤秦檜,出知懷寧縣,通判衡州,致仕。檜死後起,歷提舉浙東常平,以治績聞。玉山汪氏應辰,其婿也。門人知名者,有程迴、尤袤。」則樗之為官,固不止任工部郎官也。

論語義二卷

《論語義》二卷,禮部侍郎章貢曾幾吉父撰。

　　廣棪案:《經義考》卷二百十五〈論語〉五著錄:「曾氏幾《論語義》,〈宋志〉二卷,佚。」下引朱子曰:「曾文清《論語解》,其中極有好處,亦有先儒道不到處。」則此書亦稱《論語解》,或朱子誤記,未可知也。

胡文定門人也。

　　案:《宋史》卷三百八十二〈列傳〉第一百四十一〈曾幾〉略謂:「幾嘗從劉安世談經論事,又從胡安國游,其學益粹。」《宋元學案》卷三十四〈武夷學案〉「文清曾茶山先生幾」條「附錄」云:「先生早從舅氏孔文仲、武仲講學;又從劉元誠、胡文定遊,其學益粹。」則幾所師事者,固不止胡安國一人。

南軒論語說十卷、孟子說十七卷

《南軒論語說》十卷、《孟子說》十七卷,<small>廣棪案:盧校本作七卷。</small>侍講廣漢張栻敬夫撰。

　　廣棪案:栻此二書,〈宋志〉均著錄。《宋史》卷二百二〈志〉第一百五十五〈藝文〉一〈經類・論語類〉有栻〈解〉十卷;同書卷二百五〈志〉第一百五十八〈藝文〉四〈子類・儒家類〉有張栻《孟子解》七卷。《通志堂經解》有《癸巳論語解》十卷、《癸巳孟子說》七卷。《四庫全書總目》著錄與之同。二書栻均

有〈自序〉。其〈南軒論語說自序〉略曰：「學者學乎孔子也。《論語》之書，孔子之言行莫詳焉，所當終身盡心者，宜莫先乎此也。……本朝河南君子始以窮理居敬之方開示學者，使之於致知力行有所循守，以入堯舜之道。然近歲以來，學者又失其旨，汲汲求所謂知，而於躬行則忽焉。本之不立，故其所知特出於臆度之見，而無以有諸躬。識者蓋憂之，此特未知二者互相發之故也。……顧栻何足以聞斯道，輒因河南餘論，推以己見，輯《論語說》爲同志者切磋之資，而又以〈序〉冠於篇首焉。」則栻之書固應名《論語說》，而其學乃師承二程者。其〈孟子說自序〉曰：「歲在戊子，栻與二三學者講誦於長沙之家塾，輒不自量，綴所見爲《孟子說》。明年冬，會有嚴陵之命，未及終篇。辛卯歲，自都司罷歸。秋冬行大江，舟中讀舊說，多不滿意，從而刪正之，其存者蓋鮮矣。還抵故廬，又二載，始克繕寫。……題曰《癸巳孟子說》云者，蓋將斷此，而有考於異日也。」則此書蓋爲栻絡繹撰就，而成於宋孝宗乾道九年癸巳（1173）者，故又稱《癸巳孟子說》焉。〈孟子說自序〉既有「從而刪正之，其存者蓋鮮矣」之語，則《孟子說》一書疑作七卷爲合。

語孟集義三十四卷

《語孟集義》三十四卷，朱熹撰。集二程、張氏及范祖禹、呂希哲、呂大臨、謝良佐、游酢、楊時、侯仲良、周孚先凡十二家，廣棪案：盧校注：「朱子序此書有尹彥明而無周孚先，止十一家。」今《通考》本亦作十一家。初名《精義》，後刻於豫章郡學，始名《集義》。

廣棪案：《四庫全書總目》卷三十五〈經部〉三十五〈四書類〉一著錄：「《論孟精義》三十四卷，江蘇巡撫採進本。宋朱熹撰。朱子於隆興元年輯諸家說《論語》者爲《要義》，其本不傳。後九年爲乾道壬辰，因復取二程、張子及范祖禹、呂希哲、呂大臨、謝良佐、游酢、楊時、侯仲良、尹焞、周孚先等十二家之說，薈稡條疏，名之曰《論孟精義》，而自爲之〈序〉。時朱子年四十三，後刻版於豫章郡，又更其名曰《要義》。《晦庵集》中有〈書論語孟子要義序後〉，曰：『熹頃年編次此書，鋟版建陽，學者傳之久矣。後細考之，程、張諸先生說尚或時有所遺脫。既加補塞，又得毗陵周氏說四篇有半於建陽陳焞明仲復，以附於本章。豫章郡文學南康黃某商伯既以刻於其學，又慮夫讀者疑於詳略之不同也，屬熹書於〈前序〉之左，且更定其故號《精義》者曰《要義》』云云，是其事也。後又改其名曰《集義》，見於《年譜》。今世刊本仍稱《精義》，蓋從朱子原〈序〉

名之也。」是則此書初名《精義》，繼更定爲《要義》，其後又定名曰《集義》。《解題》殆據最後之定名也。至此書初僅集十一家之說，後增周孚先爲十二家，觀朱子前、後〈序〉所述甚明。《解題》所記脫「尹焞」之名，直齋偶失愼矣。

其所言「外自託於程氏，而竊其近似之言，以文異端之說」者，蓋指張無垢也。無垢與僧宗杲游，故云爾。

案：朱子《語孟集義・自序》曰：「若夫外自託於程氏，而竊其近似之言，以文異端之說者，則誠不可以入於學者之心，然以其荒幻浮夸足以欺世也，而流俗頗已鄉之矣，其爲害豈淺淺哉！」《解題》所述殆據此。張無垢，即張九成。九成有《論語解》二十卷、《孟子解》十四卷《解題》已著錄。另有《孟子拾遺》一卷。周必大評其《論語解》，以爲「議論明白，而以洛中程氏爲主」；《經義考》卷二百十六〈論語〉六「張氏九成《論語解》」條引。唐肅評其《孟子拾遺》曰：「先生從學龜山，學有源本。於經傳多所訓釋，而《孟子》書尤究心焉。」周、唐所見，頗異於朱子。

論語集註十卷、孟子集註十四卷

《論語集註》十卷、《孟子集註》十四卷，朱熹撰。大略本程氏學，通取注疏、古今諸儒之說，間復斷以己見。晦翁生平講解，此爲第一，所謂毫髮無遺憾者矣。

廣棪案：朱子〈自述〉曰：「《集註》發明程子之說，或足其所未盡，或補其所未完，或白其所未瑩，或貫其所未一。其實不離乎程說之中，必如是而後有功於程子，未可以優劣較之。」《經義考》卷二百十七〈論語〉七「《論語集注》」條引，下同。黃榦曰：「朱子《集注》，於一字未安，一語未順，覃思靜慮，更易不置，或一二日而未已。用心如此，學者顧以易心讀之，安能識聖賢之意哉！」陳淳曰：「《集注》遍閱諸家說，雖一字一句皆爲抄掇，旋加磨刮，翦繁趨約，不啻數百過。」又曰：「學者須專事《集注》爲標準，復讀歷飫，胸中已有定見，然後參以《集義》，方識諸家是非得失，始知《集注》明潔親切，辭約而理富，義精而味長，信爲萬世不刊之書。」上述諸家所論與直齋同，諸人於朱子此二書，皆譽之不絕口矣。然《四庫全書總目》曰：「大抵朱子平生精力殫於《四書》。其剖析疑似，辨別毫釐，實遠在《易本義》、《詩集傳》上。讀其書者，要當於大義微言求其根本。明以來攻朱子者務摭其名物度數之疎，尊朱子者又併此末

節而回護之。是均門戶之見，烏識朱子著書之意乎？」卷三十五〈經部〉三十五〈四書類〉一「《大學章句》一卷、《論語集註》十卷、《孟子集註》七卷、《中庸章句》一卷」條。則所論似較客觀而持平也。

論語或問十卷、孟子或問十四卷

《論語或問》十卷、《孟子或問》十四卷，朱熹撰。

廣棪案：〈宋志〉作《論語或問》二十卷、《孟子或問》十四卷。《經義考》據之。《四庫全書總目》卷三十五〈經部〉三十五〈四書類〉一著錄：「《四書或問》三十九卷，江蘇巡撫採進本。宋朱子撰。朱子既作《四書章句集註》，復以諸家之說紛錯不一，因設為答問，明所以去取之意，以成此書。凡《大學》二卷、《中庸》三卷、《論語》二十卷、《孟子》十四卷。」是《論語或問》應為二十卷《解題》「十卷」上脫「二」字。

《集註》既成，復論次其取舍之所以然，別為一書，而篇首述二書綱領，與讀書者之要法。其與《集註》實相表裏，學者所當並觀也。

案：陳淳曰：「《論》、《孟》須以《集註》為正，如《或問》後來置之不脩，未得為成書。今細觀之，時覺有枯燥處，亦多有不穩處，亦多有失之太甚處。比之《大學》、《中庸或問》之書大不同，若姑借之以參訂《集注》之所未詳則可矣，未可全案之以為定論也。」《經義考》卷二百十七〈論語〉七「《論語或問》」條引。《四庫全書總目》亦曰：「至《論》、《孟或問》，則與《集註》及《語類》之說往往多所牴牾，後人或遂執《或問》以疑《集註》。不知《集註》屢經修改，至老未已；而《或問》則無暇重編，故《年譜》稱《或問》之書，未嘗出以示人。書肆有竊刊行者，亟請於縣官追索其版。又《晦庵集》中有〈與潘端叔書〉曰：『《論語或問》，此書久無工夫修得。只《集註》屢更不定，卻與《或問》前後不相應。』云云，可見異同之迹，即朱子亦不諱言，並錄存之。其與《集註》合者，可曉然於折衷眾說之由；其於《集註》不合者，亦可知朱子當日原多未定之論，未可於《語錄》、《文集》偶摘數語，即為不刊之典矣。」是則《或問》與《集註》雖同為朱子之書，其優劣精粗頗不相倫，故二者之說常相牴牾。學者固可並觀而考量之。惟《解題》謂《或問》「與《集註》實相表裏」，則似不盡符事實。

石鼓論語答問三卷、孟子答問三卷

《石鼓論語答問》三卷、《孟子答問》三卷，戴溪撰。岷隱初仕衡嶽祠官，領石鼓書院山長，所與諸生講說者也。其說切近明白，故朱晦翁亦稱其近道。

　　廣棪案：《四庫全書總目》卷三十五〈經部〉三十五〈四書類〉一著錄：「《石鼓論語答問》三卷，江蘇巡撫採進本。宋戴溪撰。……是書卷首有寶慶元年許復道〈序〉，稱淳熙丙午、丁未間，溪領石鼓書院山長，與湘中諸生集所聞而為此書，朱子嘗一見之，以為近道。陳振孫《書錄解題》所載與〈序〉相符。其書詮釋義理，持論醇正，而考據間有疎舛。……然訓詁、義理，說經者向別兩家，各有所長，未可偏廢。溪能研究經意，闡發微言，於學者不為無補。正不必以名物典故相繩矣。」《四庫全書總目》所論，實足以發明《解題》所未及。

論語通釋十卷

《論語通釋》十卷，黃榦撰。其書兼載《或問》，發明晦翁未盡之意。

　　廣棪案：《讀書附志·經解類》著錄：「《論語註義問答通釋》十卷。右勉齋黃先生榦通釋晦庵先生《集註》、《或問》之書也。」惟魏了翁序此書則云：「勉齋黃直卿合朱文公三書為《論語通釋》。」參以《讀書附志》著錄「《論語註義問答通釋》」之書名，則榦通釋朱子之三書，實為《論語集註》、《訓蒙口義》、即《論語詳說》。及《論語或問》也。《解題》所述，有欠周延；而《讀書附志》著錄，亦有所遺漏。《經義考》卷二百十七〈論語〉七「黃氏榦《論語注義問答通釋》」條下引陳振孫之語作：「其書兼載《或問》，發明婦翁未盡之意。」蓋榦，朱子婿也。《經義考》引稱「婦翁」，顯較《四庫全書》本為妥帖。

論語意原一卷

《論語意原》一卷，不知作者。廣棪案：盧校注：〈宋志〉亦以為黃榦所作。黃俞邰云其家有此書，不止一卷，乃鄭氏著。亦未言其何名也。

　　廣棪案：《四庫全書總目》卷三十五〈經部〉三十五〈四書類〉一著錄：「《論語意原》二卷，浙江吳玉墀家藏本。宋鄭汝諧撰。……是編前有〈自序〉，稱：『二程、橫渠、楊、謝諸公互相發明，然後《論語》之義顯。謂諸公有功於《論語》則可，謂《論語》之義備見於諸公之書則不可。予於此書少而誦，長而辨，研

精覃思，以求其指歸。既斷以己說，復附以諸公之說，期歸於當而已。』又稱：『初鋟版於贛，於洪。始意欲以誘掖晚學，失之太詳。輒撮其簡要者，復鋟於池陽。』則汝諧此書，凡再易稿，亦可謂刻意研求矣。陳振孫《書錄解題》載《論語意原》一卷，不著撰人。〈宋志〉因之，似乎尚別有一書適與同名。然振孫載《詩總聞》誤爲三卷，亦云不知撰人。及核其《解題》，則確爲王質之書。疑所載者即汝諧此書，偶未考其名也。眞德秀〈序〉稱：『其學出於伊洛，然所說頗與朱子《集註》異。』……然綜其大致，則精密者居多。故德秀稱：『其言雖異於先儒，而未嘗不合義理之正。』朱子亦曰：『贛州所刊《論語解》，乃鄭舜舉侍郎著。中間略看，亦有好處。』是朱子亦不以其異己爲嫌矣。」《四庫全書總目》考證《論語意原》之著者及其書，足補《解題》之未備。惟《宋史》卷二百二〈志〉第一百五十五〈藝文〉一〈經類‧論語類〉著錄，實以此書爲黃榦撰，而《四庫全書總目》竟謂爲不著撰者，則館臣懶於翻檢原書有以致誤耳。沈叔埏《頤綵堂文集》卷八〈書直齋書錄解題後〉有云：「又《錄》中《論語意原》，不知作者。余考之，乃青田宋侍郎東谷鄭汝諧所撰。」惜沈氏未詳述其所考根據，恐亦依《四庫全書總目》而略論之也。

論語本旨一卷

《論語本旨》一卷，建昌軍教授永嘉姜得平撰。

　　廣棪案：《經義考》卷二百十八〈論語〉八著錄：「姜氏得平《論語本旨》，〈宋志〉一卷，佚。」得平《宋史》無傳，生平無可詳考，此書亦佚，無由知其究竟矣。

論語大意二十卷

《論語大意》二十卷，海陵卞圜撰。

　　廣棪案：《寧波府志》曰：「卞圜字子車，象山人。紹興三十年進士第，授揚州倅。」《經義考》卷二百十六〈論語〉六「卞氏圜《論語大意》」條引，下同。都穆曰：「予家舊藏《論語大意》及《孟子大意》兩書，皆宋刻本，而無著書人名。嘗觀《文獻通考》，以二書爲卞圜撰，亦不書其鄉郡。其後見劉禹錫《嘉話》有圜跋語，始知圜爲宋海陵人。海陵即今之泰州。予友儲都憲靜夫欲修州志，會間，予以圜語之。儲君愕然曰：『吾用心志事而不知此人，修志非君不能益我。』」惜

儲君已歿,志竟不成,念之未嘗不太息也。」檢《劉賓客嘉話》,其末載圜〈跋〉云:「右韋絢所錄《劉賓客嘉話》,《新唐書》採用多矣,而人罕見全錄。圜家有先人手校舊本,因鋟板於昌化縣學,以補博洽君子之萬一云。乾道癸巳十一月旦,海陵卞圜謹書。」則《嘉話》一書,蓋圜曾於孝宗乾道九年癸巳(1173)十一月板行者。《宋元學案補遺》卷二「別附」載:「卞圜,字子東,泰州人,大亨子。性穎異,博極群書,入太學有聲,人號卞夫子。登紹興三十年進士。授揚州倅。著有《論語大意》二十卷。」是圜之字,或作子車,或作子東。考《說文解字》口部曰:「圜,天體也。从口,睘聲。」則圜字應作子東為是。《寧波府志》作子車,疑誤也。又圜另有《孟子大意》,《解題》未道及之,或直齋未收藏其書也。

晦庵語類二十七卷

《晦庵語類》二十七卷,蜀人以晦庵《語錄》類成編,處州教授東陽潘墀取其《論語》一類,增益其未備,刊於學宮。

　　廣棪案:《經義考》卷二百十九〈論語〉九著錄:「潘氏墀《論語語釋》二十七卷,佚。」下引《金華志》云:「潘墀字經之,金華人。仕至祕書監修撰。嘗因蜀人所編《朱子語類》,取其《論語》一門,補其未備,為《論語語類》,行於世。」則此書宜稱作《論語語類》,《解題》作《晦庵語類》,即《晦庵論語語類》之省稱耳。

論語紀蒙六卷、孟子紀蒙十四卷

《論語紀蒙》六卷、《孟子紀蒙》十四卷,國子司業臨海陳耆卿館臣案:「耆卿」原本誤作「著卿」,今改正。壽老撰。水心葉適為之〈序〉。

　　廣棪案:葉適所撰者乃〈題陳壽老論孟紀蒙後〉,乃跋非序也,見載《水心文集》第二十九卷。其文曰:「古聖賢之微言,先儒所共講也。然皆曰至二程而始明。凡二程所嘗講,皆曰至是止矣。其密承親領游、楊、尹、謝之流,而張、呂、朱氏後時同起,交闈互暢,厥義大弘,無留蘊焉。竊怪數十年士之詣門請益,歷階睹奧者,提策警屬之深,涵玩充溢之久,固宜各有論述,自名其宗,而未聞與眾出之,以扶翼其教,何哉?豈敬其師之所以覺我,而謙於我之所以覺人歟?天台陳耆卿生晚而又獨學,奚遽筆之書。然觀其簡峻捷疾,會心切己,則

非熟於其統要者，不能入也。總括凝聚，枝源派本，則非博於其倫類者不能推
也。機鑰嚴祕，門藏戶攝，則非老於其室家者不能守也。勾萌榮動，春華秋實，
則非妙於其功用者，不能化也。蓋數十年所未見，而一日得之，余甚駭焉。嗟
夫！余雖後世，而素無其質，終不足以進此道矣。使子及其時，步趨規矩於親
領密承之間；回復折旋於互暢交闈之盛，不挺然異材乎？不柄受之以扶翼其教
乎？愧余之不足進余昔之言也；美余之不可及余今之言也。當以今之言爲揭。」
則適於耆卿此二書，亦可謂推譽不遺餘力矣。

耆卿，學於水心也。嘗主麗水簿，當嘉定初年成此書。

案：《宋元學案》卷五十五〈水心學案〉下「水心門人・司業陳耆聰先生耆卿」
條曰：「陳耆卿，字壽老，號篔聰，臨海人。嘉定七年進士，官至國子監司業。
吳子良稱其文遠參洙泗，近探伊洛，周旋賈、馬、韓、柳、歐、蘇間，疆場甚
寬，而行武甚的。葉水心見之，驚詫起立，爲序其所作，以爲學游、楊而文張、
晁也。水心既歿，先生之文遂巋然爲世所宗。著有《論孟紀蒙》、《篔聰集》，又
修《赤城志》。」是《論孟紀蒙》或成於嘉定七年耆卿成進士之前。至言耆卿主
麗水簿《解題》或別有所據也。

讖緯類

易緯七卷

《易緯》七卷，漢鄭康成注。其名曰《稽覽圖》、《辨終備》、《是類謀》、《乾元序制記》、《坤靈圖》。

> 廣梭案：《郡齋讀書志》卷第一〈易類〉著錄：「《周易緯・稽覽圖》二卷、《周易緯・是類謀》一卷、《周易緯・辨終備》一卷、《周易緯・乾元敘制記》一卷、《周易緯・坤靈圖》一卷、《易通卦驗》一卷。右漢鄭玄注。」《解題》謂《易緯》七卷，與《郡齋讀書志》同。然兩者相勘《解題》則脫《易通卦驗》書名矣。至史志及諸家書目著錄《易緯》卷數，有作八卷與九卷者。王應麟《玉海》卷三十五〈藝文・易〉「《易緯》」條載：「《書目》廣梭案：即《中興館閣書目》。：『《易緯》，案〈隋志〉八卷，鄭玄注。梁九卷。《舊唐志》九卷，宋均注。〈唐志〉，宋衷注。《崇文目》九卷。康成或引以解經。今篇次具存，宋注不傳。李淑《書目》九卷，凡《乾鑿度》、《稽覽圖》、《通卦驗》各二《辨終備》、《是類謀》、《坤靈圖》各一。今三館所藏《乾鑿度》、《通卦驗》皆別出爲一書，而《易緯》上有鄭氏注七卷：《稽覽圖》第一、《辨終備》第四、《是類謀》第五、《乾元序制記》第六、《坤靈圖》第七，二卷、三卷無標目。』」是《中興館閣書目》引《易緯》鄭氏注七卷，其標目與《解題》同。

其間推陰陽卦，直至唐元和中，蓋後世術士所附益也。

> 案：黃震《黃氏日抄》卷之五十七〈讀諸子〉三「《易緯・稽覽圖》」條曰：「《緯》雖非正書，然出漢世。此書言至今大唐上元二年乙亥，卦起〈中孚〉，不知何人作也。書有推天元甲子之術，推《易》天地人元之術，皆墮小數，不足留情。其曰：『癸巳元年一百九十萬八千八百五十三歲，乃加太初元年。』殆誣誕耳。惟其謂：『六百八十分之七。』注云：『一卦七分。』此爲京房卦法則明。至每候言災異之應，恐亦未必然。」《四庫全書總目》卷六〈經部〉六《易類》六「附錄」著錄云：「《易緯・乾元序制記》一卷《永樂大典》本。案：《乾元序制記》，《後漢書》注《七緯》名並無其目，馬氏《經籍考》始見一卷，陳振孫疑爲後世術士附益之書。今考此篇首簡『文王比隆興始霸』云云，孔穎達《詩疏》引

之，作《是類謀》；又《坤靈圖》『法地之瑞』云云，今《坤靈圖》亦無其文，而與此篇文義相合。又《隋書・王劭傳》引《坤靈圖》泰姓商名宮之文，亦在此篇。至其所言風雨寒溫消息之術，乃與《稽覽圖》相近。疑本古《緯》所無，而後人於各《緯》中分析以成此書者。晁公武謂：『其本出於李淑。』當是唐、宋間人所妄題耳！」是則《解題》疑《易緯》爲後世術士所附益，信有由也。

按《七緯》之名，無《乾元序制》。

案：前所引《郡齋讀書志》卷第一〈易類〉同條曰：「按《後漢》注《七緯》名，無《乾元序制》。」《解題》所述與《郡齋讀書志》同。考《後漢書》卷八十二〈樊英傳〉注，稱《七緯》之《易緯》爲：《稽覽圖》、《乾鑿度》、《坤靈圖》、《通卦驗》、《是類謀》與《辨終備》。確無《乾元序制》名也。《解題》卷三〈讖緯類〉「《乾坤鑿度》二卷」條云：「《易緯》：《稽覽圖》、《乾鑿度》、《坤靈圖》、《通卦驗》、《是類謀》、《辨終備》也。」所記亦同。

易稽覽圖三卷

《易稽覽圖》三卷，與上《易緯》前三卷相出入，而詳略不同。

廣棪案：《四庫全書總目》卷六〈經部〉六〈易類〉六著錄：「《易緯稽覽圖》二卷《永樂大典》本。案《後漢書・樊英傳》注，舉《七緯》之名，以《稽覽圖》冠《易緯》之首。〈隋志〉鄭康成注《易緯》八卷，〈唐志〉宋均注《易緯》九卷，皆不詳其篇目。〈宋志〉有鄭康成注《稽覽圖》一卷，《通志》七卷，而馬氏《經籍考》載《易緯》七種，亦首列鄭注《稽覽圖》二卷。獨陳振孫《書錄解題》別出《稽覽圖》三卷，稱與上《易緯》相出入，而詳略不同。似後人掇拾《緯》文依託爲之者，非即康成原注之本。」據是，則此書有一卷本、二卷本、三卷本、七卷本之分；又有鄭玄注、宋均注之別。《解題》所著錄者爲三卷本，或後人掇拾而成，固非康成原注之本，故直齋謂「與上《易緯》前三卷相出入，而詳略不同」；且此本亦未明言爲鄭玄注也。

易通卦驗二卷

《易通卦驗》二卷，鄭康成注。

廣棪案：《四庫全書總目》卷六〈經部〉六〈易類〉六「附錄」著錄曰：「《易緯

通卦驗》二卷《永樂大典》本。案《易緯通卦驗》，馬端臨《經籍考》及《宋史‧藝文志》俱載其名。黃震《日抄》謂其書大率爲卦氣發。朱彝尊《經義考》則以爲久佚，今載於《說郛》者皆從類書中湊合而成，不逮什之二三。蓋是書之失傳久矣。《經籍考》、〈藝文志〉舊分二卷，此本卷帙不分。核其文義，似於『人主動而得天地之道則萬物之蘊盡矣』以上爲上卷，『曰凡《易》八卦之氣驗應各如其法度』以下爲下卷。上明稽應之理，下言卦氣之徵驗也。至其中譌脱頗多，注與正文往往相混。其字句與諸經注疏、《續漢書》劉昭補注、歐陽詢《藝文類聚》、徐堅《初學記》、宋白《太平御覽》、孫瑴《古微書》所徵引亦互有異同。」是則此書之《永樂大典》本，已決非《解題》著錄之舊矣。

易乾鑿度二卷

《易乾鑿度》二卷，亦鄭氏注。

廣棪案：《太古文目》曰：「《乾鑿度》，聖人順〈乾〉道浩大，以天門爲名也。〈乾〉者，天也。〈乾〉訓健。壯健不息，日行一度。鑿者，開也，聖人開作。度者，度路，聖人鑿開天路，顯彰化原也。」此釋《易乾鑿度》之義也。《郡齋讀書志》卷第一〈易類〉著錄曰：「《易乾鑿度》二卷。右舊題倉頡修古籀文，鄭玄注。按唐《四庫書目》有鄭玄注《書》、《詩緯》，及有宋均注《易緯》，而無此書。其中多有不可曉者，獨九宮之法頗明。昔通儒謂《緯》書僞起哀、平，光武既以讖立，故篤信之，陋儒阿世，學者甚眾。鄭玄、何休以之通經，曹褒以之定《禮》。歷代革命之際，莫不引讖爲符瑞，故桓譚、張衡之徒皆深嫉之。自苻堅之後，其學殆絕。使其尚存，猶不足保，況此又非真也。」是《郡齋讀書志》視此書爲僞書矣。《四庫全書總目》卷六〈經部〉六〈易類〉六「附錄」云：「《周易乾鑿度》二卷《永樂大典》本。案：《周易乾鑿度》，鄭康成注，與《乾坤鑿度》本二書。晁公武並指爲倉頡修古籀文，誤併爲一。《永樂大典》遂合加標目。今考〈宋志〉有鄭康成注《易乾鑿度》三卷，而不及《乾坤鑿度》，則知宋時固自單行也。說者稱其書出於先秦，自《後漢書》、南北朝諸史及唐人撰《五經正義》、李鼎祚作《周易集解》徵引最多，皆於《易》旨有所發明，較他《緯》獨爲醇正。至於太乙九宮四正四維，皆本於十五之說，乃宋儒〈戴九履一〉之圖所由出。朱子取之列於〈本義圖說〉。故程大昌謂漢、魏以降言《易》學者皆宗而用之，非後世所託爲，誠稽古者所不可廢矣。」今人顧實《重考古今僞書考》亦曰：「隋焚禁民間之《緯》，而經師朝廷不禁稱引。晁氏謂宋人僞作，殊爲失考。

且漢〈譙敏碑〉稱『其先故國師譙贛，深明典奧、讖錄、圖緯』，是《易緯》尤與焦氏、京氏兩家《易》相近。而《乾鑿度》、《通卦驗》兩書，並依附〈繫辭〉策數及〈說卦〉方位爲說，當作於漢武、宣以後，亦今文博士之遺說，兼有鄭玄注，俱不可蔑視也。」是顧氏亦不以此書爲僞也。至此書《宋史》卷二百二〈志〉第一百五十五〈藝文〉一〈經類・易類〉作三卷，今人鍾肇鵬著《讖緯略論》一書曰：「《易緯・乾鑿度》：《周易・乾鑿度》，《通志・藝文略》著錄：『二卷，鄭玄注。』李淑《邯鄲書目》、晁公武《郡齋讀書志》、《文獻通考・經籍志》等著錄卷數及注者并同。唯《宋史・藝文志》著錄《乾鑿度》三卷，疑三當爲二之誤。《乾鑿度》除《永樂大典》外，明代有單行本。盧見曾見明錢叔寶校正《乾鑿度》二卷，收入《雅雨堂叢書》中。」見鍾書第二章《讖緯篇目及緯書解題》、（一）易緯篇目及解題。則此書應作二卷，〈宋志〉誤矣。

乾坤鑿度二卷

《乾坤鑿度》二卷，一作《巛鑿度》，題包羲氏先文，軒轅氏演籀，蒼頡脩。晁氏《讀書志》云：「《崇文總目》無之，至元祐《田氏書目》始載，當是國朝人依託爲之。」

廣校案：《郡齋讀書志》卷第一〈易類〉著錄：「《坤鑿度》二卷。右題曰包羲氏先文，軒轅氏演古籀文，蒼頡脩。按〈隋〉、〈唐志〉及《崇文總目》皆無之，至元祐《田氏書目》始載焉，當是國朝人依託爲之。」《解題》所述據《郡齋讀書志》，然《郡齋讀書志》僅云「《坤鑿度》二卷」，無「乾」字。

按《後漢書》「緯候之學」，注言：「緯《七緯》；候《尚書中候》也。」所謂《河洛七緯》者《易緯》：《稽覽圖》、《乾鑿度》、《坤靈圖》、《通卦驗》、《是類謀》、《辨終備》也。《書緯》：《璇璣鈐》、《攷靈曜》、《帝命驗》、《運期受》也。《詩緯》：《推度災》、《氾歷樞》、《含神霧》也。《禮緯》：《含文嘉》、《稽命徵》、《斗威儀》也。《樂緯》：《動聲儀》、《積曜嘉》、《叶圖徵》也。《孝經緯》：《援神契》、《鉤命決》也。《春秋緯》：《演孔圖》、《元命包》、《文耀鉤》、《運斗樞》、《感精符》、《合誠圖》、《攷異郵》、《保乾圖》、《漢命孳》、《佐助期》、《握誠圖》、《潛潭巴》、《說題辭》也。

案：胡應麟《四部正譌》卷上〈讖緯諸書〉云：「《易》則《稽覽圖》、《乾鑿度》、《坤靈圖》、《通卦驗》、《是類謀》、《辨終備》、《乾坤鑿度》、《京房易鈔》、《乾

元敘制》。《書》則《尚書緯》、《尚書中候》、《璇璣鈐》、《考靈曜》、《帝命驗》、《運期授》。《詩》則《含神霧》、《推度災》、《汜歷樞》。《禮》則《含文嘉》、《稽命徵》、《斗威儀》、《禮記默房》。《樂》則《動聲儀》、《稽耀嘉》、《叶圖徵》。《春秋》則《元命包》、《演孔圖》、《文耀鉤》、《運斗樞》、《感精符》、《合誠圖》、《考異郵》、《保乾圖》、《漢含孳》、《佐助期》、《握誠圖》、《潛潭巴》、《說題辭》。《論語》則《論語摘輔象》、《撰考讖》。《孝經》則《孝經緯》、《孝經雜緯》、《孝經內事》、《古秘援神》、《勾命決》、《援神契》、《元命包》、《左右握》、《左右契》、《雌雄圖》、《分野圖》、《弟子圖》、《口授圖》、《應瑞圖》。」是《四部正譌》所載之書,較《解題》為富。張宗泰《魯巖所學集》卷六〈四跋書錄解題〉曰:「《乾坤鑿度》下《書緯》脫『《刑德放》』《樂緯》『《稽曜嘉》、《叶圖徵》』倒作「《稽曜叶》、《嘉圖徵》』。」據《魯巖所學集》此〈跋〉所記,則無論《解題》與《四部正譌》,其《書緯》之書均脫《刑德放》一種也。

讖緯之說,起於哀、平、王莽之際,以此濟其篡逆,公孫述效之,而光武紹復舊物,乃亦以《赤伏符》自累,篤好而推崇之,甘與莽、述同志。於是佞臣陋士從風而靡,賈逵以此論《左氏》學,曹褒以此定漢禮,作《大予樂》。大儒如鄭康成專以讖言經,何休又不足言矣。二百年間惟桓譚、張衡力非之,而不能回也。魏、晉以革命受終,莫不傅會符命,其源實出於此。隋、唐以來,其學寖微矣。考〈唐志〉猶存九部八十四卷,今其書皆亡。惟《易緯》僅存如此。及孔氏《正義》或時援引,先儒蓋嘗欲刪去之,以絕偽妄矣。使所謂《七緯》者皆存,猶學者所不道,況其殘缺不完,於偽之中又有偽者乎!姑存之以備凡目云爾。

案:張宗泰《魯巖所學集》卷六〈四跋書錄解題〉云:「又『讖緯之說,起於哀、平之際,王莽以此濟其篡逆。』倒作『起於哀、平、王莽之際。』」張說是《解題》應依之校改。《郡齋讀書志》卷第一〈易類〉「《易乾鑿度》二卷」條曰:「昔通儒謂緯書偽起哀、平,光武既以讖立,故篤信之。陋儒阿世,學者甚眾。鄭玄、何休以通經,曹褒以之定禮。歷代革命之際,莫不引讖為符瑞,故桓譚、張衡之徒皆深嫉之。自苻堅之後,其學殆絕。使其尚存,猶不足保,況此又非真也。」《解題》據之,而所述有所擴充。《四部正譌》卷上〈乾鑿度〉曰:「案諸《緯》,〈漢藝文志〉絕不經見,〈隋志〉始詳備之。蓋哀、平末其端已兆,光武《赤伏》定基。魏、晉以還,禪受亡不援藉符命。自隋文禁絕,其目猶數十家。宋世但《七緯》傳,說者咸以好事掇拾類書補綴而成,非漢、魏之舊。」

此說可與《解題》相參證。至《解題》謂〈唐志〉猶存九部八十四卷者，蓋指宋均注《易緯》九卷、《詩緯》十卷、《禮緯》三卷、《樂緯》三卷、《春秋緯》三十八卷、《論語緯》十卷、《孝經緯》五卷，及鄭玄注《書緯》三卷、《詩緯》三卷也。見《新唐書》卷五十七〈志〉第四十七〈藝文〉一〈甲部經錄·讖緯類〉。

〈唐志〉數內《論語緯》十卷《七緯》無之。《太平御覽》有《論語·摘輔像》、《撰攷讖》者，意其是也。

案：《論語緯》十卷，宋均注，〈唐志〉著錄。是否即《論語·摘輔像》則不可知，惟《撰攷讖》明言為讖，則非緯書可知矣。《解題》「意其是」之說，殆不可解。

《御覽》又有《書·帝驗期》、《禮·稽命曜》、《春秋·命歷序》、《孝經·左右契》、《威嬉拒》等，皆《七緯》所無，要皆不足深攷。

案：《四部正譌》卷上〈讖緯諸書〉曰：「《太平御覽》又有《書·帝驗期》、《禮·稽命曜》、《春秋·命歷序》、《孝經·威嬉拒》等。然隋世所存僅十之三。」又曰：「《緯》書《太平御覽》又有《易·卦統通圖》、《尚書·鉤命決》、《禮記·稽命曜》、《春秋·命歷序》，又《河圖·括地象》、《河圖·稽命曜》、《河圖·挺輔佐》、《河圖·帝通記》、《河圖·錄運法》、《河圖·眞鉤》、《河圖·著命》、《河圖·矩起》、《河圖·天靈》、《河圖·秘徵》、《河圖·玉版》、《洛書·錄運法》、《洛書·稽命曜》等。尋其命名，亦《易緯》之類。第《御覽》所引用亦甚希，而諸史〈藝文志〉，馬、鄭《經籍略》并其名皆無之。蓋自唐已亡；高士廉等編《文思博要》，或綴拾於宋、齊諸類書中；《御覽》又得之《博要》諸書中，決非宋初所有也。」若如胡氏所云，則《太平御覽》所載諸《緯》書，「要皆不足深攷」矣。

經解類

白虎通十卷

《白虎通》十卷，漢尚書郎班固撰。章帝建初四年，詔諸儒會白虎觀，講議《五經》同異。五官中郎將魏應承制問，侍中淳于恭奏，帝親稱制臨決，作《白虎議奏》，蓋用宣帝石渠故事也。《石渠議奏》今不傳矣。〈班固傳〉稱作《白虎通德論》，令固撰集其事云，凡四十四門。

廣棪案：《四庫全書總目》卷一百十八〈子部〉二十八〈雜家類〉二著錄：「《白虎通義》四卷，通行本。漢班固撰。《隋書‧經籍志》載《白虎通》六卷，不著撰人。《唐書‧藝文志》載《白虎通義》六卷，始題班固之名。《崇文總目》載《白虎通德論》十卷，凡十四篇，陳振孫《書錄解題》亦作十卷，云凡四十四門。今本為元大德中劉世常所藏，凡四十四篇，與陳氏所言相符。知《崇文總目》所云『十四篇』者，乃傳寫脫一『四』字耳。然僅分四卷，視諸〈志〉所載又不同。……據《後漢書》固本傳，稱：『天子會諸儒講論《五經》，作《白虎通德論》，令固撰集其事。』而〈楊終傳〉稱『終言宣帝博徵群儒，論定《五經》於石渠閣。方今天下少事，學者得成其業，而章句之徒，破壞大體，宜如石渠故事永為世則。於是詔諸儒於白虎觀論考同異焉。會終坐事繫獄，博士趙博、校書郎班固、賈逵等，以終深曉《春秋》，學多異聞，表請之。即日貰出。』〈丁鴻傳〉稱：『肅宗詔鴻與廣平王羨及諸儒樓望、成封、桓郁、賈逵等論定《五經》同異於北宮白虎觀，使五官中郎將魏應主承制問難。侍中淳于恭奏上，帝親稱制臨決。時張酺、召馴、李育皆得與於白虎觀。蓋諸儒可考者十有餘人。其議奏統名《白虎通德論》，猶不名《通義》。』《後漢書‧儒林傳‧序》言：『建初中，大會諸儒於白虎觀，考詳同異，連月乃罷。肅宗親臨稱制，如石渠故事，顧命史臣著為《通義》。』唐章懷太子賢註云：『即《白虎通義》。』是足證固撰集後，乃名其書曰《通義》。〈唐志〉所載，蓋其本名。《崇文總目》稱《白虎通德論》，失其實矣。〈隋志〉刪去『義』字，蓋流俗省略有此一名。故劉知幾〈史通序〉引《白虎通》、《風俗通》為說，實則遞相祖襲，忘其本始者也。」《四庫全書總目》所考，遠較《解題》為詳悉。是則此書有四卷、六卷、十卷之分，凡四十四篇《解題》稱四十四門。《崇文總目》謂十四篇者，「十」上脫「四」

字也。其稱《白虎通德論》者，指其議奏；至班固撰集成書，則改稱《白虎通義》。而〈隋志〉稱《白虎通》者，乃流俗省略而有此名。《解題》稱此書爲《白虎通》，即蹈襲〈隋志〉之誤，未爲確當也。

經典釋文三十卷

《經典釋文》三十卷，唐陸德明撰。自《五經》、《三傳》、《古禮》之外，及《孝經》、《論語》、《爾雅》、《莊》、《老》，兼解文義，廣采諸家，不但音切也。

廣棪案：德明〈自序〉曰：「余少愛《墳》、《典》，留意藝文。雖志懷物外，而情存著述。粵以癸卯之歲，承乏上庠。循省舊音，苦其太簡。況微言久絕，大義愈乖，攻乎異端，競生穿鑿。不在其位，不謀其政。既職司其憂，寧可視成而已。遂因遐景，救其不逮。研精六籍，采摭九流。搜訪異同，校之《蒼》、《雅》。輒撰集《五典》、《孝經》、《論語》及《老》、《莊》、《爾雅》等音，合爲三帙，三十卷，號曰《經典釋文》。古今並錄，括其樞要，經注畢詳，訓義兼辯，質而不野，繁而非蕪。亦傳一家之學，用貽後嗣。」《解題》所述，與陸〈序〉相同。考《經典釋文》三十卷，計〈序錄〉一卷、《周易》一卷、《古文尚書》二卷、《毛詩》三卷、《周禮》二卷、《儀禮》一卷、《禮記》四卷、《春秋左氏》六卷、《公羊》一卷、《穀梁》一卷、《孝經》一卷、《論語》一卷、《老子》一卷、《莊子》三卷、《爾雅》二卷。

或言陸，吳人，多吳音，綜其實未必然。

案：《崇文總目》卷一〈小學類〉上著錄：『《經典釋文》三十卷，原釋：唐陸德明撰。德明爲國子博士，以先儒作經典音訓，不列注傳，全錄文頗乖詳略。又南北異區，音讀罕同，乃集諸家之讀《九經》、《論語》、《老》、《莊》、《爾雅》者，皆注其翻語以增益之。見《文獻通考》。』錢東垣輯釋本。又《四庫全書總目》卷三十三〈經部〉三十三〈五經總義類〉著錄：「《經典釋文》三十卷，內府藏本。唐陸元朗撰。元朗字德明，以字行。吳人。……所採漢、魏、六朝音切凡二百三十餘家。又兼載諸儒之訓詁，證各本之異同。後來得以考見古義者，注疏以外，惟賴此書之存。眞所謂殘膏賸馥，沾漑無窮者也。」是德明此書既博考眾家，詳予參證而撰成，故於一詞之訓詁，一字之音切，必原原本本，有其據依。故其人雖吳人，惟其翻語所標示之切音，未必「多吳音」，故《解題》「綜其實未必然」之說，確爲篤論；至《四庫全書總目》更譽此書所載爲「殘膏賸

馥，沾溉無窮」，亦非虛語也。

案前世〈藝文志〉列於〈經解類〉。《中興書目》始入之〈小學〉，非也。

案：此書《舊唐書·經籍志》入〈七經雜解類〉，《新唐書·藝文志》入〈經解類〉。〈舊唐志〉之〈七經雜解類〉亦隸〈經解類〉。趙士煒之《中興館閣書目輯考》，此書入〈小學類〉。《郡齋讀書志》亦入〈小學類〉。《宋史·藝文志》既入〈經解類〉，又重出於〈小學類〉。《四庫全書總目》則入〈五經總義類〉。就此書之內容及體裁而言，應列於〈經解類〉為宜。

五經文字三卷

《五經文字》三卷，唐國子司業張參撰。

廣棪案：參有〈自序〉，略曰：「今制國子監置書學博士，立《說文》、《石經》、《字林》之學，舉其文義，歲登下之，亦古之小學也。自頃考功禮部，課試貢舉，務於取人之急，許於所習。……猶慮歲月滋久，官曹代易。儻復蕪汗，失其本真。乃命孝廉生顏傳經收集疑文互體，受法師儒，以為定例。凡一百六十部，三千二百三十五字，分為三卷。《說文》體包古今，先得六書之要，有不備者，求之《字林》。其或古體難明，眾情驚懵者，則以《石經》之餘，比例為助。《石經》湮沒，所存者寡，通以經典及《釋文》相承隸省，引而伸之，不敢專也。近代字樣，多依四聲，傳寫之後，偏傍漸失。今則采《說文》、《字林》諸部，以類相從，務於易了，不必舊次。自非經典文義之所在，雖切於時，略不集錄，以明為經不為字也。其字非常體，偏有所合者，詳其證據，各以朱字記之，俾夫觀省無至多惑。大曆十一年六月七日司業張參序。」《崇文總目》卷一〈小學類〉上著錄：「《五經文字》三卷，原釋：『初，張參拜詔，與儒官校正經典。乃取漢蔡邕《石經》、許慎《說文》、呂忱《字林》、陸德明《釋文》，命孝廉生顏傳（經）鈔撮疑互，取定儒師，部為一百六十。非緣經見者，皆略而不集。』見《文獻通考》。」錢東垣輯釋本。依上所載，可悉此書之內容及其編理之體例。顧炎武《日知錄》卷十八〈張參五經文字〉條云：「大曆中，張參作《五經文字》，據《說文》、《字林》刊正謬失，甚有功于學者。」亦可見此書成就之一斑。

大曆中刻石長安太學。

案：朱彝尊《曝書亭集》卷四十九〈跋〉八〈五經文字跋〉曰：「唐大曆十年，

有司上言經典不正，取舍莫準。乃詔儒官校定經本，送尚書省并國子司業張參辨齊魯之音，考古今之字，詳定《五經》，書于論堂東西廂之壁。論堂者，太學孔子廟西之夏屋也，見舒元輿〈問國學記〉。其初塗之以土而已。太和間，祭酒齊暭、司業韋公肅易之以堅木，擇國子通書法者繕寫而懸諸堂。禮部郎劉禹錫作〈記〉。當時場屋至發題以試士。《文苑英華》載有王履貞〈賦〉，其略曰：『置《六經》于屋壁，作群儒之龜鏡。』又云：『一人作則，京國儀型。光我廊廟，異彼丹青。』推詡若此。是書自土塗而木版，自木版而刊石，字已三易，恐非參所書矣。」是則《解題》謂「刻石長安太學」，蓋或「字已三易」之時矣。

九經字樣一卷

《九經字樣》一卷，唐沔王友翰林待詔唐玄度撰。補張參之所不載，開成中上之。

> 廣校案：玄度〈自序〉略曰：「臣之上請，許於國學創立《石經》，仍令小臣覆定字體。謬當刊校，誓盡所知。大曆中，司業張參掇眾字之謬，著為定體，號曰《五經文字》。專典學者，實有賴焉。臣今參詳，頗有條貫，傳寫歲久，或失舊規，今刪補穴漏，一以正之。又於《五經文字》本部之中，採其疑誤，舊未載者，撰成《新加九經字樣》一卷，凡七十六部、四百廿一文。其偏傍上下本部所無者，乃纂為〈雜辨〉，部以統之。若體畫分虧者，則引文以證，解於雅言。執禮誠愧大儒，而辨體觀文，式遵小學。其聲韻僅依開元，文字避以反言，但紐四聲，定其音旨。今條目已舉，刊削有成，願竭愚衷，以資後學。」林罕曰：「開元中，唐玄度以《五經文字》有所不載者，復作《新加九經字樣》一卷，凡七十六部。」《經義考》卷二百四十一〈群經〉三「唐氏玄度《九經字樣》」條引。《解題》所述殆據此。

二書卻當在〈小學類〉，以其專為經設，故亦附見於此。館臣案：《文獻通考》有唐玄度《五經字樣》，《唐書・藝文志》不載。蓋以其就張參《五經文字》校正。惟《九經字樣》為新加者，此因與張參書並附見，故云二書。

> 案：《五經文字》、《九經字樣》二書《唐書・藝文志》、《崇文總目》、《秘書省續編到四庫闕書目》、葉德輝考證本。《中興館閣書目》趙士煒輯考本。等均收入〈小學類〉。

往宰南城，出謁，有持故紙鬻於道者，得此書，乃古京本，五代開運丙午所

刻也。遂為家藏書籍之最古者。

案：王應麟《玉海》卷四十三〈藝文‧讎正五經〉曰：「唐大曆十年，司業張參纂成《五經文字》，以類相從。開成中，翰林待詔唐玄度《新加九經字樣》補所不載。晉開運末，祭酒田敏合二者為一編，以考正俗體訛謬。後周廣順三年六月，田敏進印板《九經》、《五經文字》、《九經字樣》各二部，一百三十冊。」考後晉出帝開運共三年，丙午為開運三年（946），故《玉海》稱「開運末」，與《解題》所記同。是直齋所得者乃田敏所刻本。直齋為南城宰約在宋寧宗嘉定十四年辛巳（1221），時距開運丙午已二百七十五年，故直齋稱此書「為家藏書籍之最古者」。

演聖通論六十卷

《演聖通論》六十卷，知制誥渤海胡旦周父撰。〈易〉十七、〈書〉七、〈詩〉十、〈禮記〉十六、〈春秋〉十，其第一卷為〈目錄〉。

廣棪案：《郡齋讀書志》卷第四〈經解類〉著錄：「《演聖通論》四十九卷。右皇朝胡旦撰。論《六經》傳注得失。〈易〉十六卷、〈書〉七卷、〈詩〉十卷、〈禮記〉十六卷，而〈春秋論〉別行。天聖中嘗獻於朝，博辨精詳，學者宗焉。」此書《郡齋讀書志》著錄作四十九卷，蓋第一卷〈目錄〉未計算在內，而〈春秋〉十卷又別行故也。惟《崇文總目》卷一〈論語類〉著錄：「《演聖通論》三十六卷，原釋：『皇朝祕書監致仕胡旦撰。以《易》、《詩》、《書》、《論語》，先儒傳注得失參糅，故作論而辨正之。《易》百篇《書》五十六篇《詩》七十八篇《論語》十八篇，凡二百五十二，天聖中獻之。見《文獻通考》』」錢東垣輯釋本。則所記顯與《解題》有所不同。疑旦著此書，曾多次作改動，故《解題》著錄，與《郡齋讀書志》、《崇文總目》不盡一致。

旦，太平興國三年進士第一人，恃才輕躁，累坐擯斥，晚尤黷貨，持吏短長，為時論所薄，然其學亦博矣。

案：《宋史》卷四百三十二〈列傳〉第一百九十一〈儒林〉二〈胡旦〉載：「胡旦字周父，濱州渤海人。少有雋才，博學能文辭，舉進士第一，為將作監丞，通判昇州。……起為左補闕，復直史館，遷修撰，預修國史，以尚書戶部員外郎知制誥，遷司封員外郎。有傭書人翟穎者，旦嘗與之善，因為改姓名馬周，以為唐馬周復出。上書詆時政，旦自薦可為大臣。又舉材任公輔者十人，其辭

頗壯,當時皆謂旦所爲。馬周坐流海島,旦亦貶坊州團練副使。坐擅離所部謁宋白于鄜州,既被劾,特釋之,徙絳州。稍復工部員外郎,直集賢院,遷本曹郎中,知制誥,史館修撰。素善中官王繼恩,爲繼恩草制,辭過美。繼恩敗,眞宗聞而惡之,貶安遠軍行軍司馬,又削籍,流潯州。咸平初,移通州團練副使,徙徐州,以祠部員外郎分司西京。又爲保信軍節度副使。久之,以司封員外郎通判襄州。封泰山,改祠部郎中。服母喪既除,乃言父卒時嘗詔奪哀從事,請追行服三年。已而失明,以祕書省少監致仕。居襄州,再遷祕書監,卒。旦喜讀書,既喪明,猶令人誦經史,隱几聽之不少輟。著《漢春秋》、《五代史略》、《將帥要略》、《演聖通論》、《唐乘》、《家傳》三百餘卷。斲大硯方五六尺,刻而瘞之曰:『胡旦修《漢春秋》硯。』晚尤黷貨,干擾州縣,持吏短長,爲時論所薄。」《解題》所述與史傳同。

群經音辨七卷

《群經音辨》七卷,丞相真定賈昌朝子明撰。康定中,侍講天章閣所上,凡五門。

廣棪案:昌朝〈自序〉曰:「臣自蒙恩先朝,承乏庠序,逮今入侍內閣,凡二十年。年踰不惑,裁能涉獵《五經》之文,於《五經》之道,固未有所立。嘗患後世字書磨滅,惟唐陸德明《經典釋文》備載諸家音訓。先儒之學傳授異同,大抵古字不繁,率多假借。故一字之文,音詁殊別者眾,當爲辨晰。每講一經,隨而錄之。因取天禧以來巾囊所志,編成七卷,凡五門,號《群經音辨》。一曰辨字同音異,……二曰辨字音清濁,……三曰辨彼此異音,……四曰辨字音疑渾,……五曰辨字訓得失。……《音辨》之作,欲使學者知訓故之言咸有所自,聊資稽古之論,少助同文之化。」王觀國有〈後序〉,略曰:「夫國朝之興,首以《六經》涵養士類。逮仁廟當宁,儒風載郁,典章燦然。文元賈魏公,總角邃曉群經,章解句達。累官國子監,譽望甚休。遷崇政殿說書、天章閣侍講。慶曆、嘉祐中,大拜居政地,海內乂寧。其在經筵嘗進所著書,曰《群經音辨》,凡五門七卷,爲後學蓍龜。有詔頒行,實康定二年十有一月也。」康定,仁宗年號。惟康定僅庚辰(1040)一年,其明年辛巳(1041)已屬慶曆元年,觀國既誤記,而《解題》作「康定中」,亦未爲允恰。此書〈宋志〉作三卷,恐爲字畫之誤矣。

題曰「群經」，亦不當在〈小學類〉。

案：此書《中興館閣書目》、趙士煒輯考本。《宋國史藝文志》、趙士煒輯本。《郡齋讀書志》及《宋史‧藝文志》均入〈小學類〉。蓋此書僅作音辨，殊非經解之書，雖其題有「群經」字樣，仍應隸〈小學類〉為宜，直齋誤矣。

七經小傳三卷

《七經小傳》三卷，劉敞撰。前世經學大抵祖述注疏，其以己意言經，著書行世，自敞倡之。惟《春秋》既有成《書》、《詩》、《三禮》、《論語》見之《小傳》，又《公羊》、《左傳》、《國語》三則附焉，故曰「七經」。

廣校案：《郡齋讀書志》卷第四〈經解類〉著錄：「《七經小傳》五卷。右皇朝劉敞原父撰。其所謂《七經》者《毛詩》、《尚書》、《公羊》、《周禮》、《儀禮》、《禮記》、《論語》也。元祐史官謂：『慶曆前，學者尚文辭，多守章句注疏之學，至敞始異諸儒之說；後王安石修《經義》，蓋本於敞。』公武觀原父說『伊尹相湯伐桀，升自陑』之類《經義》多剿取之。史官之言，良不誣也。」《解題》所述，大體相同。《四庫全書總目》卷三十三〈經部〉三十三〈五經總義類〉著錄：「《七經小傳》三卷，兩江總督採進本。宋劉敞撰。敞有《春秋傳》，已著錄。是編乃其雜論經義之語。其曰《七經》者：一《尚書》，二《毛詩》，三《周禮》，四《儀禮》，五《禮記》，六《公羊傳》，七〈論語〉也。然《公羊傳》僅一條，又皆校正《傳》文衍字，於《傳》義無所辨正。後又有《左傳》一條、《國語》一條，亦不應獨以《公羊》標目。蓋敞本欲作《七經傳》，惟《春秋》先成。凡所箚記，已編入《春秋傳》、《意林》、《權衡》、《文權》、《說例》五書中。此三條，一校衍字，一論都城過百雉，一論禘郊祖宗報，於經文無所附麗，故其文仍在此書中。其標題當為《春秋》，故得兼及《外傳》。傳寫者見第一條為《公羊》，第二條末亦有《公羊》字，遂題曰《公羊》，而註曰：《國語》附，失其旨矣。」《四庫全書總目》所辨甚當，亦足補《解題》之未及。至本書，《郡齋讀書志》作五卷，與《解題》異。孫猛《郡齋讀書志校證》曰：「《七經小傳》五卷，臥雲本、《經籍考》作三卷。按《玉海》卷四十二引《中興書目》、〈宋志〉卷一亦五卷。《書錄解題》卷三作三卷，今本三卷。」是此書於宋世，其分卷已有三卷、五卷之別矣。惟五卷本不可見，無法詳考之。

河南經說七卷

《河南經說》七卷，程頤撰。〈繫辭說〉一、〈書〉一、〈詩〉二、〈春秋〉一、〈論語〉一、〈改定大學〉一。程氏之學，《易傳》為全書，餘經具此。

　　廣棪案：此書稱《河南經說》，蓋以頤爲河南洛陽人故也。此書宋刊本尚存《藏園訂補郘亭知見傳本書目》卷三〈經部〉七〈五經總義類〉著錄：「《河南程氏經說》七卷，宋程顥、程頤撰。宋刊本，十一行二十字，白口，左右雙闌。避宋諱至『愼』字。鈐有『吳廷偉書畫記』、『芷閣藏書』等印。邢贊亭藏。」則此書又稱《河南程氏經說》，撰者則不止頤一人。《四庫全書總目》卷三十三〈經部〉三十三〈五經總義類〉著錄：「《程氏經說》七卷，通行本。不著編輯者名氏，皆伊川程子解經語也。〈書錄解題〉謂之《河南經說》，稱『〈繫辭〉一、〈書〉一、〈詩〉二、〈春秋〉一、〈論語〉一、〈改定大學〉一。』又稱『程氏之學，《易傳》爲全書，餘經具此』。其門目卷帙與此本皆合，則猶宋人舊本也。其中若〈詩〉、〈書解〉、〈論語說〉，本出一時雜論，非專著之書。〈春秋傳〉則專著而未成，觀崇寧二年〈自序〉可見。至〈繫辭說〉一卷，《文獻通考》併於《易傳》，共爲十卷。〈宋志〉則於《易傳》九卷之外，別著錄一卷。然程子《易傳》實無〈繫辭〉，故呂祖謙集十四家之說，爲《繫辭精義》以補之。此卷疑或後人掇拾成帙，以補其闕也。〈改定大學〉兼載明道之本，或以兄弟之說互相參考歟？」則所考甚詳明。是此書僅〈改定大學〉一卷中兼載程顥之說，故不得以此而謂爲二程合撰之書。《解題》仍隸程頤，合符事實。此書固屬後人所編，非頤之自著，《四庫全書總目》謂「不著編輯者名氏」，乃更見允恰也。

龜山經說八卷

《龜山經說》八卷，楊時撰。〈易〉三，〈詩〉、〈春秋〉、〈孟子〉各一，末二卷則經筵講義也。

　　廣棪案：楊時此書，檢讀朱彝尊《經義考》，猶可略知其消息。《經義考》卷二十一〈易〉二十著錄：「楊氏時《易說》三卷，闕。散見《大易粹言》。」是則《易說》一書應爲三卷。又卷一百五〈詩〉八著錄：「楊氏時《詩辨疑》，〈宋志〉一卷，存。」疑《詩辨疑》即其《詩說》。卷一百八十四〈春秋〉十七著錄：「楊氏時《春秋說》一卷，未見。」卷二百三十四〈孟子〉四著錄：「楊氏時《孟子義》，未見。」疑《孟子義》即《孟子說》，一卷。卷七十九〈書〉八著錄：「《尚

書講義》一卷，存。載《龜山集》。」是則《尚書講義》爲楊時經筵講義之一種，至其餘一種，已無可考矣。

無垢鄉黨少儀咸有一德論語孟子拾遺共一卷

《無垢鄉黨少儀咸有一德論語孟子拾遺》共一卷，張九成撰。

廣棪案：九成，字子韶，自號無垢居士，又號橫浦居士，錢塘人。歷官禮部侍郎，以與秦檜不和，被謫。謫居十四年，解釋經義。紹興二十九年六月卒。《宋史》卷三百七十四〈列傳〉第一百三十三有傳。《宋史》卷二百二〈志〉第一百五十五〈藝文〉一〈經類‧經解類〉著錄：「張九成《鄉黨少儀咸有一德論語孟子拾遺》共一卷。」與此同。今檢《經義考》卷一百五十〈禮記〉十三著錄：「張氏九成《少儀論》，一卷，存。」又卷九十五〈書〉二十四著錄：「張氏九成《咸有一德論》，一篇，未見。按橫浦之《論》，當是爲秦相建一德格天閣，有激而作。」又卷二百三十四〈孟子〉四著錄：「張氏九成《孟子拾遺》，〈宋志〉一卷，未見。唐蕭曰：『先生從學龜山，學有源本，於經傳多所訓釋，而孟子書尤究心焉。』」蓋九成另有《孟子解》十四卷也。其餘《鄉黨》、《論語拾遺》二種則無可考。

六經圖七卷

《六經圖》七卷，東嘉葉仲堪思文重編。案《館閣書目》有六卷，昌州布衣楊甲鼎卿所撰，撫州教授毛邦翰復增補之。〈易〉七十，今百三十；〈書〉五十三，今六十三；〈詩〉四十七，今同；〈周禮〉六十五，今六十一；〈禮記〉四十三，今六十二；〈春秋〉二十九，今七十二。然則仲堪蓋又以舊本增損改定者耶？

福唐俞意掌教建安，同里儒劉游以楊鼎卿所編增益刊之，洪景盧作〈序〉。隨齋批注。

廣棪案：《中興館閣書目》趙士煒輯考本。〈經部‧經解類〉著錄：「《六經圖》六卷，楊甲撰。《玉海》四二。」又《宋史》卷二百二〈志〉第一百五十五〈藝文〉一〈經類‧經解類〉著錄：「楊甲《六經圖》六卷。」又：「葉仲堪《六經圖》七卷。」上引書名、撰者、編者均與《解題》同，惟其書卷數則有七卷、六卷之別。楊甲所撰《六經圖》六卷，有明萬曆四十三年南京吏部刊本，書首明人顧起元〈序〉，曰：「《六經圖》爲宋紹興中布衣楊甲所撰。乾道初，知撫州陳森

屬教授毛邦翰等補而爲之，爲圖三百有九。」是知甲爲高宗時人，邦翰爲孝宗時人，書乃撫州知州陳森屬教授毛邦翰補而爲之者也。另有宋人苗昌言〈序〉，略曰：「陳大夫爲撫之期年，樂民之安於其政，思所以富之教之之敘。既已創闢試院，以奉聖天子三年取士之制，又取《六經圖》，命泮宮職講肄者編類爲書，刊之於學，以教諸生。……凡得〈易〉七十，〈書〉五十有五，〈詩〉四十有七，〈周禮〉六十有五，〈禮記〉四十有三，〈春秋〉二十有九，合爲圖三百有九。……乾道元年正月甲子，左承議郎、新除行將作監丞苗昌言序。」則邦翰增補之書，當刊於孝宗乾道元年（1165）正月後。至仲堪生平無可考，其重編邦翰之書，除《詩》圖無所增損外，其餘《易》圖增六十《書》圖增八《周禮》圖損四《禮記》圖增十九〈春秋〉圖增四十三，故《解題》謂其「又以舊本增損改定者」。隨齋曾批注此書，曰：「福唐俞意掌教建安，同里儒劉游以楊鼎卿所編增益刊之，洪景盧作〈序〉。」洪景盧，即洪邁，字容齋，所爲〈序〉已不可見，俞意、劉游二人亦無可考。惟劉游「以楊鼎卿所編增益」刊行之《六經圖》，於毛、葉二本外，當屬另一刊本，恐已散佚無傳矣。

麗澤論說集錄十卷

《麗澤論說集錄》十卷，呂祖謙門人所錄平日說經之語，末三卷則爲〈史說〉、〈雜說〉。東萊於諸經，亦惟《讀詩記》及《書說》成書，而皆未終也。廣棪案：《經義考》引無「皆」字。

　　廣棪案：《宋史》卷二百四〈志〉第一百五十八〈藝文〉四〈子類‧儒家類〉著錄：「《麗澤論說集》十卷，呂祖謙門人記。」書名脫「錄」字。〈宋志〉又將此書入〈儒家類〉，與《解題》不同。《四庫全書總目》卷九十二〈子部〉二〈儒家類〉二著錄：「《麗澤論說集錄》十卷，浙江孫仰曾家藏本。宋呂祖謙門人雜錄其師之說也。前有祖謙從子喬年〈題記〉，稱先君嘗所裒輯，不可以不傳。故今仍據舊錄，頗附益次比之。喬年爲祖謙弟祖儉之子，則蒐錄者爲祖儉，喬年又補綴次第之矣。凡〈易說〉二卷、〈詩說拾遺〉一卷、〈周禮說〉一卷、〈禮記說〉一卷、〈論語說〉一卷、〈孟子說〉一卷，〈史說〉一卷、〈雜說〉二卷，皆冠以門人集錄字，明非祖謙所手著也。」則此書乃爲祖儉集錄，喬年綴次者必矣。祖儉雖爲祖謙弟，其受業祖謙如諸生，亦即祖謙之門人也，故各卷皆冠「門人集錄」，殆亦宜焉。此書既非純爲說經，其末三卷即稱〈史說〉、〈雜說〉，則甚不宜入之〈經解類〉，〈宋志〉及《四庫全書總目》均隸之〈子部‧儒家類〉，似

較《解題》爲恰當。

畏齋經學十二卷

《畏齋經學》十二卷，宣教郎廣安游桂元發撰。桂，隆興癸未進士，爲類試
第二人。歷三郡學官，改秩爲制置司機宜以沒。

> 廣棪案：隆興，宋孝宗年號，癸未（1163）爲元年。桂《宋史》無傳《全蜀藝
> 文志》卷四十四有〈宋宣教郎畏齋游公桂贊〉，所載資料猶不及《解題》完備。
> 《經義考》卷二百四十三〈群經〉五著錄：「游氏桂《畏齋經學》，〈宋志〉十二
> 卷，佚。陳振孫曰：『宣教郎廣安游桂元發撰。隆興癸未進士，歷官至制司機宜。』」
> 其所引《解題》此條，資料頗多脫略，是彝尊所見之本，不如《四庫全書》本
> 贍富。

項氏家說十卷、附錄四卷

《項氏家說》十卷、《附錄》四卷，項安世撰。《九經》皆有論著，其第八卷
以後雜說文史、政學。《附錄》：〈孝經〉、〈中庸〉、〈詩篇次〉、〈丘乘圖〉，則
各爲一書，重見諸類。

> 廣棪案：《宋史》卷二百二〈志〉第一百五十五〈藝文〉一〈經類・經解類〉著
> 錄：「項安世《家說》十卷《附錄》四卷。」與《解題》同。考《解題》卷二〈詩
> 類〉著錄《毛詩前說》一卷，專考定〈風〉、〈雅〉篇次而爲之說，此即〈詩篇
> 次〉；同卷〈禮類〉有《周禮丘乘圖說》一卷；《中庸說》一卷；卷三〈孝經類〉
> 有《孝經說》一卷；亦即《附錄》之書，各爲一卷，故共四卷。此四種書之著
> 錄重見諸類《解題》此條因述及之。斯亦直齋著錄群書所用之一例。清世章學
> 誠著《校讎通義》論「互著」、「別裁」之法，庶幾近之。《經義考》卷二百四十
> 三〈群經〉五著錄：「項氏安世《家說》，〈宋志〉十卷，《附錄》四卷。未見。陳
> 振孫曰：『《九經》皆有論注，其第八卷以後雜說文史、正學。《附錄》：〈孝經〉、
> 〈中庸〉、〈詩篇〉。」《經義考》所引《解題》文字與《四庫全書》本不盡相同，
> 末處且嚴重脫略，不逮《四庫全書》本遠矣。又《宋史》卷二百五〈志〉第一
> 百五十八〈藝文〉四〈子類・雜家類〉著錄有項安世《項氏家記》十卷，安世
> 實未撰有此書，疑《家說》，《家記》字形相近，故誤增之矣。

山堂疑問一卷

《山堂疑問》一卷，起居郎簡池劉光祖德修撰。慶元中謫居房陵，與其子講說諸經，因筆記之。以其所問于《詩》為多，遂取《呂氏讀詩記》盡觀之，而釋以己意，附《疑問》之後。

　　廣棪案：光祖字德修，號後溪，一號山堂。乾道五年進士，爲潼川提刑司檢法。淳熙中召對，論恢復事，除太學正，召試祕書省正字。光宗時爲侍御史，官終顯謨閣直學士。嘉定十五年五月卒，年八十一。有《後溪集》十卷及此書。是光祖之任官固不止爲起居郎。《宋史》卷三百九十七〈列傳〉第一百五十六光祖本傳載：「寧宗即位，除侍御史，改司農少卿。入對，獻《謹始》五箴。進起居舍人，遷起居郎。……劉德秀劾先生，出爲湖南運判，不就，主管玉局觀。既而（趙）忠定罷相，韓侂胄擅朝政，遂目士大夫爲僞學，禁錮之。先生撰《涪州學記》，謂：『學之大者，明聖人之道以修其身，而世方以道爲僞；小者治文章以達其志，而時方以文爲病。好惡出于一時，是非定于萬世。』諫官張釜指爲謗訕，比之楊惲，奪職，謫房州。」房州即房陵，光祖此書殆撰於此時。惜書已佚，無由深考矣。

六經正誤六卷

《六經正誤》六卷，柯山毛居正誼甫校監本經籍之_{廣棪案：《四庫全書》本「籍之」}二字倒置，今改正。誤所欲刊正者，魏鶴山爲之〈序〉而刻傳之。

　　廣棪案：魏了翁此書〈序〉略曰：「五季而後，鏤版繙印，經籍之傳雖廣，而點畫義訓，謬誤自若。本朝胄監經史，多仍周舊，今故家往往有之，而與俗本無大相遠。南渡草刱，則僅取版籍於江南諸州，與京師承平監本大有逕庭，與潭、撫、閩、蜀諸本互爲異同，而監本之誤爲甚。柯山毛居正誼父以其先人嘗增註《禮部韻》，奏御於阜陵，遂又校讎增益，以申明於寧考更化之日。其於經傳亦既博攬精擇。嘉定十六年春，會朝廷命胄監刊正經籍，司成謂無以易誼父，馳書幣致之。盡取《六經》、《三傳》諸本，參以子、史、字書、選粹、文集，研究異同。凡字義、音切，毫釐必校，儒官稱歎，莫有異詞。旬歲間刊修者凡四經，猶以工人憚煩，詭竄墨本，以給有司，而版之誤字實未嘗改者什二三也。繼欲修《禮記》、《春秋三傳》。誼父以病目移告，其事中輟。或者謂縱令盡正其誤，而諸本不同，何所取證？豈若錄其正誤之籍而刊傳之，俾後學得以參考。

余觀其書，念今之有功於經者，豈無《經典釋文》、《六經文字》、《九經字樣》之等。然此書後出，殆將過之無不及者。其於後生晚學袪蔽瘳疑，爲益不淺。因縱臾其成而序識之。……寶慶初元年冬十二月丁亥朔，臨邛魏了翁序。」是則居正此書殆成於宋理宗寶慶元年乙酉（1225）前，而了翁刻傳當在撰〈序〉後也。

大抵多偏傍之疑似者也。

案：《四庫全書總目》卷三十三〈經部〉三十三〈五經總義類〉著錄：「《六經正誤》六卷，兩淮馬裕家藏本。宋毛居正撰。……楊萬里爲作〈序〉，述其始末甚詳。陳振孫《書錄解題》謂其惟講偏旁之疑似。今觀是書，校勘異同，訂正譌謬，殊有補於經學。其中辨論既多，不免疏舛者。……然許氏《說文解字》、陸德明《經典釋文》亦不免小有出入，爲後人所擿拾，在居正又烏能求備。論其大致，則審定字畫之功，固有不可泯沒者。」是則此書實有補於經學。此書乃魏了翁作〈序〉，《四庫全書總目》誤作楊萬里，館臣撰《提要》，往往順筆直書，偶未核實，故有所失愼若此。

西山讀書記三十九卷

《西山讀書記》三十九卷，真德秀景元撰。其書有甲、乙、丙、丁。甲言理性，中述治道，末言出處。大抵本經史格言而述以己意。今但有甲三十七卷，丁二卷，乙、丙未見也。

廣棪案：德秀《宋史》卷四百三十七〈列傳〉第一百九十六〈儒林〉七有傳。莊仲方《南宋文範作者考》下載：「眞德秀字希元，浦城人。寧宗慶元五年進士，中詞科。理宗紹定中拜參知政事，進資政殿直學士，提舉萬壽觀，卒，諡文忠。德秀生朱子之鄉，紹朱子之學，輔運江東，活人無算。立朝不滿十年，奏疏數十萬言。中以史彌遠見忌，罷祠。實爲寧、理名臣，稱首南宋一朝。文章自朱子而外，經術莫深於鶴山，說理莫精於西山。著有《四書集編》、《大學衍義》、《讀書記》、《心經》、《政經》、《文章正宗》、《西山文集》。」是此書亦德秀說理之作，非純爲解經設也。故《解題》云：「其書有甲、乙、丙、丁。甲言性理，中述治道，末言出處。大抵本經史格言而述以己意。」可推知此書內容梗概。德秀之字，據《宋史》則初字景元，後更爲希元也。《解題》與《南宋文範作者考》各記其一，未爲完備。

六家諡法二十卷

《六家諡法》二十卷，翰林學士判太常寺周沆等編。六家者，周公、《春秋》、《廣諡》、沈約、賀琛、扈蒙也。今按：周公，即《汲冢書》之《諡法解》；《春秋》，即杜預《釋例》所載也；《廣諡》，不著名氏；沈約書一卷，賀琛書四卷，扈蒙書一卷，皆祖述古法而增廣之。琛字國寶，山陰人，梁尚書左丞。蒙字日用，幽州人，國初翰林學士。此書嘉祐末編集，英宗初始上。

廣校案：沆《宋史》卷三百三十一〈列傳〉第九十有傳。史載其宦歷略曰：「沆字子真，青州益都人。第進士，除膠水縣主簿，歷知渤海嘉興縣，遷開封府推官。加直史館，知潭州，兼湖南路安撫使，除河東路轉運使，遷龍圖閣直學士，知慶州，召知通進銀臺司，判太常寺，以戶部侍郎致仕。治平四年八月卒，年六十九。」則此書成於其卒前三、四年，而沆之所仕亦不止爲翰林學士判太常寺也。考《解題》同卷「《嘉祐諡》三卷」條有「洵與編《六家諡法》」之語，則此書殆沆與蘇洵合編者。《郡齋讀書志》卷第二〈禮類〉著錄：「《周公諡法》一卷。右其〈序〉曰：『維周公旦、太公望相嗣王發，建功於牧野，及終將葬，乃制諡。』計一百九十餘條云。諡〈隋志〉附於〈論語類〉中，今遷於此。」又：「《春秋諡法》一卷。右與《周公諡法》相類而小有異同。」孫猛〈校證〉曰：「按《春秋諡法》即杜預《春秋釋例·諡法篇》，説見《書錄解題》卷三〈六家諡法〉條。」又：「《沈賀諡法》四卷。右梁沈約撰，凡七百九十四條。賀琛又加婦人諡二百三十八條。」至《廣諡》，《玉海》卷五十四〈藝文·七家諡法〉載：「《唐六典》注舊有《周書·諡法》、《大戴禮·諡法》，又漢劉熙注一卷。張靖撰兩卷。又有《廣諡》一卷。至梁沈約總集，凡有一百六十五條。《南史》：裴子野《附益諡法》一卷。」猶可略知此書概況。至扈蒙之書，僅就《解題》所記者，知爲一卷，其餘已無由深稽矣。諡法之書《隋書·經籍志》附〈論語類〉，《郡齋讀書志》在〈禮類〉，《解題》入〈經解類〉。《解題》殆據〈舊〉、〈新唐志〉也。惟《解題》「《嘉祐諡》三卷」條云：「諡法與解經無預，而前〈志〉皆入此類，今姑從之，其實合在〈禮注〉。」是直齋亦知其歸類有所未當也。

嘉祐諡三卷

《嘉祐諡》三卷，太常禮院編纂眉山蘇洵明允撰。洵與編《六家諡法》，因博采諸書爲之，爲〈論〉四篇，以序其去取之意。

廣棪案：《郡齋讀書志》卷第二〈禮類〉著錄：「《嘉祐謚法》三卷。右皇朝蘇洵
明允撰。洵嘉祐中被詔編定周公、《春秋》、《廣謚》、沈約、賀琛、扈蒙六家謚
法，於是講求六家外，采《今文尚書》、《汲冢師春》、蔡邕《獨斷》，凡古人論
謚之書，收其所長，加以新意，得一百六十八謚，三百一十一條，芟去者百九
十有八。又爲〈論〉四篇，以敘其去取之意。」《郡齋讀書志》所述較《解題》
爲詳明。《宋史》卷二百二〈志〉第一百五十五〈藝文〉一〈經類・經解類〉著
錄蘇洵《嘉祐謚法》三卷、《皇祐謚錄》二十卷。則此書全名應稱《嘉祐謚法》，
《解題》或有脫字也。

謚法與解經無預，而前〈志〉皆入此類，今姑從之，其實合在〈禮注〉。

案：謚法之書《隋書・經籍志》入〈論語類〉，《舊唐書・經籍志》、《新唐書・
藝文志》並入〈經解類〉，《解題》及《宋志》據《舊》、《新唐志》，殊未當。《郡
齋讀書志》入〈禮類〉，而直齋仍姑從兩〈唐志〉而不遵晁氏，甚不合理。《四
庫全書總目》卷八十二〈史部〉三十八〈政書類〉著錄有洵《謚法》四卷，內
府藏本。曰：「自周公《謚法》以後，歷代言謚法者有劉熙、來奧、沈約、賀琛、
王彥威、蘇冕、扈蒙之書。然皆雜糅附益，不爲典要。至洵奉詔編定《六家謚
法》，乃取周公、《春秋》、《廣謚》及諸家之本，刪訂考證以成是書。凡所取一
百六十三謚，三百十一條。新改者二十三條，新補者十七條。別有七去、八類，
於舊本所有者刊削甚多。……蓋其斟酌損益，審定字義，皆確有根據，故爲禮
家所宗。雖其中間收僻字，今或不能盡見諸施行，而歷代相傳之舊典，猶可以
備參考焉。」則《四庫全書總目》著錄之《謚法》四卷，實與《解題》之《嘉
祐謚》三卷同爲一書。《四庫全書總目》又云：「曾鞏作洵〈墓志〉，載此書作三
卷。而此本實四卷，殆後人所分析歟？」是此書作四卷者乃後人所分析。此書
《四庫全書總目》入〈史部・政書類〉，又與《郡齋讀書志》、《解題》之歸類顯
有分歧矣。

政和修定謚法六卷

《政和修定謚法》六卷，禮制局詳議官蔡攸等承詔修定。全書八十卷，大率
祖《六家》之舊，爲〈沿革統論〉一卷、〈參照〉二十六卷、〈看詳〉三十五
卷、〈增立〉十卷，合而修定六卷。今惟修定六卷存，而以〈沿革〉繫之篇首。
按《館閣書目》亦闕〈參照〉二十六卷。

廣棪案：攸《宋史》四百七十二〈列傳〉第二百三十一〈奸臣〉二附〈蔡京〉。
《中興館閣書目》趙士煒輯考本。〈史部·諡法類〉著錄：「《政和修定諡法》八
十卷。蔡攸等修。《玉海》五四。」《宋史》卷二百二〈志〉第一百五十五〈藝文〉
一〈經類·經解類〉著錄：「蔡攸《政和修定諡法》八十卷。」所著錄乃作八十
卷，而非《解題》著錄之作六卷。惟就《解題》所述，此書可考者亦僅七十二
卷，其餘八卷亦不知卷目為何如矣。

鄭氏諡法三卷

《鄭氏諡法》三卷，鄭樵撰。上卷〈序〉五篇，中卷〈諡〉三篇，下卷〈後
論〉四篇。

廣棪案：樵《宋史》卷四百三十六〈列傳〉第一百九十五有傳。《南宋文範作者
考》上曰：「鄭樵字漁仲，莆田人。高宗紹興十九年上其所作《通志》，授禮兵
部架閣，學者皆稱夾漈先生。樵銳于著述，自命太狂。所著存于今者，有《爾
雅注》、《通志》、《夾漈遺稿》。」則樵著之《鄭氏諡法》已佚。《宋史》卷二百
二〈志〉第一百五十五〈藝文〉一〈經類·經解類〉則著錄：「鄭樵《諡法》三
卷。」與《解題》同。又樵有《通志》二十略，其八曰〈諡略〉，讀之可推知此
書之彷彿。

小學類

自劉歆以小學入〈六藝略〉，後世因之，以為文字訓詁有關於經藝故也。至〈唐志〉所載《書品》、《書斷》之類亦廁其中，則龐矣。蓋其所論書法之工拙，正與射御同科，今並削之，而列於〈雜藝類〉，不入〈經錄〉。

　　廣棪案：此乃〈小學類〉之小序。考班固《漢書‧藝文志‧六藝略》所收小學凡十家，四十五篇，皆文字、訓詁之書，甚有限斷。至《隋書‧經籍志》所收，已增至一百八部，四百四十七卷，其間不乏為秦、漢以來之石經、碑刻之類，已見其濫。《舊唐書‧經籍志》凡收小學一百五部《爾雅》、《廣雅》十八家，偏傍、音韻、雜字八十六家，七百九十七卷；《新唐書‧藝文志》收〈小學類〉六十九家，一百三部，七百二十一卷。其間有庾肩吾《書品》一卷、李嗣真《後書品》一卷之類，皆為評騭書法工拙，與文字、訓詁之書不同，故《解題》以為「龐矣」，故不入〈經錄〉，而特設〈雜藝類〉以歸焉，其法至善。《四庫全書總目》卷四十〈經部〉四十〈小學類〉一〈小序〉曰：「古小學所教，不過六書之類。故〈漢志〉以《弟子職》附《孝經》，而《史籀》等十家、四十五篇列為〈小學〉。〈隋志〉增以金石刻文，〈唐志〉增以書法、書品，已非初旨。自朱子作小學以配大學，趙希弁《讀書附志》遂以《弟子職》之類併入〈小學〉，又以《蒙求》之類相參並列，而〈小學〉益多歧矣。考訂源流，惟〈漢志〉根據經義，要為近古。今以論幼儀者別入〈儒家〉，以論筆法者別入〈雜藝〉，以《蒙求》之屬隸〈故事〉，以便記誦者別入〈類書〉。惟以《爾雅》以下編為〈訓詁〉，《說文》以下編為〈字書〉，《廣韻》以下編為〈韻書〉。庶體例謹嚴，不失古義。」則《四庫全書總目》於書籍之歸類，益形細密。然考源要始，不無受《解題》之啟發。是則直齋於書目分類學，其功績殊不可抹。

爾雅三卷

《爾雅》三卷，晉弘農太守郭璞景純注。

　　廣棪案：璞之注《爾雅》，《隋志‧論語類》作五卷；《舊唐志‧小學類》作三卷；《新唐志‧小學類》作一卷。國立故宮博物院藏有宋刻大字本郭璞注《爾雅》，亦作三卷，與《解題》著錄同。

按〈漢志〉，《爾雅》二十篇，今書惟十九篇。

    案：《漢書》卷三十〈藝文志〉第十〈六藝略·孝經〉著錄：「《爾雅》三卷，二
十篇。」張舜徽《漢書藝文志通釋》二〈六藝略〉（八）〈孝經〉「《爾雅》三卷
二十篇」條曰：「今本《爾雅》，分上中下三卷，有〈釋詁〉、〈釋言〉、〈釋訓〉、
〈釋親〉、〈釋宮〉、〈釋器〉、〈釋樂〉、〈釋天〉、〈釋地〉、〈釋丘〉、〈釋山〉、〈釋
水〉、〈釋草〉、〈釋木〉、〈釋蟲〉、〈釋魚〉、〈釋鳥〉、〈釋獸〉、〈釋畜〉共十九篇。
或謂《爾雅》原有〈序篇〉，故漢世為二十篇。〈序篇〉既佚，僅存十九，理或
然也。」舜徽所言可信。

〈志〉初不著撰人名氏。璞〈序〉亦但稱興於中古，隆於漢氏而已。

    案：璞〈爾雅序〉曰：「《爾雅》者，蓋興於中古，隆於漢氏。」邢昺《爾雅疏》
曰：「此言興隆之時也。云蓋興於中古者《爾雅》之作，經傳莫言其人及時世，
但相傳云周公作之，以教成王，無正文，故云『蓋』以疑之。經典通以伏犧為
上古，文王為中古，孔子為下古。周公，文王子。父統子業，周公亦可言中古，
故云蓋興於中古。云隆於漢氏者，以夫子沒後，書紀散亡，戰國陵遲，嬴秦燔
滅，則此書亦從而墜矣。洎乎漢氏御宇，旁求典籍，除挾書之律，開獻書之路，
此書亦從而隆矣，故曰隆於漢世也。」是則璞雖不言周公撰《爾雅》，然推其「興
於中古」之語，亦當以此書之成始於周初也。

至陸氏《釋文》始謂〈釋詁〉為周公所作，其說蓋本於魏張揖所上〈廣雅表〉，
言：「周公制禮以道天下，著《爾雅》一篇以釋其義；今俗所傳三篇，或言仲
尼所增，或言子夏所益，或言叔孫通所補，或言沛郡梁文所考，皆解家所說，
先師口傳，疑莫能明也。」

    案：陸德明《經典釋文》卷第一〈序錄〉「注解傳述人」條曰：「《爾雅》者，所
以訓釋《五經》，辯章同異，實九流之通路，百氏之指南。多識鳥獸草木之名，
博覽而不惑者也。爾，近也；雅，正也；言可近而取正也。〈釋詁〉一篇，蓋周
公所作。〈釋言〉以下，或言仲尼所增，子夏所足，叔孫通所益，梁文所補。張
揖論之詳矣。」張揖〈上廣雅表〉曰：「博士臣揖言：臣聞昔在周公，纘述唐、
虞，宗翼文、武，剋定四海，勤相成王，踐阼理政，日昃不食，坐而待旦，德
化宣流，越裳俠貢，嘉禾貫桑。六年制禮，以導天下；著《爾雅》一篇，以釋
其意義。傳於後嗣，歷載五百，墳典散零，唯《爾雅》恒存。《禮·三朝記》哀
公曰：『寡人欲學小辯，以觀於政，其可乎？』孔子曰：『《爾雅》以觀於古，足
以辯言矣。』《春秋·元命包》言：『子夏問夫子作《春秋》，不以初哉首基為始，

何？』是以知周公所造也。率斯以降，超絕六國，越踰秦、楚。爰暨帝劉，魯人叔孫通撰置《禮記》，文不違古。今俗所傳三篇《爾雅》，或言仲尼所增，或言子夏所益，或言叔孫通所補，或言沛郡梁文所考，皆解家所說，先師口傳，既無正諡聖人所言，是故疑不能明也。」是德明《經典釋文》所述者，確本於張揖也。至揖推尊《爾雅》為周公所作之故，張舜徽於《漢書藝文志通釋》二〈六藝略〉（八）〈孝經〉「《爾雅》三卷二十篇」條曾論之曰：「此書薈萃訓詁名物，實漢初經生裒錄眾家傳注而成。魏世張揖因《爾雅》舊目，博采群書箋注，及《三蒼》、《說文》諸書以增廣之，名曰《廣雅》。深恐其書不為當時所重，乃推尊《爾雅》，謂為周、孔遺書，以明己之學所自出。此猶言《易》卦者，必託名於伏羲；言《本草》者，必託名於神農；言《醫經》者，必託名於黃帝；言禮制者，必託名於周公。莫不高遠其所從來，以自取重於世。別有用心，不足詰也。」舜徽以《爾雅》本為漢初經生裒錄傳注而成，因張揖刻意推尊，乃高託其所從來，以自取重於世。所論殆得其實。

爾雅釋文一卷

《爾雅釋文》一卷，唐陸德明撰。

廣棪案：陸德明《經典釋文》卷第一〈序錄〉「注解傳述人·爾雅」條載：「《爾雅》者，所以訓釋《五經》，辯章同異，實九流之通路，百氏之指南，多識鳥獸草木之名，博覽而不惑者也。……前漢終軍始受豹鼠之賜，自茲迄今，斯文盛矣。先儒多為億必之說，乖蓋闕之義。惟郭景純洽聞強識，詳悉古今，作《爾雅注》，為世所重。今依郭本為正。犍為文學注三卷，一云犍為，郡文學，卒史臣舍人。漢武帝時待詔，闕中卷。劉歆注三卷，與李巡注正同，疑非歆注。樊光注六卷，京兆人，後漢中散大夫，沈旋疑非光注。李巡注三卷，汝南人，後漢中黃門。孫炎注三卷《音》一卷。郭璞注三卷，字景純，河東人。東晉弘農太守，著作郎。《音》一卷、《圖贊》二卷。右《爾雅》，梁有沈旋約之子。集眾家之注。陳博士施乾、國子祭酒謝嶠、舍人顧野王並撰《音》。既是名家，今亦采之附於先儒之末。」是德明此書，實博采漢以來注《爾雅》眾家而為音義者，惟其《釋文》則以郭璞所注為正。

爾雅疏十卷

《爾雅疏》十卷，邢昺等撰。其〈敘〉云：「為注者劉歆、樊光、李巡、孫炎，雖各名家，猶未詳備，惟郭景純最為稱首。其為義疏者，惟俗間有孫炎、高璉，皆淺近。今奉敕校定，以景純為主。共其事者，杜鎬而下八人。」

　　廣棪案：昺撰此書，其〈敘〉述前此為《爾雅》注者，為義疏者及一己奉敕校定此書諸事，曰：「其注者有犍為文學、劉歆、樊光、李巡、孫炎，雖各名家，猶未詳備。惟東晉郭景純，用心幾二十年，注解方畢，甚得《六經》之旨，頗詳百物之形，學者祖焉，最為稱首。其為義疏者，則俗間有孫炎、高璉，皆淺近俗儒，不經師匠。今既奉敕校定，考案其事，必以經籍為宗；理義所詮，則以景純為主。雖復研精覃思，尚慮學淺意疏。謹與尚書駕部員外郎、直秘閣臣杜鎬，尚書都官員外郎、秘閣校理臣舒雅，太常博士、直集賢院臣李維，諸王府侍講、太常博士兼國子監直講臣孫奭，殿中丞臣李慕清，大理寺丞、國子監直講臣王煥，大理評事、國子監直講臣崔偓佺，前知洺州永年縣事臣劉士玄等共相討論，為之疏釋，凡一十卷。」《解題》所記乃據昺〈敘〉隱括。惟《解題》所記注者「劉歆」之前脫漏「犍為文學」一人。《經典釋文·注解傳述人》謂：「犍為，郡文學，卒史臣舍人。漢武帝時待詔。」犍為所注《爾雅》凡三卷，陸德明所見已闕中卷。故直齋此條所記實有疏失也。

小爾雅一卷

《小爾雅》一卷〈漢志〉有此書，亦不著名氏。〈唐志〉有李軌〈解〉一卷，今《館閣書目》云孔鮒撰。蓋即《孔叢子》第十一篇也。曰〈廣詁〉、〈廣言〉、〈廣訓〉、〈廣義〉、〈廣名〉、〈廣服〉、〈廣器〉、〈廣物〉、〈廣鳥〉、〈廣獸〉，凡十章。

　　廣棪案：《郡齋讀書志》卷第四〈小學類〉著錄：「《小爾雅》一卷。右孔氏古文也。見於孔鮒書。」蓋即指《孔叢子》第十一篇也。張舜徽《漢書藝文志通釋》二〈六藝略〉（八）〈孝經〉曰：「《小爾雅》一篇。按：此書亦簡稱《小雅》，故官本《漢書》無『爾』字。《爾雅》十九篇中，訓詁名物猶多遺漏，故有人續加纂錄以裨益之，其書甚簡，要皆出於漢師之手。而標題視《爾雅》分類，有離合，有新增，不必盡同也。今通行本有〈廣詁〉、〈廣言〉、〈廣訓〉、〈廣義〉、〈廣名〉、〈廣服〉、〈廣器〉、〈廣物〉、〈廣鳥〉、〈廣獸〉、〈廣度〉、〈廣量〉、〈廣衡〉共十三章。東晉李軌嘗為之注，號曰《略解》，著錄于〈隋〉、〈唐志〉，其書早佚。」所言足與《解題》相參證。

又〈廣量衡〉為十三章，廣棪案：《小爾雅》一書，〈廣度〉為第十一章，〈廣量〉為第十二章，〈廣衡〉為第十三章。當時廣棪案：盧校本「時」作「是」。好事者抄出別行。

　　案：《小爾雅》之篇目為〈度〉第十一、〈量〉第十二、〈衡〉第十三。《解題》謂「又《廣量衡》為十三章」，應有脫略。「廣」下疑脫「度」字也。

急就章一卷

《急就章》一卷，漢黃門令史游撰。唐祕書監顏師古注。

　　廣棪案：師古〈敍〉曰：「《急就篇》者，其源出於小學家。昔在周宣，粵有史籀，演暢古文，初著大篆。秦兼天下，罷黜異書。丞相李斯又撰《蒼頡》，車府令趙高繼造《爰歷》，太史令胡毋敬作《博學篇》；皆所以啟導青衿，垂法錦帶也。逮至炎漢，司馬相如作《凡將篇》，俾效書寫，多所載述，務適時要。史游景慕，擬而廣之。元、成之間，列於祕府。雖復文非清靡，義闕經綸。至於包括品類，錯綜古今，詳其意趣，實有可觀者焉。然而時代遷革，亟經喪亂，傳寫湮訛，避諱改易，漸就蕪舛，莫能釐正。少者闕而不備，多者妄有增益。人用己私，流宕忘返。至如蓬門野賤，窮鄉幼學，遞相承稟，猶競習之。既無良師，祇增僻謬。若夫縉紳秀彥，膏粱子弟，謂之鄙俚，恥於窺涉。遂使博聞之說，廢而弗明；備物之方，於茲浸滯。師古家傳《蒼》、《雅》，廣綜流略，尤精訓故，待問質疑，事非稽考，不妄談說，必則古昔，信而有徵。先君常欲注釋《急就》，以貽後學，雅志未申，昊天不弔，奉尊遺範，永懷罔極。舊有皇象、鍾繇、衛夫人、王羲之等所書篇本，備加詳覈，足以審定，凡三十二章，究其真實。又見崔浩及劉芳所注，後魏太宗元年敕崔浩解，劉芳續注。人心不同，未云善也。遂因暇日，為之解訓，皆據經籍遺文、先達舊旨，非率愚管，斐然妄作，字有難識，隨而音之，別理兼通，亦即並載。可以袪發未寤，矯正前失，振幽翳之學，擴制述之意，庶將來君子裁其衷焉。」可悉師古所注此書，亦集注之倫也。

其文多古語、古字、古韻，有足觀者。

　　案：《郡齋讀書志》卷第四〈小學類〉著錄：「《急就章》一卷。右漢史游撰，唐顏師古注。游，元帝時為黃門令。書凡三十二章，雜記姓名、諸物、五官等字，以教童蒙。『急就』者，謂字之難知者，緩急可就而求焉。」是此書所雜記姓名、諸物、五官等字，其中或多用古語、古字，且亦兼具古韻也。

方言十四卷

《方言》十四卷，漢黃門郎成都揚雄子雲撰，晉郭璞注。首題《輶軒使者絕代語》，末載〈答劉歆書〉，具詳著書本末。其略云：「天下上計，孝廉及內郡衛卒會者，雄常抱三寸弱翰，齎素油<small>廣棪案：盧校本作『油素』。</small>四尺，以問其異語，歸即以鉛摘次之於槧。」

> 廣棪案：《郡齋讀書志》卷第四〈小學類〉著錄：「《方言》十三卷。右漢揚雄子雲撰，晉郭璞注。雄齎油素，問上計孝廉異語，悉集之，題其首曰《輶軒使者絕代語釋別國方言》。予傳本於蜀中，後用國子監刊行本校之，多所是正，其疑者兩存之。然監本以『鐅』爲『秋』，以『雯』爲『更』，引《傳》『餬其口於四方』作『餬予口』，未必盡得也。」是則公武所見有蜀本與國子監本，上述二種《方言》均爲十三卷，而今一般知見之《方言》亦作十三卷，與《解題》作十四卷本者顯有不同。如非《解題》著錄有誤，則直齋或將末載之〈答劉歆書〉訂爲一卷，合而爲十四卷。揚雄〈答劉歆書〉有云：「故天下上計，孝廉及內郡衛卒會者，雄常抱三寸弱翰，齎油素四尺，以問其異語。歸即以鉛摘次之於槧，二十七歲於今矣。而語言或交錯相反，方覆論思詳悉集之，燕其疑。」《解題》所記殆據此。

葛洪《西京雜記》言「子雲好事，常懷鉛提槧，從諸計訪殊方絕域之語」。蓋本雄書所云也。

> 案：葛洪《西京雜記》第三曰：「揚子雲好事，常懷鉛提槧，從諸計吏，訪殊方絕域四方之語，以爲裨補輶軒所載。」《西京雜記》所言，實本雄〈答劉歆書〉。

釋名八卷

《釋名》八卷，漢徵士北海劉熙成國撰。〈序〉云：「名之於實，各有類義，百姓日稱而不知其所以然之意，故撰天地、陰陽、四時、邦國、都鄙、車服、喪紀，下及民庶應用之器，即物名以釋義。<small>館臣案：此句原本脫去，今據《文獻通考》補入。</small>凡二十七篇。」

> 廣棪案：《四庫全書總目》卷四十〈經部〉四十〈小學類〉一著錄：「《釋名》八卷，<small>內府藏本。</small>漢劉熙撰。熙字成國，北海人。其書二十篇。以同聲相諧，推論稱名辨物之意，中間頗傷於穿鑿。然可因以考見古音。又去古未遠，所釋器物，亦可因以推求古人制度之遺。……明選又稱此書爲二十七篇，與今本不合。

明選，萬曆中人，不應別見古本。殆一時失記，誤以二十爲二十七歟？」余嘉錫《四庫提要辨證》卷二〈經部〉二〈小學類〉「《釋名》八卷」條辨《四庫全書總目》之誤曰：「熙〈自序〉云：『撰天地、陰陽、四時、邦國、都鄙、車服、喪紀，下至民庶應用之器，論敘指歸，謂之《釋名》，凡二十七篇。』《玉海》引《崇文總目》云：『凡二十七目。』注曰：『《書目》同。』謂《中興館閣書目》。《書錄解題》卷三亦云：『凡二十七篇。』今世所行本，自〈釋天〉起至〈釋喪服〉第二十七止，明繙宋陳道人本及各通行本皆同。《提要》乃云二十篇，嚴可均《鐵橋漫稿》卷四〈答丁氏問〉又云二十八篇，不知其何所據也。且《提要》不考《崇文總目》等書，惟以明人所云二十七篇爲疑，可謂信手拈來，數典忘祖者矣。」余氏辨誤，至爲精當。是《釋名》原分八卷，凡二十七篇，《四庫全書總目》據內府藏本作二十篇，《鐵橋漫稿》又云二十八篇，恐皆有誤也。

廣雅十卷

《廣雅》十卷，魏博士張揖撰。凡不在《爾雅》者著於篇，仍用《爾雅》舊目。《館閣書目》云：「今逸，但存《音》三卷。」今書十卷，而《音》附逐篇句下，不別行。〈隋志〉稱《博雅》，避逆煬名也。揖又有《埤蒼》、《三蒼》、《訓詁雜字》、《古文字訓》，凡四書，見〈唐志〉，今皆不傳。

《博雅》乃隋曹憲撰。憲因揖之說，附以音解，避煬帝名，更之以爲「博」焉。隨齋批注。

廣棪案：《郡齋讀書志》卷第四〈小學類〉著錄：「《博雅》十卷。右隋曹憲撰。魏張揖嘗采《蒼雅》遺文爲書，名曰《廣雅》。憲因揖之說，附以《音解》，避煬帝諱，更之爲『博』云。後有張揖〈表〉。憲後事唐，太宗嘗讀書，有奇難字，輒遣使問憲，憲具爲音注，援驗詳復，帝歎賞之。」隨齋批注曰：「《博雅》乃隋曹憲撰。憲因揖之說，附以音解，避煬帝名，更之以爲『博』焉。」《四庫全書總目》卷四十〈經部〉四十〈小學類〉一著錄：「《廣雅》十卷，內府藏本。魏張揖撰。揖字稚讓，清河人。太和中官博士。……後魏江式〈論書表〉曰：『魏初博士清河張揖著《埤蒼》、《廣雅》、《古今字詁》。究諸《埤》、《廣》，稍長事類，抑亦於文爲益者也。然其《字詁》，方之許篇，或得或失矣。』是式謂《埤蒼》、《廣雅》勝於《字詁》。今《埤蒼》、《字詁》皆久佚，惟《廣雅》存。其書因《爾雅》舊目，博採漢儒箋註，及《三蒼》、《說文》諸書以增廣之。於揚雄《方言》亦備載無遺。隋秘書學士曹憲爲之音釋，避煬帝諱，改名《博雅》。故

至今二名並稱，實一書也。前有揖〈進表〉，稱凡萬八千一百五十文，分為上、中、下。《隋書·經籍志》亦作三卷，與〈表〉所言合。然註日梁有四卷。〈唐志〉亦作四卷。《館閣書目》又云今逸，但存《音》三卷。憲所註本，〈隋志〉作四卷，〈唐志〉則作十卷。卷數各參錯不同。蓋揖書本三卷《七錄》作四卷者，由後來傳寫，析其篇目。憲註四卷，即因梁代之本。後以文句稍繁，乃析為十卷。又嫌十卷煩碎，復併為三卷。觀諸家所引《廣雅》之文皆俱在，今本無所佚脫，知卷數異而書不異矣。然則《館閣書目》所謂逸者，乃逸其無註之本；所謂存《音》三卷者，即憲所註之本。揖原文實附註以存，未嘗逸，亦未嘗闕。惟今本仍為十卷，則又後人析之以合〈唐志〉耳。」上引《郡齋讀書志》及《四庫全書總目》，足與《解題》所述相互補證。是則《廣雅》一書，實張揖所撰，曹憲所音，或作三卷，或作四卷，甚或析為十卷，卷數雖異而內容無不同。書名或稱《博雅》，蓋煬帝名廣，避其諱耳。

爾雅新義二十卷

《爾雅新義》二十卷，陸佃撰。其於是書用力勤矣。〈自序〉以為「雖使郭璞擁篲清道，跂望塵躅可也」。以愚觀之，大率不出王氏之學，與劉貢父所謂「不徹薑食、三牛三鹿戲笑」之語，殆無以大相過也。《書》云：「玩物喪志。」斯其為喪志也宏矣。頃在南城傳寫，凡十八卷，其曾孫子遹刻於嚴州為二十卷。

廣棪案：《四庫全書總目》卷四十〈經部〉四十〈小學類〉一著錄：「《埤雅》二十卷，浙江巡撫採進本。宋陸佃撰。佃字農師，越州山陰人。少從學於王安石。熙寧三年擢進士甲科，授蔡州推官，選為鄆州教授。召補國子監直講，歷轉至左丞。未幾罷為中大夫，出知亳州。卒於官。事蹟具《宋史》本傳。……其《爾雅新義》僅散見《永樂大典》中，文字譌闕，亦不能排纂成帙。」余嘉錫《四庫提要辨證》卷二〈經部〉二〈小學類〉一「《埤雅》二十卷」條日：「嘉錫案：阮元《揅經室外集》卷二云：『《爾雅新義》二十卷，宋陸佃撰。陳振孫《書錄解題》云：「頃在南城，傳寫十八卷，其曾孫子遹刻于嚴州為二十卷。」是編從宋刻，依樣影鈔，凡二十卷，殆即子遹之所刻歟？』今案：此書自經阮元進呈外，嘉慶間蕭山陸芝榮曾將此書刻板印行，至道光間，南海伍崇曜又刻入《粵雅堂叢書》。」是則此書之陸子遹宋刻本尚存完帙，非如《四庫全書總目》所言「文句譌闕，亦不能排纂成帙」者也。《四庫全書總目》僅據《永樂大典》本發

論，亦可謂考而未核矣。

埤雅二十卷

《埤雅》二十卷，陸佃撰。曰〈釋魚〉、〈釋獸〉，以及於〈鳥〉、〈蟲〉、〈馬〉、〈草〉、〈木〉，而終之以〈釋天〉，所以為《爾雅》之輔也。此書本號《物性門類》，其初嘗以〈釋魚〉、〈釋木〉廣棪案：盧校本「〈釋魚〉、〈釋木〉」為「〈說魚〉、〈說木〉」。二篇上之朝，編纂將就，而永裕上賓，不及再上；既注《爾雅》，遂成此書。

廣棪案：佃子宰為此書作〈序〉曰：「嘉祐前《經義》之未作也，先公獨以說《詩》得名；其于鳥獸草木蟲魚，尤多所識。熙寧後，始以經術革詞賦，先公《詩講義》遂盛傳于時，學校爭相筆受，如恐不及。元豐間，預修《說文》，因進書獲對。神考縱言，至於物性。先公敷奏稱旨，德音稱善，且恨古未有著為書者。先公又奏臣嘗試為之未成，未敢進也。天意欣然，便欲見之，因進〈說魚〉、〈說木〉二篇。自是益加筆削，號《物性門類》。編纂將終，而永裕上賓矣。先公旋亦補外，所至以平易臨民，故其事簡政清，因得專意論譔。既注《爾雅》，乃虞此書。既就，名以《埤雅》，言為《爾雅》之輔也。」《解題》所述者，殆據宰〈序〉隱括而成。《四庫全書總目》卷四十〈經部〉四十〈小學類〉一云：「《埤雅》二十卷，浙江巡撫採進本。宋陸佃撰。……凡〈釋魚〉二卷、〈釋獸〉三卷、〈釋鳥〉四卷、〈釋蟲〉二卷、〈釋馬〉一卷、〈釋木〉二卷、〈釋草〉四卷、〈釋天〉二卷。刊本〈釋天〉之末，註後闕字。然則併此書亦有佚脫，非完本矣。宰〈序〉稱佃於神宗時召對，言及物性，因進〈說魚〉、〈說木〉二篇。後乃並加筆削。初名《物性門類》。後註《爾雅》畢，更修此書，易名《埤雅》，言為《爾雅》之輔也。」據是則今本《埤雅》雖云二十卷，實有佚脫，已非佃之完本矣。

其於物性精詳，所援引甚博，而亦多用《字說》。

案：宰〈序〉曰：「《埤雅》比之《物性門類》，益愈精詳，文亦簡要。先公作此書，自初迄終僅四十年，不獨博極群書，而農父、牧夫、百工、技藝，下至輿臺、皁隸，莫不諏詢。苟有所聞，必加試驗，然後紀錄，則其深微淵懿，宜窮天下之理矣。」是《解題》稱此書「於物性精詳，所援引甚博」，固有據依矣。然《郡齋讀書志》卷第四〈小學類〉著錄：「陸氏《埤雅》二十卷。右皇朝陸佃

農師撰。書載蟲魚鳥獸草木名物，喜采俗說。然佃，王安石客也，而其學不專主王氏，亦似特立者。」則與《解題》「亦多用《字說》」之說異。《四庫全書總目》於陳、晁異說，則以《郡齋讀書志》為非。其「《埤雅》二十卷」條云：「其說諸物，大抵略於形狀而詳於名義。尋究偏旁，比附形聲，務求其得名之所以然。又推而通貫諸經，曲證旁稽，假物理以明其義，中多引王安石《字說》。蓋佃以不附王安石行新法，故後入元祐黨籍。其學問淵源則實出安石。晁公武《讀書志》謂其說『不專主王氏，亦似特立』。殆未詳檢是編，誤以論其人者論其書歟？」是則佃此書，淵源固出自王氏，公武之說非確論也。

注爾雅三卷

《注爾雅》三卷，鄭樵撰。其言：「《爾雅》出自漢代箋注未行之前，蓋憑《詩》、《書》以作。廣棪案：盧校本「作」下有「《爾雅》」二字。《爾雅》明，則百家箋注皆可廢。《爾雅》，應釋者也；箋注，不應釋者也。言語、稱謂、宮室、器服、草木、蟲魚、鳥獸之所命不同，人所不能識者，故為之訓釋。義理，人之本有，無待注釋。注釋則人必生疑，反舍經之言，而泥注解之言。或者復舍注解之意，而泥己之意以為經意。」

廣棪案：樵此書〈自序〉曰：「大道失而後有《六經》，《六經》失而後有《爾雅》，《爾雅》失而後有箋注《爾雅》與注俱奔走《六經》者也。但《爾雅》逸，箋注勞。《爾雅》者，約《六經》而歸《爾雅》，故逸；箋注者，散《爾雅》以投《六經》，故勞。有《詩》、《書》而後有《爾雅》。《爾雅》憑《詩》、《書》以作，往往出自漢代箋注未行之前，其孰以為周公哉！《爾雅》，釋《六經》者也。《爾雅》明，百家箋注皆可廢。《爾雅》，應釋者也；箋注，不應釋者也。人所不識者，當釋而釋之曰應釋。人所不識者，當釋而不釋；所識者，不當釋而釋之，曰不應釋。……何物為《六經》？集言語、稱謂、宮室、器服、禮樂、天地、山川、草木、蟲魚、鳥獸而為經，以義理行乎其間而為緯。一經一緯，錯綜而成文，故曰《六經》之文。《爾雅》謂言語、稱謂、宮室、器服、禮樂、天地、山川、草木、蟲魚、鳥獸之所命不同，人生不應識者也，故為之訓釋。義理者，人之本有，人生應識者也。故嬰兒知好惡，瞽者、聾者知信義，不憑文字而後顯，不藉訓釋而後知。《六經》所言，早為長物，何況言下復有言哉！故《爾雅》不釋焉。後之箋註家反是。於人不應識者則略，應識者則詳。舍經而從緯，背實以應虛，致後學昧其所不識，而妄其所識也。蓋人所不應識者，經也，實也；

不得釋則惑，得釋則明。……人所應識者，緯也，虛也；釋則不顯，不釋則顯。董遇有言：『讀百遍，理自見者。』爲此也。……何謂釋則不顯？且如《論語》所謂學而時習之，不亦說乎！無箋注，人豈不識。《孟子》所謂亦有仁義而已矣！何必曰利。無箋注，人豈不識。《中庸》所謂天命之謂性，率性之謂道。無箋注，人豈不識。此皆義理之言，可詳而知，無待注釋；有注釋則人必生疑，疑則曰：此語不徒然也。迺舍經之言而泥注解之言，或者復舍注解之意而泥己之意以爲經意，故去經愈遠。……此患無他，生於疑爾。其疑無他，生於本來識者而作不識解爾。《爾雅》訓釋《六經》極有條理，然只是一家之見，又多徇於理而不達乎情狀，故其所釋《六經》者《六經》本意未必然。樵酷愛其書得法度，今之所注，只得據《爾雅》意旨所在，因探經以爲證，不可叛之也。其於物之名有拘礙處，亦略爲之摭正云爾。」《解題》所述者，蓋隱括樵〈序〉之旨而成之。

此其爲說雖偏，而論注釋之害，則名言也。

案：毛晉爲此書作〈跋〉曰：「舊有《爾雅》注什餘家，如劉歆、樊光、李巡、孫炎、沈旋、施乾、謝嶠諸子爲尤著。先輩病其漏略，湮而不傳。惟郭景純攷采二九載，詮成三卷，最爲稱首。第晉代迄今幾千餘年，況本文多江南人語，而郭氏居河東，古今世殊，南北俗異，意義、音聲之間，誠有未盡合者。迨宋，邢昺、杜鎬九人疏之，非不詳洽；漁仲又懼後人舍經而泥箋注，復舍箋注而泥己意，別出手眼，採經爲證，不畔作者本旨。郭氏所謂『擁篲清道，企望塵躅』者，其在斯乎！」《四庫全書總目》卷四十〈經部〉四十〈小學類〉一亦曰：「《爾雅註》三卷，兩淮鹽政採進本。宋鄭樵撰。……南宋諸儒大抵崇義理而疏考證，故樵以博洽傲睨一時，遂至肆作聰明，詆諆毛、鄭。其《詩辨妄》一書，開數百年杜撰說經之捷徑，爲通儒之所深非。惟作是書，乃通其所可通，闕其所不可通。文似簡略，而絕無穿鑿附會之失，於說《爾雅》家爲善本。」是則樵之此書，功在小學，卓有勳績，至其論注釋之害更屬名言，治注疏之學者固應恪守不渝者矣。

蜀爾雅三卷

《蜀爾雅》三卷，不著名氏。《館閣書目》案：「李邯鄲云唐李商隱采蜀語為之。」當必有據。

廣棪案：《宋史》卷二百二〈志〉第一百五十五〈藝文〉一〈經類‧小學類〉著

錄：「李商隱《蜀爾雅》三卷。」與《解題》同。《經義考》卷二百八十〈擬經〉十三著錄：「李氏商隱《蜀爾雅》，《通考》三卷，佚。」是彝尊亦以此書爲商隱撰。惜書已佚，無由考究矣。

說文解字三十卷

《說文解字》三十卷，漢太尉祭酒汝南許慎叔重撰。凡十四篇，并〈序目〉一篇，各分上、下卷，凡五百四十部，九千三百五十三文，重一千一百六十三。雍熙中，右散騎常侍徐鉉奉詔校定。以唐李陽冰排斥許氏爲臆說，末有新定字義三條。其音切則以唐孫愐《韻》爲定。

廣枝案：《郡齋讀書志》卷第四〈小學類〉著錄：「《說文解字》三十卷，右漢許慎撰，李陽冰刊定。僞唐徐鉉再是正之，又增加其闕字。」《四庫全書總目》卷四十一〈經部〉四十一〈小學類〉二著錄：「《說文解字》三十卷，通行本。漢許慎撰。慎字叔重，汝南人。官至太尉南閣祭酒。是書成於和帝永元十二年。凡十四篇，合〈目錄〉一篇，爲十五篇。分五百四十部，爲文九千三百五十三，重文一千一百六十三，註十三萬三千四百四十字。推究六書之義，分部類從，至爲精密。而訓詁簡質，猝不易通。又音韻改移，古今異讀，諧聲諸字，亦每難明。故傳本往往譌異。宋雍熙三年，詔徐鉉、葛湍、王惟恭，句中正等重加刊定。凡字爲《說文》註義序例所載而諸部不見者，悉爲補錄。又有經典相承，時俗要用，而《說文》不載者，亦皆增加，別題之曰新附字。其本有正體而俗書譌變者，則辨於註中。其違戾六書者，則別列卷末。或註義未備，更爲補釋，亦題臣鉉等案以別之。音切則一以孫愐《唐韻》爲定。以篇帙繁重，每卷各分上、下，即今所行毛晉刊本是也。」《郡齋讀書志》與《四庫全書總目》所述，均足與《解題》相互發明。

字林五卷

《字林》五卷，晉弦令呂忱撰，太乙山僧雲勝注。案：〈隋〉、〈唐志〉皆七卷《三朝國史志》惟一卷，董氏《藏書志》三卷。其書集《說文》之漏略者凡五篇，然雜揉錯亂，未必完書也。

廣枝案：《文獻通考》卷一百八十九〈經籍考〉十六〈經小學〉引巽巖李氏曰：「〈隋〉、〈唐志〉皆云七卷，恐誤。今五卷具在。此《說文》部敘初無欠闕，不

應五卷外，更有兩卷。《崇文》及《邯鄲總目》並無忱書，余獨得之豫章，但恨傳寫脫誤，且它說雜揉其間，非復忱書舊本也。忱所增古文、籀文，今《說文》多已附見，疑後人因忱書悉收繫許氏，若許氏先自有之，忱又何補焉。〈隋志〉又載宋揚州督護吳恭《字林音義》五卷。忱書今間有音，獨無吳恭姓名，仍無卷標署隱篇次第。篇首又題太一山僧雲勝註，亦不知雲勝者何許人。忱書要為可惜。除古文、籀文已附見《說文》外，他字亦多繫《類篇》。尚有未收繫者，故忱本書不可遽使散落，須求善本校正之。」李燾所言可與《解題》相參證，至足貴也。

玉篇三十卷

《玉篇》三十卷，梁黃門侍郎吳興郡顧野王希馮撰，唐處士富春孫彊增加。大約本《說文》，以後漢反切音未備，但云「讀若某」，其反切皆後人所加，多疏樸脫誤。至梁時，四聲之學盛行，故此書不復用直音矣。其文字雖增多，然雅俗雜居，非若《說文》之精覈也。又以今文易篆字，易以舛訛。世人以篆體難通，今文易曉，故《說文》遂罕習。要當求其本源可也。

廣棪案：《郡齋讀書志》卷第四〈小學類〉著錄：「《玉篇》三十卷，右梁顧野王撰。唐孫彊又嘗增字，僧神珙〈反紐圖〉附於後。」《解題》則未述及神珙〈反紐圖〉。《四庫全書總目》卷四十一〈經部〉四十一〈小學類〉二著錄：「《重修玉篇》三十卷，兵部侍郎紀昀家藏本。梁大同九年黃門侍郎兼太學博士顧野王撰。唐上元元年富春孫強增加字。宋大中祥符六年陳彭年、吳銳、邱雍等重修。凡五百四十二部。……卷末所附沙門神珙〈五音聲論〉及〈四聲五音九弄反紐圖〉，為言等韻者所祖。近時休寧戴氏作〈聲韻攷〉，力辯反切始魏孫炎，不始神珙。其說良是。至謂唐以前無字母之說，神珙字母乃剽竊儒書，而託詞出於西域。則殊不然。攷《隋書・經籍志》稱婆羅門書以十四音貫一切字，漢明帝時與佛經同入中國。則遠在孫炎前。又釋藏譯經字母，自晉僧伽婆羅以下，可攷者尚十二家，亦遠在神珙前。蓋反切生於雙聲，雙聲生於字母。此同出於喉吻之自然，華不異梵，梵不異華者也。中國以雙聲取反切，西域以字母統雙聲，此各得於聰明之自悟，華不襲梵，梵不襲華者也。稽其源流，具有端緒。特神珙以前，自行於彼教。神珙以後，始流入中國之韻書，亦如利瑪竇後，推步測驗參用西法耳，豈可謂歐羅巴書全剽竊洛下鮮于舊術哉！戴氏不究其本，徒知神珙在唐元和以後，遂據其末而與之爭，欲以求勝於彼教。不知聲音之學，西域實

為專門。儒之勝於釋者，別自有在，不必爭於此也。」此說可與《解題》相發明。

廣韻五卷

《廣韻》五卷，隋陸法言撰。館臣案：陸法言本名《切韻》，孫愐修之為《唐韻》，陳彭年等修之為《廣韻》，雖相因而作，實各自成書。此以《廣韻》為法言撰，與下「共為撰集」句弗貫，疑有脫誤。開皇初，有劉臻等八人同詣法言，共為撰集，長孫訥言為之箋注，唐朝轉有增加。至開元中，陳州司法孫愐著成《唐韻》，本朝陳彭年等重修。《中興書目》云：「不知作者。案《國史志》有《重修廣韻》，題皇朝陳彭年等。《景祐集韻》亦稱真宗令陳彭年、邱雍等因陸法言《韻》就為刊益。今此書首載景德、祥符敕牒，以《大宋重修廣韻》為名，然則即彭年廣校案：盧校本「彭年」下有「等」字。所修也。」

　　廣校案：《郡齋讀書志》卷第四〈小學類〉著錄：「《廣韻》五卷。右隋陸法言撰。其後唐孫愐加字，凡四萬二千三百八十二。前有法言、長孫訥言、孫愐三〈序〉。」又《廣韻》五卷元刊本許經〈手跋〉曰：「馬貴與《經籍考》列《廣韻》五卷，而不及《唐韻》。蓋此書創之者法言也，助撰者劉臻等八人也，為之箋注者長孫訥言也。《宋國史志》有《重修廣韻》，即係此書。真宗時，陳彭年等因孫氏舊本更加刊益，卷首有景德、祥符敕牒，而此不載。又法言與訥言各自有〈序〉，而此亦不復見矣。古書之難覯已如吉光片羽，當時《中興書目》且不知源流，而後世又誤以《禮部韻略》目為《唐韻》，不知《韻略》撰自丁度，詳定於孫諤、蘇軾，蓋以便舉子場屋之用，其繁簡更自徑庭也。」《四庫全書總目》卷四十二〈經部〉四十二〈小學類〉三著錄：「《重修廣韻》五卷，兩淮馬裕家藏本。宋陳彭年、邱雍等奉敕撰。初，隋陸法言以呂靜等六家韻書各有乖互，因與劉臻、顏之推、魏淵、盧思道、李若、蕭該、辛德源、薛道衡八人，撰為《切韻》五卷，書成於仁壽元年。唐儀鳳二年，長孫訥言為之注，後郭知玄、關亮、薛峋、王仁煦、祝尚邱遞有增加。天寶十載，陳州司法孫愐重為刊定，改名《唐韻》。後嚴寶文、裴務齊、陳道固又各有添字。宋景德四年，以舊本偏旁差譌，傳寫漏落，又注解未備，乃命重修。大中祥符四年書成，賜名《大宋重修廣韻》，即是書也。舊本不題撰人，以丁度《集韻》考之，知為彭年、雍等爾。其書二百六韻，仍陸氏之舊，所收凡二萬六千一百九十四字。考唐封演《聞見記》載陸法言韻凡一萬二千一百五十八字，則所增凡一萬四千三十字矣。」以上各條所

記，與《解題》可相互補證。

說文解字繫傳四十卷

《說文解字繫傳》四十卷，南唐校書郎廣陵徐鍇楚金撰。為〈通釋〉三十篇，〈部敘〉二篇，〈通論〉三篇，〈袪妄〉、〈類聚〉、〈錯綜〉、〈疑義〉、〈系述〉各一篇。鍇至集賢學士、右內史舍人，不及歸朝而卒。

> 廣棪案：《四庫全書總目》卷四十一〈經部〉四十一〈小學類〉二著錄：「《說文繫傳》四十卷，兵部侍郎紀昀家藏本。南唐徐鍇撰。鍇字楚金，廣陵人。官至內史舍人。宋兵下江南，卒於圍城之中。事蹟具《南唐書》本傳。是書凡八篇。首〈通釋〉三十卷，以許慎《說文解字》十五篇，篇析為二。凡鍇所發明及徵引經傳者，悉加『臣鍇曰』及『臣鍇案』字以別之。繼以〈部敘〉二卷，〈通論〉三卷，〈袪妄〉、〈類聚〉、〈錯綜〉、〈疑義〉、〈系述〉各一卷。〈袪妄〉斥李陽冰臆說。《疑義》舉《說文》偏旁所有而闕其字，及篆體筆畫相承小異者。〈部敘〉擬《易‧序卦傳》以明《說文》五百四十部先後之次。〈類聚〉則舉字之相比為義者，如一二三四之類。〈錯綜〉則旁推六書之旨，通諸人事，以盡其意。終以〈系述〉，則猶《史記》之〈自序〉也。」《四庫全書總目》所考，較《解題》為詳贍。

鍇與兄鉉齊名，或且過之。而鉉歸朝通顯，故名出鍇上。此書援引精博，小學家未有能及之者。

> 案：此書熙寧己酉冬傳察王聖美本書首有蘇頌題曰：「嘉祐中，予編定集賢書，暇日因往見樞相宋鄭公，謂予曰：『知君校中秘書，皆以文字訂正，此正校讎之事也。』又曰：『文字之學，今世罕傳。《說文》之外，復得何書？』予以徐公《繫傳》為對。公曰：『某少時觀此，未以為奇。其後兄弟留心字學，當世之書訪求殆遍，其間論議曾不得徐公之彷彿，其所據以今所得校之，十不及其五六，誠賅洽無比也。』又問予曰：『小徐學問、文章、才敏，皆優于其兄，而後人稱美出其兄下，何耶？』予曰：『信如公言。所以然者，楚金仕江左，少年早卒；鼎臣歸朝，公卿皆與之游，士大夫從其學者亦眾，宜乎名高一時也。』公再三見賞，相謂曰：『君之評論精詣如此，當書錄以遺，異日修史者不能出此說也。』因校此書畢，追思公言，聊志諸卷末。己酉十二月十五日，子容題。」案宋鄭公即宋庠，子容乃蘇頌之字。頌之所論，與直齋若合符契，此蓋當時公論也。

說文韻譜十卷

《說文韻譜》十卷，徐鍇撰。又取《說文》以聲韻次之，便于檢討。

　　廣校案：《郡齋讀書志》卷第四〈小學類〉著錄：「《說文解字韻譜》十卷，右南唐徐鍇撰。鍇以許慎學絕，取其字分譜四聲，殊便檢閱，然不具載其解爲可恨，頗有意再編之。」所記與《解題》同，惟公武頗有慊於此書者。

鍇爲作〈序〉。

　　案：鍇所撰〈序〉曰：「舍弟楚金特善小學，因命取叔重所記，以《切韻》次之，聲韻區分，開卷可睹。楚金又集《通釋》四十篇，考先賢之微言，暢許氏之玄旨，正陽冰之新義，析流俗之異端，文字之學善矣，盡矣！今此書止欲便于檢討，無恤其他，故聊存詁訓以爲別識。其餘敷演，有《通釋》焉。五音凡五卷，詒諸同志者也。」鍇〈序〉稱此書五卷，與《解題》著錄作十卷者不同。《郡齋讀書志》亦作十卷，孫猛《郡齋讀書志校證》曰：「按今本徐鍇〈序〉謂凡五卷，此書今通行《函海》本亦五卷，題作《說文解字韻譜》，《四庫總目》卷四十一著錄明李燾刊本，作《說文解字篆韻譜》五卷《小學彙函》本同。十卷本者，尚見《楹書隅錄》卷一，舊鈔本，出宋本，與《讀書志》合，而謝啓昆謂『十』當作『五』《書錄解題》、《通志・藝文略》卷二〈小學類・文字種〉並誤，說見《小學考》卷十一。」是則此書或作五卷，或稱十卷，聚訟紛紜，未悉孰是。今《北京圖書館古籍善本書目・經部・小學類》著錄有《說文解字韻譜》五卷，乃元延祐三年種善堂刻本；又有十卷明鈔本。是則此書或作五卷，或分爲十卷，元、明之際猶如此，似無須絮絮聚訟之也。

佩觽三卷

《佩觽》三卷，國子《周易》博士洛陽郭忠恕恕先撰。「觽」者，所以解結也。

　　廣校案：《鄭堂讀書記補逸》卷八〈經部・小學類〉二〈字書〉著錄：「《佩觽》三卷，澤存堂叢刊本。宋郭忠恕撰。忠恕，字恕先，洛陽人。仕周爲宗正丞，兼國子書學博士。宋太宗時，召爲國子監主簿，後流登州，卒於道。……按恕先於太宗初即位，召赴闕，館於太學，令刊歷代字書，此其所上之一也。上卷凡分三科，備論六書形聲譌變之由。一曰造字，二曰四聲，三曰傳寫。中、下二卷，凡分十科，以四聲相配，辨字畫之異同疑似。名曰『佩觽』者，即取《詩》『童子佩觽』。觽所以解結之意。恕先精六書之學，故其所解，皆辨博而中條理。」《鄭

堂讀書記補逸》所述較《解題》爲詳贍。

忠恕嗜酒狂縱，數犯法忤物得罪，其死時頗異，世傳以尸_{廣校案：盧校本「尸」}上有「爲」字。**解。**

> 案：《宋史》卷四百四十二〈列傳〉第二百一〈文苑〉四略載：「忠恕幼能誦書屬人，七歲童子及第，兼通小學，最工篆籀。縱酒疏馳，有佳山水，即淹留不去，或逾月不食。盛暑暴露日中，體不沾汗。窮冬即鑿河冰而浴，其旁凌澌消釋，人皆異之。尤善畫，得之者藏以爲寶。忠恕性無檢局，放縱敗度，上憐其才，每優容之，益使酒肆言，謗讟時政。擅鬻官物，取其直。詔減死，決杖流登州。時太平興國二年也。至齊州臨邑，謂部送吏曰：『我逝矣。』因掊地爲穴，度可容其面，俯窺焉而卒。槁葬于道側。後數月，故人取其尸將改葬之，若蟬蛻焉。所定《古文尚書》并《釋文》行于世。又有《佩觿》三卷，論字所由，校定分毫，有補後人，亦奇書也。」《宋史》本傳稱忠恕之尸「若蟬蛻」，亦即《解題》所謂「尸解」者也。

景祐集韻十卷

《景祐集韻》十卷，直史館宋祁、鄭戩等修定，學士丁度、李淑典領。字訓皆本《說文》，餘凡例詳見於〈序〉。《說文》所無，則引他書爲解。字五萬三千五百二十二，比舊增二萬七千三百三十一。_{館臣案：「五萬三千」二句，原本脱去，今據《文獻通考》補入。}

> 廣校案：《郡齋讀書志》卷第四〈小學類〉著錄：「《集韻》十卷。右皇朝丁度等撰。度與李淑、宋祁、鄭戩、王洙、賈昌朝同定，字五萬三千五百二十五，比舊增二萬七千三百三十一。」所記與《解題》大體相同。惟《四庫全書總目》卷四十二〈經部〉四十二〈小學類〉三則曰：「《集韻》十卷，_{兩淮馬裕家藏本。}舊本題宋丁度等奉敕撰。前有〈韻例〉，稱景祐四年太常博士直史館宋祁、太常丞直史館鄭戩等建言：『陳彭年、邱雍等所定《廣韻》，多用舊文，繁略失當。因詔祁、戩與國子監直講賈昌朝、王洙同加修定。刑部郎中、知制誥丁度，禮部員外郎、知制誥李淑爲之典領。』晁公武《讀書志》亦同。然考司馬光〈切韻指掌圖序〉稱『仁宗皇帝詔翰林學士丁公度、李公淑增崇韻學，自許叔重而降凡數十家，總爲《集韻》，而以賈公昌朝、王公洙爲之屬。治平四年，余得旨繼纂其職，書成上之，有詔頒焉。嘗因討究之暇，科別清濁爲二十圖』云云。

則此書奏於英宗時，非仁宗時。成於司馬光之手，非盡出丁度等也。」《四庫全書總目》所考，與《解題》及《讀書志》均有所不同，彼此或可互為補證。

類篇四十五卷

《類篇》四十五卷，丁度等既修《集韻》，奏言：「今添字多與顧野王《玉篇》不相參協，乞委修韻官別為《類篇》，與《集韻》並行。」自寶元迄治平迺成書，歷王洙、胡宿、范鎮、司馬光始上之，熙寧中頒行。

> 廣校案：《郡齋讀書志》卷第四〈小學類〉著錄：「《類篇》四十九卷。右皇朝景祐中，丁度受詔修《類篇》，至熙寧中，司馬光始奏書。文三萬一千三百一十九，重音二萬一千八百四十六，以《說文》為本。」其言丁度受詔修《類篇》，與《解題》所記丁度奏言不同。此書曹寅刊本卷末有「附記」則曰：「寶元二年十一月，翰林院學士丁度等奏：今修《集韻》，添字既多，與顧野王《玉篇》不相參協，欲乞委修韻官將新韻添入，別為《類篇》，與《集韻》相副施行。時修韻官獨有史館檢討王洙在職，詔洙修纂。久之，洙卒，嘉祐二年九月，以翰林學士胡宿代之；三年四月，宿奏乞光祿卿直祕閣掌禹錫、大理寺丞張次立同加校正。六年九月，宿遷樞密副使，又以翰林學士范鎮代之。治平三年二月，范鎮出鎮陳州，又以龍圖閣直學士司馬光代之。時已成書，繕寫未畢，至四年十二月上之。」《解題》與「附記」所載同。則受詔修《類篇》者非丁度甚明，度僅上奏建議修此書耳。公武所言誤也。

凡十五篇，各分上、中、下，以《說文》為本，而例有九云。

> 只十四篇，四十二卷。言稱十五篇，恐是〈目錄〉三卷亦與。隨齋批注。
>
> 案：隨齋批注曰：「只十四篇，四十二卷。言稱十五篇，恐是〈目錄〉三卷亦與。」隨齋言連〈目錄〉為十五篇，所言甚是。近見上海圖書館藏有此書之汲古閣影宋鈔本，與隨齋批注所說同。《四庫全書總目》卷四十一〈經部〉四十一〈小學類〉二著錄：「《類篇》四十五卷，兩淮馬裕家藏本。舊本題司馬光撰。……書凡十五卷，每卷各分上、中、下，故稱四十五卷。末一卷為〈目錄〉，用《說文解字》例也。凡分部五百四十四。其編纂之例有九：一曰同音而異形者皆兩見。二曰同意而異聲者皆一見。三曰古意之不可知者皆從其故。四曰變古而有異義者皆從今。五曰變古而失真者皆從古。六曰字之後出而無據者皆不特見。七曰字之失故而遂然者皆明其由。八曰《集韻》之所遺者皆載。九曰字之無部分者

皆以類相聚。」《四庫全書總目》亦以第十五卷為〈目錄〉，而所述此書編纂之九例至明確，可與《解題》相參證。

禮部韻略五卷、條式一卷

《禮部韻略》五卷、《條式》一卷，雍熙殿中丞邱雍、景德龍圖閣待制戚綸所定，景祐知制誥丁度重修，元祐太學博士增補。其曰「略」者，舉子詩賦所常用，蓋字書聲韻之略也。

廣棪案：《郡齋讀書志》卷第四〈小學類〉著錄：「《禮部韻略》五卷。右皇朝丁度撰。元祐中，孫諤、蘇軾更加詳定。」孫猛《郡齋讀書志校證》曰：「按邱雍《韻略》五卷，見《崇文總目》卷一〈小學類〉下；景德四年戚綸詳定《韻略》五卷，見《玉海》卷四十五引《中興書目》。《中興書目》另有《景祐禮部韻略》五卷，謂『丁度等承詔重修』，是《讀書志》所錄蓋丁度重修本，公武未嘗誤。丁度等重修《韻略》事，見《續資治通鑑長編》卷一一四。」猛所考甚詳贍。至《解題》所謂「元祐太學博士增補」者，此即指孫諤其人也，蓋諤時正任太學博士。《條式》一卷《解題》未詳述及之。考《四庫全書總目》卷四十二〈經部〉四十二〈小學類〉三「《附釋文互註禮部韻略》五卷、附《貢舉條式》一卷」條曰：「末附《貢舉條式》一卷，凡五十三頁。所載上起元祐五年，下至紹熙五年，凡一切增刪韻字、廟諱、祧諱、書寫試卷格式，以及考校章程，無不具載。多史志之所未備，猶可考見一代典制。」是則《條式》之全名應稱《貢舉條式》，其書內容《四庫全書總目》考之甚明。

復古編二卷

《復古編》二卷，吳興道士張有謙中撰。有工篆書，專本許氏《說文》，一點畫不妄錯。林中書攄母〈魏國夫人墓道碑〉，有書之。「魏」字從「山」，攄以為非。有曰：「世俗以從『山』者為『巍』，不從『山』者為『魏』，非也。其實二字皆當從『山』，蓋一字而二音爾。《說文》所無，手可斷，字不可易也。」攄不能彊。

廣棪案：《四庫全書總目》卷四十一〈經部〉四十一〈小學類〉二著錄：「《復古編》二卷，兵部侍郎紀昀家藏本。宋張有撰。有字謙中，湖州人，張先之孫，出家為道士。……樓鑰《集》有此書〈序〉。……鑰〈序〉又記其為林攄母撰〈墓

碑〉，書『魏』字作『巍』，終不肯去『山』字。陳振孫所記亦同。然考此書『巍』
字下註曰：『今人省「山」以爲魏國之魏，不以爲俗體別字。』是其說復古而不
戾今，所以爲通人之論。視魏校等之詭僻盜名，強以篆籀入隸者，其識趣相去
遠矣。」是則《解題》所記爲林擄母書碑事，乃據鑰〈序〉。而有此書雖稱「復
古」，惟復古而不戾今，具通人之識見《四庫全書總目》譽之，殆有由也。

晚著此書，專辨俗體之訛，手自書之。

案：《郡齋讀書志》卷第四〈小學類〉著錄：「《復古編》三卷。右皇朝張有謙中
撰。有自幼喜小篆，年六十成此書，三千言。據古、《說文》以爲正，其點畫之
微，轉側縱橫，高下曲直，毫髮有差則形聲頓異，自陽冰前後名人，格以古文，
往往有失。其精且博如此。」此說堪與《解題》相發明。然《郡齋讀書志》著
錄此書作三卷，則疑有錯誤。孫猛《郡齋讀書志校證》曰：「按《書錄解題》卷
三、〈宋志〉卷一作二卷，今安邑葛鳴陽刊本、《四部叢刊三編》本亦二卷，而
程俱〈序〉亦云二卷，疑《讀書志》『三』乃『二』之誤。〈宋志〉卷一著錄張
有《復古編》二卷、《政和甲午祭禮器欵識》一卷，抑公武所見書，合《欵識》
一卷歟？」孫猛謂《郡齋讀書志》合二書作三卷之說，可作參考。《四庫全書總
目》評此書曰：「是書根據《說文解字》以辨俗體之譌，以四聲分隸諸字，於正
體用篆書，而別體、俗體則附載註中。猶顏元孫《干祿字書》分正、俗、通三
體之例。下卷入聲之後附錄辨證六篇。一曰聯綿字，二曰形聲相類，三曰形相
類，四曰聲相類，五曰筆迹小異，六曰上正下譌，皆剖析毫釐，至爲精密。」
是則此書之結構猶稱完整，著作心思亦縝密，《四庫全書總目》稱爲「剖析毫釐，
至爲精密」，應非無據。

陳了齋為之〈序〉。

案：了齋，陳瓘號。瓘爲此書撰〈序〉略曰：「吳興張謙中習篆籀，行筆圓勁，
得李斯、陽冰之法。校正俗書與古字戾者，采摭經傳，日考月校，久而不懈。
元豐中，予宦於吳興，見其用心之初，今廿有九年然後成書，凡集三千餘字，
名曰《復古編》。其說以謂：『專取會意者不可以了六書，離析偏旁不可以見全
字，求古人之心而不見糟粕，固以永矣。』又取一全體鑿爲多字，情生之說，
可說可玩，而不足以消人之意，譬猶入海算沙，無有畔岸，運籌役志，迷不知
改，豈特達如輪扁，然後能笑其誤哉？往揚子雲留意古道，用之於玄，或笑其
自苦，或譏其作經，然子雲意在贊《易》，非與《易》競；而劉歆之徒方計目前
利害，無意於古，覆醬瓿之語，足以發子雲之一笑而已。今去子雲又千有餘歲，

士守所學而能不忘復古之志者，可不謂之難得也哉！謙中用心於內，不務進取，一裘一葛，專趣內典。予方杜門待盡，亦讀法界之書，嘗聞棗柏之言曰：『作器者先須立樣，造車者當使合轍，古無今有，即是邪道，不可學也。』予嘗三復此語，因思學道之要，不以古聖爲樣轍者，皆外遊爾，堯、舜、禹、皋陶之所謂稽古者，豈特可以爲方內之法哉？致遠恐泥，不可以違轍樣，而況大學之道乎？後之好古者，觀俗尚論，將有稽於此焉。」張有治字學以復古爲職志，讀瓘此〈序〉殆可推知。

韻補五卷

《韻補》五卷，吳棫撰。取古書自《易》、《書》、《詩》而下，以及本朝歐、蘇，凡五十種，其聲韻與今不同者皆入焉。朱侍講多用其說於《詩傳》、《楚辭注》，其爲書詳且博矣。又有《毛詩補音》一書，別見〈詩類〉，大歸亦若此。

廣棪案：《四庫全書總目》卷四十二〈經部〉四十二〈小學類〉三著錄：「《韻補》五卷，兩淮鹽政採進本。宋吳棫撰。武夷徐蕆爲是書〈序〉。……蕆〈序〉稱所著有《書裨傳》、《詩補音》、《論語指掌考異續解》、《楚辭釋音》、《韻補》，凡五種。陳振孫《書錄解題‧詩類》載棫《毛詩補音》十卷，註曰：『棫又別有《韻補》一書，不專爲《詩》作。』〈小學類〉載棫《韻補》五卷，註曰：『棫又有《毛詩補音》一書，別見〈詩類〉。』今《補音》已亡，惟此書存。自振孫謂朱子註《詩》用棫之說，朱彝尊作《經義考》，未究此書僅五卷，於《補音》十卷條下誤註『存』字。世遂謂朱子所據即此書，莫敢異議。考《詩集傳》如〈行露〉篇二家字，一音谷，一音各空反。〈騶虞〉篇二虞字，一音牙，一音五紅反。〈漢廣〉篇，廣音古曠反，泳音于誑反。〈綠衣〉篇，風音孚愔反之類。爲此書所無者，不可殫舉。〈兔罝〉篇，仇音渠之反，以與逵叶。此書乃據《韓詩》逵作逵，音渠尤反，以與仇叶。顯相背者亦不一。又朱子《語錄》稱：『棫音務爲蒙，音嚴爲莊。』此書有務而無嚴。周密《齊東野語》稱：『朱子用棫之說，以艱音巾，替音天。』此書有艱而無替。則朱子所據，非此書明甚。蓋棫音《詩》，音《楚辭》，皆據其本文推求古讀，尙能互相比較，粗得大凡。故朱子有取焉。此書則泛取旁搜，無所持擇，所引書五十種中，下逮歐陽修、蘇軾、蘇轍諸作，與張商英之《僞三墳》，旁及《黃庭經》、《道藏》諸歌，故參錯冗雜，漫無體例。」據《四庫全書總目》所考，則朱子之注《毛詩》、《楚辭》，所用棫說者乃據其《毛

詩補音》及《楚辭釋音》，而非《韻補》。《四庫全書總目》所考可信。

以愚考之，古今世殊，南北俗異，語言音聲，誠不可得盡合者。古之為《詩》學者，多以諷誦，不專在竹帛，竹帛所傳不過文字，而聲音不可得而傳也。又漢以前未有反切之學，許氏《說文》、鄭氏《箋》、《注》，但言「讀若某」而已，其于後世四聲七音，又豈能盡合哉？

案：《顏氏家訓》卷第七〈音辭〉第十八曰：「夫九州之人，言語不同，生民已來，固常然矣。自《春秋》標齊言之傳，〈離騷〉目《楚辭》之經，此蓋其較明之初也。後有揚雄著《方言》，其言大備。然皆考名物之同異，不顯聲讀之是非也。逮鄭玄注《六經》，高誘解《呂覽》、《淮南》，許慎造《說文》，劉熹製《釋名》，始有譬況、假借以證音字耳。而古語與今殊別，其間輕重清濁猶未可曉；加以內言、外言、急言、徐言、讀若之類，蓋使人疑。」《解題》之論語言音聲不易盡合，大體同於顏氏。而顧炎武撰《音學五書》，其〈音論〉卷下亦曰：「漢時人未有反切，故於字之難知者，多注云讀若。趙宧光《說文長箋·凡例》曰：『古無音切二法，音聲之道無邊，而同音者甚少，故許氏但有讀若。若者，猶言相似而已，可口授而不可筆傳也。』」是「讀若」之法，音相似而未盡精當，故與後世四聲七音未能盡合。是亭林所論頗同於直齋。

反切之學，自西域入中國，至齊、梁間盛行，然後聲病之說詳焉。

案：鄭樵《通志》卷六十四〈藝文略〉第二〈小學類〉第四曰：「切韻之學起自西域，舊所傳十四字貫一切音，文省而音博，謂之婆羅門書。然猶未也。其後又得三十六字母，而音韻之道始備。中華之韻只彈四聲，然有聲有音。聲為經，音為緯。平上去入者，四聲也，其體縱，故為經。宮商角徵羽半徵半商，七音也，其體橫，故為緯。經緯錯綜，然後成文。臣所作韻書備矣。釋氏謂此學為小悟，學者誠不可忽也。」此說正補《解題》所未及。蓋知反切，然後聲病之說可詳也。

韻書肇于陸法言，于是有音同韻異，若東、冬、鍾、魚、虞、模、庚、耕、清、青、登、蒸之類，斷斷乎不可以相雜，若此者豈惟古書未之有，漢、魏以前亦未之有也。

案：法言撰有《切韻》一書，於音同韻異之字剖析毫釐，惜其書已失傳，後人根據文獻記載及敦煌殘卷，猶可略知其梗概。江永《古韻標準·例言》曰：「韻書廣桉案：指《切韻》。流傳至今者，雖非原本，其大致自是周顒、沈約、陸法言之舊。分部列字雖不能盡合於古，亦因其時音已流變，勢不能泥古違今。其

間字似同而音實異，部既別則等亦殊，皆雜合五方之音，剖析毫釐，審定音切，細尋脈絡，曲有條理。其源自先儒經傳子史音切諸書來。」江永言切韻之法源於「先儒經傳子史音切諸書」，似與《解題》相異，究其實，乃補直齋所未及耳。法言〈切韻序〉記其晚年事跡，謂：「屏居山野，交游阻隔，疑或之所，質問無從。……遂取諸家音韻，古今字書，以前所記者，定爲《切韻》五卷。」是亦足證法言撰《切韻》，「其源自先儒經傳子史音切諸書來」者也。

陸德明于〈燕燕〉詩，以「南」韻「心」，有讀「南」作尼心切。陸以為古人韻緩，不煩改字。此誠名言。今之讀古書古韻者，但當隨其聲之叶而讀之。若「來」之為「釐」，「慶」之為「羌」，「馬」之為「姥」，聲韻全別，不容不改。其聲韻苟相近，可以叶讀，則何必改之？如「燔」字必欲作汾沿反，「官」字必欲作俱員反，「天」字必欲作鐵因反之類，則贅矣。

案：陸德明之說，見《經典釋文・毛詩音義》。德明謂：「古人韻緩，不煩改字。」直齋據之，故主張讀古書古韻，當隨聲叶讀。除聲韻全別不容不改外，其餘聲韻相近者則叶讀之，以免贅疣。德明、直齋之說，眞通人之論也。

字始連環二卷

《字始連環》二卷，鄭樵撰。大略謂六書惟類聲之生無窮，音切之學，自西域流入中國，而古人取音制字，乃與《韻圖》吻合。

廣棪案：《玉海》卷四十五〈藝文・小學〉「宋朝《象類書》」條載：「《書目》：『鄭樵《字始速環》二卷，論字畫音韻。』……鄭樵〈六書略〉曰：『臣《六書證》篇實本《說文》而作，凡許氏是者從之，非者違之。《說文》形也，以母統子。《廣韻》聲也，以子該母。臣舊作〈象類書〉，總三百三十母，爲形之王，八百七十子，爲聲之主。合千二百文而成無窮之字。《說文》定五百四十類爲字之母，然母能生而子不能生。誤以子爲母者二百十類。』〈七音略〉曰：『漢人課籀隸，以通文字之學。江左競〈風〉〈騷〉，始爲韻書，以通文字之學。然不識子母，失制字之旨；不識七音，失立韻之源。七音之韻，起自西域，流入諸夏。華僧定之以三十六爲之母，重輕清濁，不失其倫，天地萬物之音備於此矣。』」所記綦詳，足與《解題》相參證。

論梵書一卷

《論梵書》一卷，鄭樵撰。

廣棪案：《玉海》卷第四十五〈藝文・小學〉「宋朝〈象類書〉」條載：『鄭樵《論梵書》三卷。』」《宋史》卷二百二〈志〉第一百五十五〈藝文〉一〈經類・小學類〉著錄此書作三卷，趙士煒《中興館閣書目輯考》同。則此書於宋世固有作三卷者矣。《文獻通考》卷一百九十〈經籍考〉十七〈經小學〉著錄此書則作一卷，與《解題》同。並引樵論華梵字音曰：「諸蕃文字不同，而多本於梵書。流入中國，代有大鴻臚之職，譯經潤文之官，恐不能盡通其旨，不可不論也。梵書左旋，其勢向右；華書右旋，其勢向左。華以正錯成文，梵以遍纏成體。華則一字該一音，梵則一字或貫數音。華以直相隨，梵以橫相綴。華蓋以目傳，故必詳於書；梵以口傳，如曲譜然，書但識其大略。華之讀別聲，故就聲而借；梵之讀別音，故即音而借。」又曰：「梵人別音，在音不在字；華人別字，在字不在音。故梵書甚簡，不過數個屈曲耳，差別不多，亦不成文理，而有無字之音焉。華人苦不別音，如《切韻》之學，自漢以前，人皆不識，實自西域流入中土。所以韻圖之類，釋子多能言之，而儒者皆不識起例，以其源流出於彼耳。華書制字極密，點畫極多；梵書比之，實相遼邈。故梵有無窮之音，而華有無窮之字。梵則音有妙義，而字無文彩；華則字有變通，而音無錙銖。梵人長於音，所得從聞入，故曰：『此中眞教，體清淨，在音聞。我昔三菩提，盡從聞中入。』有目根功德少，耳根功德多之說。華人長於文，所得從見入，故天下以識字人爲賢者，不識字人爲庸愚。」是樵之分別華梵文字聲音，其論既縝密，又精闢，就此可推知《論梵書》若存，固非凡之作也。

石鼓文考三卷

《石鼓文考》三卷，鄭樵撰。其說以爲石鼓出于秦，其文有與秦斤、秦權合者。

樵以本文「㦰」、「殹」兩字，秦斤、秦權有之，遂以石鼓爲秦物。先文簡論而非之，其說甚博。隨齋批注。

廣棪案：隨齋批注曰：「樵以本文『㦰』、『殹』兩字，秦斤、秦權有之，遂以石鼓爲秦物。先文簡論而非之，其說甚博。」批注此言之「先文簡」，乃隨齋之曾祖程大昌，大昌此說見《雍錄》。《雍錄》卷九〈事物〉項下有〈岐陽石鼓文〉一至七，共七篇。其〈岐陽石鼓文〉六載：「紹興壬子，福唐鄭昂得洪慶善所遺石鼓墨本，即用退之〈石鼓詩〉韻，次和謝之。其〈自跋〉曰：『昂貢隸辟雍時，

常徘徊鼓下，以舊本校之，字又差訛矣。兵燹以來，不知何在。』莆田鄭樵著〈石鼓考〉，其文多至數百千言，謂鼓入辟雍及保和殿。皆與昂同，或得之於昂也。樵之博固可重，而語多不審。予嘗辨正之，文多不錄。」隨齋所謂「先文簡論而非之，其說甚博」者，殆指此。

嘯堂集古錄二卷

《嘯堂集古錄》二卷，_{館臣案：《文獻通考》「嘯堂」作「嘯臺」。}王俅子弁撰。李邴漢老序之，稱故人長孺之子，未詳何王氏也。皆錄古彝器欵識，自商迄秦凡數百章，以今文釋之，疑者闕焉。

廣棪案：容庚〈宋代吉金書籍述評〉曰：「《嘯堂集古錄》二卷，任城王俅子弁著。……案李邴〈序〉云：『一日，予故人開國長孺之子王俅子弁見過，出書二巨編，皆類鍾鼎字，甚富，名《嘯堂集古錄》，且謂余曰：「俅不揆，留意于此久矣，自幼至今，每得一器欵識，必摹本而投之篋，積三十餘年，凡得數篋，則又芟夷剪截，獨留善者編次之，其志猶以謂未足也，他日再獲古文奇字，即續于卷末。」』此書所收：卷上鼎六十八，尊十八，彝十四，卣三十八，壺五，爵二十九，斝三，觚十三，卮一，觶三；卷下角一，敦二十六，簠一，簋二，豆一，鋪一，甗六，虹燭錠一，印三十七，銅盤銘一，帶鉤一，墓銘一，匜九，盤二，洗一，銷一，杅一，鐸一，鐘十七，鑒十四，洗一，鉶鏗一，鼎一，鐘二，鼎三，彝五，鐘一，匜一，尊一，鼎一，爵一，敦二，鼎一，彝二，槃一，匜一，甬一，鼎一，權一，凡三百四十五器。自洗以下二十八器排列失次，即李氏所云再獲續于卷末者也。全書只有釋文而無考證。續錄銘文、釋文間有刪節，缺釋。如〈齊侯盤〉，銘文十七字，只錄七字，釋文只有四字。〈齊侯匜〉，銘文十七字，只錄六字，釋文只有三字。〈谷口甬〉，銘文四十五字，只錄三十二字，又無釋文。鏡鑒銘文，刪節尤多。……李〈序〉不記成書年月。考李邴字漢老，濟州任城人。崇寧五年（1106）進士，官至資政殿學士。紹興五年（1135），詔問掌執方略。邴條上戰陣、守備、措畫、綏懷各五事，不報。閑居十一（史誤作七）年。紹興十六年（1146），卒于泉州，年六十三。（《宋史》卷三七五）邴與俅之父長孺同師、同舍、同鄉關，又為同年進士，其作〈序〉約在閑居之時。淳熙三年，曾機『得其鋟版』，復為作〈跋〉。李〈序〉又云：『晚見《宣和博古圖》，……然流傳人間者才一二見而已。近年好事者亦刊鼎文于石，從而辨識，字既失真，而立說疏略，殊可怪笑。』此書之成在《博古》之後，而非襲

取《博古》之銘文，取校《博古》（蔣暘翻至大本），互有優劣；其〈齊侯鐘〉五器，銘文略大於《博古》。李〈序〉所云『好事者刊鼎文于石』，不知所指。」容氏此文，考證贍博，足資讀《解題》者參考。

鍾鼎篆韻一卷

《鍾鼎篆韻》一卷，不著名氏。案《館閣書目》此書有二家，其一七卷，其一一卷。七卷者，紹興中通直郎薛尚功所廣；一卷者，政和中主管衡州露仙觀王楚也。則未知此書之為王楚否？廣棪案：盧校本作「則未知此書之為王楚與薛尚功與否？」。

　　廣棪案：《郡齋讀書志》卷第四〈小學類〉著錄：「《鍾鼎篆韻》七卷。右皇朝薛尚功集。元祐中，呂大臨所載僅數百字。政和中，王楚所傳亦不過數千字。今是書所錄，凡一萬一百二十有五。」是則直齋所藏者乃王楚所傳之一卷本，公武所藏者乃薛尚功所集之七卷本。一卷本不過數千字，七卷本「凡一萬一百二十有五」字。二本之相異處如此。

尚功有《鍾鼎法帖》十卷，刻于江州。當是其《篆韻》之所本也。

　　案：孫猛《郡齋讀書志校證》曰：「振孫所謂《鍾鼎法帖》，即《鍾鼎款識》，嘗刻於石，故有法帖之名。」而《四庫全書總目》卷四十一〈經部〉四十一〈小學類〉二則詳考之曰：「《歷代鍾鼎彝器款識法帖》二十卷，兩江總督採進本。宋薛尚功撰。尚功字用敏，錢塘人。紹興中以通直郎僉定江軍節度判官廳事。是書晁公武《讀書志》、《宋史・藝文志》均作二十卷，與今本同。惟陳振孫《書錄解題》作《鍾鼎法帖》十卷，卷數互異，似傳寫脫『二』字。然吾邱衍《學古編》亦作十卷，所云刻於江州，與振孫之說亦符。蓋當時原有二本也。……尚功所著，別有《鍾鼎篆韻》七卷，蓋即本此書而部分之。」頗足發明《解題》所述。是知《鍾鼎法帖》，其全稱應為《歷代鍾鼎彝器款識法帖》，此書有十卷本與二十卷本。直齋所得者為十卷本。尚功所集之《鍾鼎篆韻》七卷本，或據《鍾鼎法帖》以廣王楚一卷本而成者也。

前漢古字韻編五卷

《前漢古字韻編》五卷，侍郎宣城陳天麟季陵撰。取《漢書》所用古字，以

今韻編入之。

廣棪案：天麟《宋史》無傳。《宋人傳記資料索引》載：「陳天麟，字季陵，宣城人。年三十三，登紹興十八年四甲第八名進士，累官集賢殿修撰，歷知饒州、襄陽、贛州，並有惠績，未幾罷。起集英殿修撰，卒。有《易三傳》、《西漢南北史左氏綴節》、《攖寧居士集》。」可知其生平略。惟未記及天麟之任侍郎及撰此書事，仍有漏略也。此書早已散佚，如非《解題》著錄，亦無由知其內容梗概。《宋史》卷二百二〈志〉第一百五十五〈藝文〉一〈經類‧小學類〉著錄作「陳天麟《前漢通用古字韻編》五卷」，書名多「通用」二字。

班馬字類二卷

《班馬字類》二卷，參政嘉禾婁機彥發撰。取二史所用古字及假借通用者，以韻類之。

廣棪案：機〈跋〉曰：「世率以班固史多假借古字，又時用偏旁，音釋各異，然得善註易曉，遂為據依。機謂：『固作《西漢書》，多述司馬遷之舊論，古字當自遷史始。』因取《史記正義》、《索隱》、《西漢音義》、《集韻》諸書訂正，作《班馬字類》，互見各出，不沒其舊，而音義較然。違舛尚多，更俟增易。」可知機撰作此書旨趣。《四庫全書總目》卷四十一〈經部〉四十一〈小學類〉二著錄：「《班馬字類》五卷，內府藏本。宋婁機撰。……其書採《史記》、《漢書》所載古字、僻字，以四聲部分編次。雖與《文選雙字》、《兩漢博聞》、《漢雋》諸書大概略同，而考證訓詁，辨別音聲，於假借通用諸字臚列頗詳。實有裨於小學，非僅供詞藻之掇撦。」則評價甚高。《四庫全書總目》所據內府藏本，書作五卷，然〈宋志〉及《中興館閣續書目》均作二卷，或分卷有所不同耶？

洪邁景盧作〈序〉。

案：洪〈序〉曰：「今之為文者必祖班、馬，馬史無善注，麈殆至於不能讀，故班書顯行，好事者寫放摹述之，如入喬岳巨川，隨意所適，欲富者剖珠金，作室者睨楩梓，獵師搏熊豹，漁人籍魚鼈，隨其淺深，有求必致，蓋未聞有索手而空歸者。《史記》但有《索隱》、《意林》之學，其昧昧自如西漢。自唐柳宗直作《文類》，陶叔獻繼之，於是程氏《誨蒙》、陳氏《六帖》，與夫《摘奇》、《博聞》諸書，錯出並見，而予亦綴《法語》數萬言。家為荀、袁，皆得一體。今檇李婁君機獨采摭二史，彙之以韻，旁通假借，字字取之毋遺，如鳴球在縣，

洋洋有太古氣，超然新工，盡掩眾作。不必親見揚子雲，然後能作奇字；不必
訪李監陽冰子，然後能為文詞。學班、馬氏固未有如此者。去年予在鄉里得其
書，以冊帙博大，不能以自隨，姑刪摭其旨以為〈序〉。婁君清尚修絜，一時儁
士也。淳熙甲辰上巳日，鄱陽洪邁書於金華松齋。」邁於機及其書，推譽至隆
矣。

漢隸字源六卷

《漢隸字源》六卷，婁機撰。以世所存漢碑三百有九，韻類其字，魏碑附焉
者僅三十之一。<small>廣棪案：「之」字疑應作「有」。</small>首有〈碑目〉一卷，每字先載經
文，而以漢字著其下，一字數體者並列之。皆以〈碑目〉之次第著其所從出。

<small>〈序〉謂洪文惠公作五種書，《釋》、《纘》、《圖》、《續》皆成，唯《韻》書未就，而婁
忠簡繼為之。隨齋批注。</small>

廣棪案：隨齋批注曰：「〈序〉謂洪文惠公作五種書，《釋》、《纘》、《圖》、《續》
皆成，唯《韻》書未就，而婁忠簡繼為之。」批注所謂之〈序〉，乃指洪邁所作
〈序〉。洪文惠公即邁兄洪适，适《韻》書未成，故機乃繼為此書。《四庫全書
總目》卷四十一〈經部〉四十一〈小學類〉二著錄曰：「《漢隸字源》六卷，<small>內
府藏本。</small>宋婁機撰。機字彥發，嘉興人。乾道二年進士，寧宗朝累官禮部尚書，
兼給事中，權知樞密院事，兼太子賓客，進參知政事，提舉洞霄宮。事蹟具《宋
史》本傳。其書前列考碑、分韻、辨字三例。次〈碑目〉一卷，凡漢碑三百有
九，魏、晉碑三十有一，各紀其年月地里，書人姓名，以次編列，即以其所編
之數，註卷中碑字之下，以省繁文。次以〈禮部韻略〉二百六部，分為五卷，
皆以真書標目，而以隸文排比其下。韻不能載者十四字，附五卷之末終焉。其
文字異同，亦隨字附註。……於古音古字亦多存梗概，皆足為考證之資，不但
以點畫波磔為書家模範已也。」是則機此書，編纂固有法度，內容亦至足參考，
故《四庫全書總目》頗表彰之。

亦洪邁序。

案：邁〈序〉曰：「《漢隸字源》六帙，檇李婁君彥發所輯也。其書甚清，其抒
意甚勇，其考贖甚精，其立說甚當，其沾丐後學者甚篤。凡見諸石刻若壺、鼎、
刀、鏡、盆、槃、洗、甓，著錄者三百有九。起東京建武，訖鴻都建安，殆二
百年，濫觴于魏者僅卅而一。光和骨立，開元晶肙，點畫之鑪錘，法度之奧，

假借之同而異，發縱之簡而古，合蔡中郎諸人筆力通神之妙，皆聚此編。憶吾兄文惠公自壯至老，耽癖弗懈，嘗區別爲五種書，曰《釋》、曰《纘》、曰《韻》、曰《圖》、曰《續》，四者備矣，唯《韻書》不成，以爲蠹，竭目力於摹寫，至難醻。且且而求之，字字而倣之，雖眾史堵牆，孫甥魚貫，不堪贊一筆也。功之弗就，使獲睹是書，且悉循其《隸釋》次第志之，所底不謁而同，正應憬然起立，興不得並時之歎。彥發曩歲有《班馬字類》，突過諸家漢史之學，予嘗序之矣。今此帙刊於高明臺，方通守吾州，朱墨鮮暇，趣了官事，竟輒蕭然一室中，廝興側睨，但見其放策欠伸，搔頭揩眼，而用心獨苦之狀，固所不克知。彥發汜學有原委，工詞章，身端行治，名最三吳，而諸公貴人不解收拾，使周鼎幹棄，與康瓠等。予頃備侍從，承清問於燕閒，宣昭聲光，宜不辭費，顧亦不能一出諸口，心焉負愧，聊復再暢敍以自釋云。慶元三十二月朔旦，野處洪景盧序。」讀邁〈序〉，則知隨齋所批注者，全取材於此。

廣干祿字書五卷

《廣干祿字書》五卷，婁機撰。唐顏元孫為《干祿字書》，其姪真卿書之，刻石吳興，為世所寶。辨正、通、俗三體，目以「干祿」，謂舉子所資也。

廣棪案：《郡齋讀書志》卷第四〈小學類〉著錄：「《干祿字書》一卷。右唐顏元孫纂。以經史所用爲『正』，世所行爲『俗』，二者之間爲『通』，凡三體。」《四庫全書總目》卷四十一〈經部〉四十一〈小學類〉二亦著錄：「《干祿字書》一卷，兩淮馬裕家藏本。唐顏元孫撰。元孫，杲卿之父，眞卿之諸父也。官至滁、沂、濠三州刺史，贈祕書監。大歷九年，眞卿官湖州時，嘗書是編勒石。……是書爲章表書判而作，故曰『干祿』。其例以四聲隸字，又以二百六部排比字之後先。每字分俗、通、正三體，頗爲詳核。……其書酌古準今，實可行用，非詭稱復古，以奇怪釣名。言字體者，當以是爲酌中焉。」婁氏此書，固廣元孫《干祿字書》而作也。

機熟于小學，嘉泰中教授資善堂，景獻時為惠國公，數問字畫之異，因為此書。續唐之舊，故仍「干祿」之名。既而悟其非所以施於朱邸也，則以「干祿百福」之義傅會焉。

案：嘉泰，寧宗年號。景獻，趙詢謚，詢乃寧宗皇太子。婁機曾除吏部侍郎兼太子左庶子，後改兼太子詹事，故教授於資善堂，並撰此書以授詢。《文獻通考》

卷一百九十〈經籍考〉十七〈經小學〉著錄此書，並引《中興藝文志》云：「婁機撰。機取許愼《說文》及諸家字書，按以蔡伯喈《五經備體》、張參《五經文字》、田敏《九經字樣》，與夫《經典釋文》、《子史古字》，參以本朝丁度所書《集韻》，爲《廣干祿字書》，蓋廣唐人顏元孫之書也。」固可推知機撰此書時博考群書及其依據。「干祿」即求取科名之謂，釋爲「干祿百福」者，眞附會也。

修校韻略五卷

《修校韻略》五卷，祕書省正字莆田劉孟容以《說文》、《字林》、《干祿書》、《五經文字》、《九經字樣》、《佩觿》、《復古編》等書修校。

廣校案：孟容《宋元學案》卷六十九〈滄洲諸儒學案〉上「劉先生孟容」條載：「劉孟容，字公度，隆興人，靜春先生子澄之族子也。舊從學于子澄，亦嘗學于陸子。嘗以書勸朱子弗爲講學之爭，朱子答以『臨川近說愈肆，〈荊舒祠記〉曾見之否？此等議論，皆學問偏枯、見識昏迷之故』。而私意又從而激之：『若公度之說行，則此等事無人管矣。』又貽書云：『建昌士子過此者多，方究得彼中道理，端的是異端，誤人不少。向見賢者亦頗好之，近亦覺其非否？』則孟容亦曾從朱子論學者。王梓材謹案：「先生爲公非先生攽之玄孫，于靜春爲族子。蓋始學于靜春，而又師朱子者。父龜年，朝奉郎，朱子表其墓。」是則孟容乃名祖名父之後也。《宋人傳記資料索引》亦載：「劉孟容，字公度，臨江軍清江人，龜年子。初從族人劉清之學，又學於陸九淵。嘗以書勸朱熹弗爲講學之爭。登淳熙八年進士，歷太常寺主簿，祕省正字，慶元元年添差遣。」此載與《宋元學案》足相發明。《解題》未詳及孟容生平仕履，二書正可補足之。孟容此書已佚，讀《解題》猶幸悉其修校《韻略》之依據。

韻略分毫補注字譜一卷

《韻略分毫補注字譜》一卷，進士耒陽秦昌朝撰。附前《韻略》之後，皆永嘉教授錢厚所刻也。

廣校案：錢厚，字憙德，一作德載，號竹巖嬾翁，臨安人。慶元二年進士。嘉定中，官常熟令。有《竹巖拾稿》。《宋人傳記資料索引》記其生平如此。此書已佚，而秦昌朝生平事蹟無可考。

竊謂小學當論偏旁尚矣，許叔重以來諸書是也。韻以略稱，止施於禮部貢舉，本非小學全書，於此而校其偏傍，既不足以盡天下之字，而欲使科舉士子盡用篆籀點畫於試卷，不幾於迂而可笑哉！進退皆無據，謂之贅可也。

案：此書據《韻略》而校其偏旁《韻略》所收字僅九千五百九十，故《解題》謂「既不足以盡天下之字」；況更欲使士子「盡用篆籀點畫於試卷」乎？直齋責以「迂而可笑」、「進退無據」，非過論也。

附釋文互注韻略五卷

《附釋文互注韻略》五卷，以監本增注而釋之。

廣棪案：此書宋刊本猶存，傅增湘撰《藏園群書經眼錄》卷二〈經部〉二〈小學類〉著錄：「《附釋文互注禮部韻略》五卷，宋刊本，半葉十行，行小字四十，大字一當小字四，白口，左右雙闌，版心上記字數，下記刊工姓名。卷五後有牌子如下式：嘉定六年四月望鋟版於雲間洞天。鈐有『玉蘭堂』、『梅谿精舍』、『季振宜讀書』、『滄葦』、『乾學』、『王雲私印』諸印記。按：此書爲揚州何氏舊藏，考爲第一刻本，瞿氏藏本恐尚在後，惜匆匆不及校勘。五卷末嘉定牌子恐是後人補刻，其實刻本尚在前，或是高、孝時所刊本。壬午冬文祿堂王進卿送閱，癸未正月二十五日閱畢還之。藏園」是則傅氏所見者，猶或爲高、孝宗時刊本。周中孚《鄭堂讀書記》卷十四〈經部〉八〈小學類・韻書〉亦著錄此書，云：「不著撰人名氏。按《讀書志》、《書錄解題》、《通考》、〈宋志〉俱作《禮部韻略》，無『附釋文互注』五字，惟〈宋志〉上有『纂注』二字。晁氏云：『皇朝丁度撰。元祐中，孫諤、蘇軾再加詳定。』陳氏云：『雍熙殿中丞丘雍、景德龍圖閣待制戚綸所定。景祐制誥丁度重修，元祐太學博士增補。其曰略者，舉子詩賦所常用，蓋字書聲韻之略也。』今以晁、陳之說核之，本書部分與丁氏《集韻》合，是當出于丁氏所撰定，而又爲後人所增補也。」是則此書乃經丁氏等撰定，又爲後人增補者。至其增補之法《解題》謂「以監本增注而釋之」。《四庫全書總目》卷四十二〈經部〉四十二〈小學類〉三「《附釋文互注禮部韻略》五卷」條則曰：「每字之下，皆列官註於前，其所附互注，別題一『釋』字別之。」則其所增補者，與原本分別列示，眉目甚清晰也。

押韻釋疑五卷

《押韻釋疑》五卷，進士廬陵歐陽德隆、易有開撰。凡字同義異、字異義同者皆辨之，尤便於場屋。

　　廣棪案：此書今已不傳，所見者乃郭守正之《增修校正押韻釋疑》五卷本。《四庫全書》所收者即爲郭本。《四庫全書總目》卷四十二〈經部〉四十二〈小學類〉三著錄：「《增修校正押韻釋疑》五卷，江蘇巡撫採進本。《押韻釋疑》，宋紹定庚寅廬陵進士歐陽德隆撰。景定甲子郭守正增修。守正字正己，自號紫雲山民。《永樂大典》所引『紫雲韻』，即此書也。初，德隆以《禮部韻略》有字同義異、義同字異者，與其友易有開因監本各爲互注，以便程試之用。辰陽袁文炜爲之〈序〉。後書肆屢爲刊刻，多所竄亂。守正因取德隆之書，參以諸本，爲刪削增益各十餘條，以成此書。」是則《押韻釋疑》固德隆、有開所合撰，增修校正者乃守正也。陸心源《儀顧堂續跋》卷四〈影宋抄押韻釋疑跋〉云：「紫雲先生《增修校正押韻釋疑》五卷，題曰『廬陵進士歐陽德隆釋疑，紫雲山民郭正己校正。』影寫宋景定本，每頁十八行，每行大字十六、雙行小字二十四。前有紹定庚寅袁文炜〈序〉、景定甲子郭守正〈序〉。《江西通志・進士表》無歐陽德隆名，或領鄉解而未第進士，猶孫季昭之稱進士歟？」是則德隆之仕宦，似有進一步考究之必要。文獻不足，暫從缺略。

字通一卷

《字通》一卷，彭山李從周肩吾撰。

　　廣棪案：從周有〈自序〉曰：「字而有隸者，于此而推之，思過半矣。名之曰《字通》。彭山李從周。」則此書之撰，固欲以明隸書之源流者。魏了翁爲之〈序〉，曰：「古之教必由小學，將以參稽象類，涵養本初，爲格物求仁之本。此如兵法，遠交近攻具有次第，其在學者孰非當知。而後世師友道缺，高者騖于上達，卑者安于小成，于是禮、樂、射、御、書、數咸失其傳焉。乃有以書學名者，則僅出于一伎一能之士，而他無所進也。予病此已久。一日，李肩吾以一編示予，大較取俗之所易，論而不察焉者，以點畫偏旁粹類爲目，而質以古文，名曰《字通》。凡予所病于俗者，皆已開卷了然。肩吾蓋博觀歷覽而能返諸義理之歸者也。往滯于偏旁訓故，而不知進于大學之歸，故非徇末以流于藝，則必曲學以誤其身。且近世博通古文宜莫如夏文莊，以會意一體貫通六書，王文公亦自謂有得于今文矣。迨其所行，俱不若未知書者，遂使世以書爲不足學，此豈書之罪耶？范忠文、司馬文正《類篇》之作，比音釋字，其明于五音之輕重、八體之後先，

視夏若王，殆若過之，而學術行誼爲世標表。蓋二老由下學而充之者也，夏若王則翫文字，滯佔畢以終其身焉耳。肩吾其必有擇于斯矣。」《四庫全書總目》卷四十一〈經部〉四十一〈小學類〉二亦著錄：「《字通》一卷，兩淮鹽政採進本。宋李從周撰。從周始末未詳。據嘉定十三年魏了翁〈序〉，但稱爲彭山人，字曰肩吾。末有寶祐甲寅虞兟刻書〈跋〉，亦但稱得本於了翁。均不及從周之仕履，莫能考也。是書以《說文》校隸書之偏旁，凡分八十九部，爲字六百有一。其分部不用《說文》門類，而分以隸書之點畫，既乖古法。又既據隸書分部，乃仍以篆文大書，隸書夾註，於體例亦頗不協。且如水字火字既入上兩點類，而下三點內又出水字火字，旁三點示字類又再出水字，下四點內又出火字水字。如此之類，凡一百二十三字。破碎冗雜，殊無端緒。至於干字收於上兩點類，獨從篆而不從隸，既自亂其例。回字收於中日字類，臣字巨字臣字收於自字類，東字收於里字類，併隸書亦不相合。均爲乖刺。然其大旨主於明隸書之源流，而非欲以篆文改隸。猶顏元孫所謂去泰去甚，使輕重合宜者。……卷末附糾正俗書八十二字。」此書《解題》一無所述釋，觀上所引，魏〈序〉與《四庫全書總目》，一抑一揚，固知從周之書亦不免瑕瑜互見者。

切韻義一卷、纂要圖例一卷

《切韻義》一卷、《纂要圖例》一卷，汴陽謝暉撰。紹興十年序。

　　廣棪案：《宋元學案》卷六十五〈木鐘學案〉「謝先生暉」條載：「謝暉，自彥實，資陽人。自其曾祖爲沿海參議官，始家于鄞。先生識見通聞，聞永康胡汲仲以道學淑後進，往受業其門。或勸習舉子業，答曰：『學以博通古今，資文行耳，仕奚所急哉！』趙文敏孟頫授以書法。爲詩文簡淡雋永，人以得其片楮爲榮，先生亦不自祕惜，求輒應之；有所不可，雖貴勢不能動也。」《宋元學案》所載之謝暉，既曾受書法於趙孟頫，則應屬宋末元初人。而撰《切韻義》與《纂要圖例》之謝暉，其撰〈序〉既在紹興十年，則應爲高宗時人，且一籍屬資陽，一屬汴陽，迥不相侔。是知宋世有兩謝暉。惜《切韻義》、《纂要圖例》二書均已散佚，無從稽考矣。

第六章　結　論

　　余之研治《直齋書錄解題》，爲時已久。於攻讀博士學位時，所撰論文即爲《陳振孫之生平及其著述研究》。其時案頭之上常置《解題》一冊，以備溫尋查檢。日就月將，亦漸發覺《解題》書中頗有嚴重之訛誤與闕失，遂發願予以糾正，擬作振孫之諍臣。然其時百事蝟集，一時殊難措手。近儒余嘉錫先生，一生勤治《四庫全書總目》，所撰《四庫提要辨證》一書，訂訛糾謬，其法至善。其書不惟有功於紀氏《提要》，亦當世目錄學著作之巨構，余崇重服膺者久之。余之初衷，頗願步趨余氏，期盼於博士論文完成之後，一仿余書之體例，試行對《解題》全書作辨證。惟深知此事體大，實難一蹴即就。爲此事者，除須具備較佳之學術素養，對目錄學有湛深之鑽研外，尤須有周詳之計畫、豐碩之藏書、充裕之時間與無比之毅力；並須能獲得有關學術機構財力之支持，方望克有所成。因是，余初以條件未具，進行之際，屢感躊躇而趑趄。一九九四年五月，爲切盼達成一己之初衷，乃藉向國科會申請續聘之機會，乃以《直齋書錄解題（經錄之部）辨證》爲題，擬妥專題研究計畫，向國科會請求資助。稍後，專題研究計畫卒蒙通過。余乃決意屏除一切雜務，息交絕遊，全力投入辨證《解題》之工作。

　　惟於工作進行期間，研究計畫則因實際需要，一再加以增訂與擴充，故全書之撰作範圍，乃由最初之僅欲辨證《解題》經錄之訛闕，進而改爲對《解題》經錄全面作考證，最後且決定兼而考及振孫之經學及其經學目錄學。所以有此較大而絡繹更動之緣由，余已於〈緒論〉章中詳細述及之，茲不再贅。以是之故，余之專題研究題目，亦相應改訂爲：《陳振孫之經學及其〈直齋書錄解題〉（經錄之部）考證》。

　　余乃據改訂之題目重撰大綱，經一年之辛勤努力，專題研究終得以次第完成。全書凡六章：首章爲緒論，述此書撰作原委及研究範圍之擴充；次章考論振孫研治經學之主張；三章論述振孫之經學；四章論其經學目錄學；五章則考證《解題》經

錄之部；末章為結論，用以略述本書之成績，及其懸而待決之二三問題。上述所撰，除首章與末章發明較少外，其餘四章，自信均有突破前人之處，尤以第五章為然。茲謹作總結，略述本書之成績如後：

有關振孫研治經學之主張，自宋迄清均未見有就此問題撰作專篇以探討之者。迄於民國，陳樂素先生曾撰〈直齋書錄解題作者陳振孫〉及〈略論陳振孫直齋書錄解題〉二文〔註1〕，陳著二文內容雖甚富贍，然於此問題則未遑論及。喬衍琯先生亦撰有《陳振孫學記》一書〔註2〕，其書第五章〈學術思想〉第一節為〈經學〉，節中雖分《易》、《尚書》、《春秋》及附錄讖緯、小學以考振孫之經學，惟於振孫治經之主張則無一語提及，殊可異也，是以余應責無旁貸對此問題而有所探討論述焉。振孫治經之主張甚為繁富，就其犖犖大者而言之，可分為六點：須重視經學之授受源流，一也；須明辨經書之真偽，二也；主張研經須有自得之見，三也；主張立論須援據精博、信而有證，四也；反對瑣碎而重簡明，五也；反釋、老而闢異端，六也。余之論述，自信頗能揭示振孫治經主張之底蘊，且多前人未嘗道及者。故若論本書之成績，此其一歟？

有關振孫之經學，民國以前亦鮮有人作系統之研究。陳樂素先生〈直齋書錄解題作者陳振孫〉二〈述作〉中乃稍有所考論。然陳氏所考，僅略及《易》、《書》二經，所撰文則字數未及五百，故其內容殊難賅備。喬衍琯先生《陳振孫學記》一書，於第五章〈學術思想〉第一節〈經學〉中亦曾考及振孫之《易》、《書》、《春秋》及讖緯、小學之學，所考雖較樂素為詳贍，惜全節寫來，凌亂雜沓，眉目未清，殊欠組織；且該節既稱「〈經學〉」矣，而竟於振孫之《詩》、《禮》、《孝經》、《語》、《孟》及經解諸學，全棄而未顧，不作一考，則確難理解。即就其所已考者而觀之，除《易》、《書》二經所考稍詳細外，其餘則未見深入，且往往敷衍數筆，形同虛應，此實喬書之缺憾。余既決意繼陳、喬之後而考論振孫之經學，則必須有以突過陳、喬，並補二氏之闕失。故所訂之撰作方針，其一則為遍考振孫之經學，以補苴二氏未及之處；其二則為所考力求深細，以期超越陳、喬，並糾正二氏之譌闕。舉例言之，如余所考論振孫之《易經》學，則先探索其《易》學之家學淵源及此淵源對其治《易》之影響；繼則考及振孫所以推崇項安世《周易玩辭》及迴護程頤《易傳》之原因，並探求此推崇及迴護與其家學淵源之關係；再又考及振孫之所以重《古易》，及其反對劉牧、陸秉二家治《易》之因由；下及振孫之主張治《易》須該貫、簡潔，議論

<hr>

〔註1〕陳樂素〈直齋書錄解題作者陳振孫〉，見1946年十一月二十日《大公報·文史周刊》。〈略論陳振孫直齋書錄解題〉，見《中國史研究》一九八四年第二期。
〔註2〕喬衍琯《陳振孫學記》一書，台北文史哲出版社出版，民國六十九年六月印行。

精博，論說有源流，以及其反對怪僻、險澀、淺近無意理、雜說無詮次與辭旨深晦
諸點。上述種種，皆陳、喬二氏所未嘗道及。又如余考振孫之《尚書》學，則特別
表彰其辨僞精神。蓋振孫於《書經》今、古文之眞僞，均作出明徹之考辨；又於《解
題》中力辨〈書序〉、〈孔傳〉、〈尚書大傳〉、〈汲冢周書〉及〈古三墳書〉之爲僞作。
其於《書經》今、古文之授受源流亦闡述至爲精詳。且其治《書》有另一特色，則
爲敢於透露其政治主張，往往於其所作解題中，借題發揮以批評時政。至其治《書》
之力主詳博，主張解《書》不可彊通，反對主觀武斷以治《書經》種種，皆爲有見
地及心得之言，余皆一一舉例加以推尋。此亦皆陳、喬二氏所未嘗道者。至振孫研
治其餘各經之情況，余亦作全面深入之探求，以期所作考論，類能發潛德之幽光，
補陳、喬二家所未備。上述考論，具見本書第三章，茲不細述。統上而言，能詳考
出振孫經學之實況，補陳、喬二氏之未逮，乃爲本書成績之二也。

　　有關振孫之經學目錄學，前人考論及之者亦極鮮少。喬衍琯先生《陳振孫學記》
第五章〈學術思想〉第四節爲〈目錄學〉，所考振孫目錄學頗爲詳悉，惟余所考論者
幾全異於喬氏之撰。余之探研振孫之經學目錄學，首先探求其《解題》原本五十六
卷之體制，並及其與《四庫全書》本分作二十二卷之異同；再考論《解題》經錄
之分類，並校以《隋書・經籍志》、《舊唐書・經籍志》、《新唐書・藝文志》、《崇文
總目》、《郡齋讀書志》諸書之經部分類，以求取此六書彼此間之異同、得失，且揭
示《解題》分類有其勝於五書之處；繼詳考《解題》經錄撰寫解題之義例，下細分
著錄撰人義例、著錄書籍義例及其他著錄義例，力求條分縷析，無微不屆，且於各
類義例皆一一舉例詳加說明。經如此之考論，則有關振孫經學目錄學之底蘊，庶幾
可知其梗概。而喬氏所考，初則列示《解題》卷八〈目錄類〉中所著錄之各家書目；
繼則考及《解題》對各家書目之徵引，及《解題》與諸家書目之小同大異處，與《解
題》對各家書目補充訂正處；最後則舉例說明《解題》徵引各家書目之義例。是則
喬氏與余所考論者，彼此內容殊不相同。余之斯撰，能揭示振孫經學目錄學之狀況，
且所考內容殊異於喬氏。如斯撰作，庶幾可視爲本書成績之三也。

　　有關對《直齋書錄解題》全書作考證，前人似未有從事之者。自隨齋以還，下
逮清世鄒炳泰、盧文弨、張宗泰、王先謙輩，治《解題》雖各有建樹，然核其所作，
則僅局限於裨苴罅漏，拾遺補闕，未能深入而全面以考證全書，故氣魄殊欠宏大。
而喬衍琯先生則似有考證《解題》之計畫，惜綿延十五載，未見成書〔註 3〕。余亦

〔註 3〕喬衍琯《陳振孫學記》一書，其〈後記〉有云：「今彙集此十數篇資料，撰爲《陳振
　　　孫學記》。藉便省覽，以求正於方家。並對此一系列之著述，暫爲總結，俾從事《書
　　　錄解題考證》之撰寫。」〈後記〉署年爲「民國六十九仲夏之夜」，距今已十五載矣。

有考證《解題》之通盤計畫，其書之體例擬略仿清人姚振宗《隋書經籍志考證》及今人余嘉錫先生《四庫提要辨證》，冀能廣徵博搜相關資料以考《解題》之立論根據；且對《解題》之錯漏，亦擬進行校正刊誤，以補充其不足，且藉是而對《解題》全書詳作考證。今幸經錄之部業告完成，凡撰考證文字三百七十餘篇，其中信多心得之言；余所撰考證，均力求發前人之所未發，而篇中多有駁正振孫解題之誤謬及前人舊說之未安者。故余撰作此書，用於第五章者心力最巨，日月最富，惟收穫亦以此章最為豐碩。故此章之完成，實可視為本書成績之四。雖然，因囿於學力《解題》中亦有二三事為余無法作出考證者，特迻錄如左，就教通人。

《解題》卷一〈易類〉「《周易窮微》一卷」條云：

> 稱王輔嗣撰。凡為論五篇。《館閣書目》有王弼《易辨》一卷，其論〈彖〉，論〈象〉，亦類《略例》，意即此書也。又言弼著此書已亡，至晉得之，王羲之承詔錄藏於祕府，世莫得見，未知何所據而云。

案：此條所記王羲之承詔錄藏《周易窮微》於祕府事，不見《晉書》本傳，未知振孫《解題》之依據。

《解題》卷三〈春秋類〉「《春秋加減》一卷」條云：

> 稱元和十三年國子監奉敕定，不著人名。校定偏旁及文多寡，若《五經文字》之類。此本作小禩冊，才十餘板。前有「睿思殿書籍印」，末稱「臣雯校正」。蓋承平時禁中書也，不知何為流落在此。

案：此條所記之「睿思殿」、「臣雯」等，余皆未知所出，言之愧怍，尚乞海內外方家不吝賜教。〔註4〕

綜上所述，余撰作此書，頗具成績，庶可忝作《解題》之功臣與直齋之諍友。然振孫學問淵博，故其《解題》所述，亦有用事深奧，為余一時無法作出考證者。尚幸良師益友惠我良多，撰作此書期間，饒宗頤教授、王叔岷教授均為余承教最久之長者。二氏啟蒙解困，示我周行。其恩與德，誠令人沒齒難忘者也。

〔註4〕近已撰就〈「睿思殿」與「臣雯」考〉，為拙文〈讀陳振孫《直齋書錄解題·春秋類》札記三則〉之一則，對此問題已作圓滿解決。拙文將刊載《新亞論叢》（二〇〇六年）第八期。

後　記

　　此書初撰成於一九九六年八月，一九九七年三月由台北里仁書局版行問世，迄今已屆十載。一九九八年六月，余藉此書蒙教育部核准升任教授，後又因此書倖獲中華文化復興運動總會頒予一九九九年度「中正文化獎」。是此書出版後帶給本人之好處，殊爲不少。

　　近台北花木蘭文化出版社總編輯杜潔祥先生擬將拙著予以全新整治，收入《古典文獻研究輯刊》二編中。余固樂觀其成，並欲就此機會對全書內容作適當之增訂，而文字句讀間之訛誤亦愼加校理。此事之進行實費心力，惟事後所得之成效應甚豐碩。他日新書印成，倘能二書對讀，當會發現後者多補前者之遺闕，而校讎句讀之矜愼，後書亦超邁前書。此應屬可預期之結果。

　　又余年來仍不竭於對振孫及其《解題》作研究，先後寫成〈陳振孫生卒年新考〉、〈讀陳振孫《直齋書錄解題》札記〉、〈讀陳振孫《直齋書錄解題》續札〉、〈讀陳振孫《直齋書錄解題・詩類》札記〉、〈讀陳振孫《直齋書錄解題・春秋類》札記〉、〈讀陳振孫《直齋書錄解題・語孟類》札記〉、〈劉貢父「不徹薑食」、「三牛三鹿」二語考〉、〈談「虬戶銑谿體」〉、〈宋匪躬四考〉、〈呂昭問小考〉等論文，分別發表於《新亞學報》、《新亞論叢》、《經學論叢》、《大陸雜志》、《文獻》、《新國學》、《二〇〇二年漢學研究國際學術研討會論文集》中。事後又將文章收入拙著《碩堂文存四編》、《五編》內。惜時間倉卒，是次再版，未能將各文研究成果整理，收入書中。讀者如有興趣，兼采上述諸文而研閱之，定可得治學互補有無之效益，且可獲讀書相得益彰之樂趣。

　　承蒙杜潔祥先生雅意，拙著得以愼加整理，再版面世，欣幸何似！謹於〈後記〉文末，敬致謝忱。

何廣棪撰於華梵大學東方人文思想研究所
二〇〇六年三月九日

參考書目

一、經　類

1. 《十三經注疏》，（清光緒十三年點石齋遵阮元重校石印本）。
2. （清）朱彝尊撰，《經義考》（《四部備要》本）。
3. （清）阮元編纂，《皇清經解》（清光緒九年刊本）。
4. （唐）陸德明撰，《經典釋文》（台北商務印書館，1986 年景印文淵閣《四庫全書》本）。（以下簡稱「台北商務景印文淵閣本」）。
5. （清）顧炎武撰，《音學五書》（台北商務景印文淵閣本）。
6. （清）江永撰，《古韻標準》（渭南嚴氏重刊本，1926 年）。
7. 馬宗霍撰，《中國經學史》（廣文書局，1990 年 7 月再版）。
8. 楊樹達撰，《積微居小學金石論叢（增訂本）》（北京中華書局，1983 年 7 月新一版）。
9. 高明撰，《大戴禮記今註今譯》（台北商務印書館，1993 年 6 月修訂版）。

二、史　類

1. （漢）司馬遷撰，（南朝宋）裴駰集解，（唐）司馬貞索隱，（唐）張守節正義《史記》（北京中華書局，1962 年據金陵書局本分段標點排印）。
2. （清）梁玉繩撰，《史記志疑》（清光緒十三年湖北廣雅書局刊本）。
3. （漢）班固撰，（唐）顏師古注，（清）齊召南等考證，《漢書》（台北商務景印文淵閣本）。
4. （南朝宋）范曄撰，（唐）李賢等注《後漢書》（北京中華書局，1973 年據宋紹興本、汲古閣及武英殿本校訂標點排印）。
5. （晉）陳壽撰，（南朝宋）裴松之注，陳乃乾校點《三國志》（北京中華書局，1959 年 12 月第一版）。
6. 盧弼集解《三國志集解》（北京古籍出版社，1957 年據商務印書館排校舊紙型新

印）。

7. （唐）房玄齡撰，《晉書》（北京中華書局，1974 年據金陵書局本校訂排印）。

8. （北齊）魏收撰，《魏書》（北京中華書局，1974 年據武英殿本校訂標點排印）。

9. （唐）姚思廉撰，《陳書》（北京中華書局，1972 年據百衲本校訂標點排印）。

10. （唐）魏徵等撰，（清）張映斗等考證，《隋書》（台北商務景印文淵閣本）。

11. （後晉）劉昫等撰，（清）沈德潛等考證，《舊唐書》（台北商務景印文淵閣本）。

12. （宋）歐陽修、宋祁撰，《新唐書》（北京中華書局，1975 年據百衲本校訂標點排印）。

13. （元）脫脫撰，《宋史》（北京中華書局，1977 年據百衲本校訂排印）。

14. （明）柯維騏撰，《宋史新編》（香港：龍門書店，1972 年據 1936 年上海大光書局本影印）。

15. （清）陸心源撰，《宋史翼》（台北：文海出版社，1967 年據清光緒刊本影印）。

16. （宋）李燾撰，（清）黃以周等輯補，《續資治通鑑長編》（上海古籍出版社，1986 年據清光緒七年浙江書局本影印）。

17. （宋）李心傳撰，《建炎以來繫年要錄》（台北商務景印文淵閣本）。

18. （宋）鄭樵撰，《通志》（台北商務景印文淵閣本）。

19. （元）馬端臨撰，《文獻通考》（台北商務景印文淵閣本）。

20. （清）徐松輯《宋會要輯稿》（北平：國立北平圖書館，1936 年據清嘉慶十四年刊大興徐氏原稿本影印）。

21. （宋）陳騤撰，《南宋館閣錄》（台北商務景印文淵閣本）。

22. 不著撰人，《南宋館閣錄續錄》（台北商務景印文淵閣本）。

23. （明）朱希召撰，《宋歷科狀元錄》（台北：文海出版社，1982 年據明刊本影印）。

24. （清）吳廷燮撰，張忱石點校《南宋制撫年表》（北京中華書局，1984 年據《二十五史補編》校訂標點）。

25. （宋）王偁撰，《東都事略》（掃葉山房校刊本）。

26. （清）王鳴盛撰，《十七史商榷》（《廣雅叢書》本）。

27. （宋）朱熹撰，《伊洛淵源錄》（《叢書集成》初編本）。

28. （清）李清馥撰，《閩中理學淵源考》（台北商務景印文淵閣本）。

29. （清）黃宗羲輯，全祖望修定，《宋元學案》（清光緒五年上海文瑞樓石印本）。

30. （清）王梓材、馮雲豪撰，張壽鏞校補《宋元學案補遺》（台北：世界書局，1962 年影印本）。

31. 昌彼得等撰，《宋人傳記資料索引》（台北：鼎文書局，1974 年 4 月初板）。

32. （清）莊仲方撰，《南宋文範作者考》（清光緒戊子年刊本）。

33. 臧勵龢主編，許師慎增補《中國人名大辭典》（台北商務印書館，1977 年本）。

34. 臧勵龢等編《中國古今地名大辭典》（香港商務印書館，1933 年 5 月再版）。

三、子　類

1. （漢）葛洪撰，《西京雜記》（台北商務景印文淵閣本）。
2. （北齊）顏之推撰，《顏氏家訓》（台北商務景印文淵閣本）。
3. （唐）韋絢撰，《劉賓客嘉話錄》（台北商務景印文淵閣本）。
4. （宋）馬永卿撰，《元城語錄》（台北商務景印文淵閣本）。
5. （宋）陳師道撰，《後山談叢》（台北商務景印文淵閣本）。
6. （宋）葉夢得撰，《石林燕語》（《叢書集成》初編本）。
7. （宋）汪應辰撰，《石林燕語辨》（《叢書集成》初編本）。
8. （清）紀容舒撰，《石林燕語考異》（中華圖書館，據清光緒三十三年九思齋藏版石印本重印）。
9. （宋）黎靖德撰，《朱子語類》（內府藏本）。
10. （宋）蘇籀撰，《欒城遺言》（台北商務景印文淵閣本）。
11. （宋）葉適撰，《習學記言》（台北商務景印文淵閣本）。
12. （宋）陸游撰，《老學庵筆記》（台北商務景印文淵閣本）。
13. （宋）曾敏行撰，《獨醒雜志》（台北商務景印文淵閣本）。
14. （宋）黃伯思撰，《東觀餘論》（台北商務景印文淵閣本）。
15. （宋）王應麟撰，《困學紀聞》（台北商務景印文淵閣本）。
16. （宋）周密撰，《齊東野語》（台北商務景印文淵閣本）。
17. （宋）周密撰，《癸辛雜識》（台北商務景印文淵閣本）。
18. （宋）周密撰，《志雅堂雜鈔》（《學海類編》本）。
19. （明）都穆撰，《聽雨紀談》（日本昭和六年印本）。
20. （明）鄭瑗撰，《井觀瑣言》（台北商務景印文淵閣本）。
21. （明）焦竑撰，《焦氏筆乘》（日本慶安二年刊本）。
22. （明）胡應麟撰，《少室山房叢談》（台北商務景印文淵閣本）。
23. （明）陶宗儀編《說郛》（明鈔本）。
24. （清）周炳泰撰，《午風堂叢談》（嘉慶二年刊本，現藏北京師範大學圖書館，余有過錄本）。
25. （清）葉名澧撰，《橋西雜記》（《湝喜齋叢書》本）。
26. （清）錢泰吉撰，《曝書雜記》（清同治十一年刊本）。
27. （清）顧炎武撰，《日知錄》（《皇清經解》本）。
28. （清）顧炎武撰，黃汝成集釋，欒保群、呂宗力校點《日知錄集釋》（花山文藝出版社，1990 年 8 月第一版）。

29. （清）錢大昕撰，《十駕齋養新錄》（《皇清經解》本）。

30. （清）盧文弨撰，《群書拾補》（《抱經堂叢書》本）。

31. 趙吉士輯，《盧抱經手校本拾遺》（台北：中華叢書編審會，1958年）。

32. （清）周中孚撰，《鄭堂讀書記》（台北：世界書局，1960年11月據吳興劉氏嘉業堂刊本影印）。

33. （清）李慈銘撰，由雲龍輯，《越縵堂讀書記》（北京中華書局，1963年據商務印書館舊紙型重印）。

34. （清）陳鱣撰，《簡莊綴文》（杭州抱經堂書局補刊本，1926年）。

35. （清）章學誠撰，《校讎通義》（文物出版社，1985年8月第一版）。

34. （清）張之洞撰，《輶軒語》（清光緒三年刊本）。

37. （清）孫詒讓撰，《札迻》（清光緒二十年籀廎自刊本）。

38. （清）葉德輝撰，《郋園讀書志》（1928年排印本）。

39. （明）胡應麟著，顧頡剛校點，《四部正譌》（香港：太平書局，1963年11月排印本。

40. （清）姚際恆著，顧頡剛校點，《古今偽書考》（香港：太平書局，1962年排印本）。

41. 黃雲眉撰，《古今偽書考補證》（齊魯書社，1980年新一版）。

42. 張心澂撰，《偽書通考》（上海商務印書館，1939年2月初版，又1957年11月修訂本）。

43. 鄭良樹撰，《續偽書通考》（台灣學生書局，1984年6月初版）。

四、集　類

1. （唐）韓愈撰，《韓文公集》（北平文祿堂影印本，1934年）。

2. （宋）歐陽修撰，《文忠集》（台北商務景印文淵閣本）。

3. （宋）蘇軾撰，《東坡文集》（台北商務景印文淵閣本）。

4. （宋）宋庠撰，《元憲集》（台北商務景印文淵閣本）。

5. （宋）王安石撰，《臨川集》（台北商務景印文淵閣本）。

6. （宋）蘇轍撰，《欒城集》（台北商務景印文淵閣本）。

7. （宋）周行己撰，《浮沚集》（台北商務景印文淵閣本）。

8. （宋）陳傅良撰，《止齋文集》（台北商務景印文淵閣本）。

9. （宋）周必大撰，《文忠集》（台北商務景印文淵閣本）。

10. （宋）周必大撰，《平園續稿》（《周文忠公全集》）。

11. （宋）王柏撰，《魯齋集》（台北商務景印文淵閣本）。

12. （宋）胡宿撰，《文恭集》（台北商務景印文淵閣本）。

13. （宋）劉宰撰，《漫塘集》（台北商務景印文淵閣本）。

14. （宋）樓鑰撰，《攻媿集》（台北商務景印文淵閣本）。

15. （宋）真德秀撰，《真文忠公文集》（上海涵芬樓影印本，1932 年）。

16. （宋）朱熹撰，《朱子全書》（台北商務景印文淵閣本）。

17. （宋）游酢撰，《游廌山集》（台北商務景印文淵閣本）。

18. （宋）晁公遡撰，《嵩山集》（台北商務景印文淵閣本）。

19. （宋）晁說之撰，《景迂生集》（台北商務景印文淵閣本）。

20. （宋）汪藻撰，《浮溪集》（台北商務景印文淵閣本）。

21. （宋）林之奇撰，《拙齋文集》（台北商務景印文淵閣本）。

22. （宋）李光撰，《莊簡集》（台北商務景印文淵閣本）。

23. （宋）鄒浩撰，《道鄉集》（台北商務景印文淵閣本）。

24. （宋）羅願撰，《羅鄂州小集》（台北商務景印文淵閣本）。

25. （宋）樓昉編，《崇古文訣》（台北商務景印文淵閣本）。

26. （宋）林表民編，《赤城集》（台北商務景印文淵閣本）。

27. （宋）洪咨夔撰，《平齋文集》（台北商務景印文淵閣本）。

28. （宋）徐元杰撰，《楳埜集》（台北商務景印文淵閣本）。

29. （宋）劉克莊撰，《後村先生大全集》（《四部叢刊》本）。

30. （宋）夏竦撰，《文莊集》（台北商務景印文淵閣本）。

31. （宋）虞儔撰，《尊白堂集》（台北商務景印文淵閣本）。

32. （宋）葉適撰，《水心集》（台北商務景印文淵閣本）。

33. （宋）許應龍撰，《東澗集》（台北商務景印文淵閣本）。

34. （宋）袁甫撰，《蒙齋集》（台北商務景印文淵閣本）。

35. （宋）吳泳撰，《鶴林集》（台北商務景印文淵閣本）。

36. （宋）曹彥約撰，《昌谷集》（台北商務景印文淵閣本）。

37. （宋）王珪撰，《華陽集》（台北商務景印文淵閣本）。

38. （宋）周麟之撰，《海陵集》（台北商務景印文淵閣本）。

39. （宋）衛涇撰，《後樂集》（台北商務景印文淵閣本）。

40. （宋）袁燮撰，《絜齋集》（台北商務景印文淵閣本）。

41. （宋）林希逸撰，《竹溪鬳齋十一稿續集》（台北商務景印文淵閣本）。

42. （宋）馬廷鸞撰，《碧梧玩芳集》（台北商務景印文淵閣本）。

43. （元）牟巘撰，《陵陽集》（台北商務景印文淵閣本）。

44. （元）袁桷撰，《清容居士集》（台北商務景印文淵閣本）。

45. （明）錢穀編，《吳都文粹續集》（台北商務景印文淵閣本）。

46. （清）朱彝尊撰，《曝書亭集》（清康熙五十二年秀水朱氏家刊本）。

47. （清）納蘭成德撰，《通志堂集》（上海古籍出版社，1979 年據上海圖書館藏康熙刻本影印）。

48. （清）杭世駿撰，《道古堂文集》（清乾隆五十五年刻本）。

49. （清）沈叔埏撰，《頤綵堂文集》（清光緒九年刻本）。

50. （清）盧文弨撰，王文錦點校，《抱經堂文集》（北京中華書局，1990 年 6 月第一版）。

51. （清）張宗泰撰，《魯巖所學集》（台北：大華印書館，1968 年據 1931 年模憲堂重刊本影印）。

52. （清）錢泰吉撰，《甘泉鄉人稿》（清同治十一年刊本）。

53. （清）陳鱣撰，《簡莊綴文》（杭州抱經堂書局補刻本）。

54. （清）王先謙撰，《虛受堂書札》（台北：文海出版社，1971 年據清光緒丁未刊本影印）。

55. （清）姚鼐撰，《惜抱軒全集》（清嘉慶間刊本）。

56. （清）劉毓崧撰，《通義堂文集》（清光緒十四年清谿舊屋刊本）。

57. （清）阮元撰，《揅經室集》（清道光三年刊本）。

58. 楊樹達撰，《積微居文錄》（上海商務印書館，1934 年排印本）。

59. （宋）胡仔撰，（清）楊佶校刊，《苕溪漁隱叢話》（清乾隆五年刊本）。

60. （元）韋居安撰，《梅磵詩話》（《讀書齋叢書》本）。

61. （元）吳師道撰，（清）丁福保訂，《吳禮部詩話》（《歷代詩話》續編本）。

62. （清）厲鶚編，《宋詩紀事》（上海古籍出版社，1983 年 6 月第一版）。

63. （清）陸心源編，《宋詩紀事補遺》（台北中華書局，1971 年據中央研究院歷史語言研究所藏本影印）。

五、叢書類

1. （明）焦竑輯，《兩蘇經解》（明萬曆二十五年畢口刻本）。

2. （清）阮元輯，《宛委別藏》（上海商務印書館，1935 年影印）。

3. （清）鮑廷博輯，鮑志祖續輯，《知不足齋叢書》（清乾隆、道光間長塘鮑氏刊本）。

4. （清）盧文弨輯，《抱經堂叢書》（北京直隸書局，1923 年影印清抱經堂本）。

5. （清）潘祖蔭輯，《滂喜齋叢書》（清同治、光緒間吳縣潘氏刻本）。

6. （清）曹溶輯，《學海類編》（台北：文海出版社，1964 年影印）。

7. （清）顧修輯，《讀畫齋叢書》（清嘉慶四年刊本）。

8. （清）張海鵬輯，《學津討源》（清嘉慶十一年刊本）。

9. （清）徐紹榮輯，《廣雅叢書》（清光緒十九年刊本）。

10. （清）盧見曾輯，《雅雨堂叢書》（清乾隆二十一年德州盧氏雅雨堂校刊本）。

11. （清）伍崇曜編，《粵雅堂叢書》（清道光、光緒間南海伍氏刊本）。

12. （清）繆荃孫輯，《雲自在龕叢書》（清光緒十七年雲自在龕刊本）。

13. 《四部叢刊》（上海商務印書館，1922 年影印本）。

14. 《四部備要》（上海中華書局，1934 年聚珍倣宋版重印本）。

15. 《叢書集成》（上海商務印書館，1935 至 1937 年排印本）。

16. 《四庫全書珍本別輯》（台北商務印書館，1934 至 1935 年據故宮博物院所藏文淵閣本影印）。

17. 張元濟等輯，《續古逸叢書》（上海商務印書館，1922 年至 1936 影印本）。

18. （日本）林衡輯，《佚存叢書》（清光緒八年滬上黃氏木活字排印本）。

六、類書類

1. （唐）林寶編，《元和姓纂》（台北商務景印文淵閣本）。

2. （宋）王應麟編，《玉海》（台北商務景印文淵閣本）。

3. 《永樂大典》（台北：世界書局，1962 年 2 月影印）。

4. （清）蔣廷錫等編，《古今圖書集成》（台北：文星書店，1964 年影印）。

5. 《四庫全書（文淵閣本）》（台北商務印書館，1986 年影印）。

七、方志類

1. （宋）陳耆卿撰，《赤城志》（台北商務景印文淵閣本）。

2. （宋）方仁榮、鄭缶合撰，《嚴州府志》（台北商務景印文淵閣本）。

3. （宋）周綜撰，《乾道臨安志》（台北商務景印文淵閣本）。

4. （宋）羅濬撰，《寶慶四明志》（台北商務景印文淵閣本）。

5. （宋）施宿撰，《會稽志》（台北商務景印文淵閣本）。

6. （宋）梁克家撰，《淳熙三山志》（台北商務景印文淵閣本）。

7. （宋）張淏撰，《會稽續志》（台北商務景印文淵閣本）。

8. （元）袁桷撰，《延祐四明志》（台北：大化書局，1980 年影印）。

9. （元）潛說友撰，《咸淳臨安志》（台北商務景印文淵閣本）。

10. （明）董斯張撰，《吳興備志》（台北商務景印文淵閣本）。

11. （明）王鏊撰，《姑蘇志》（台北商務景印文淵閣本）。

12. （明）謝彬撰，《漳州府志》（台北學生書局，1965 年影印）。

13. （清）李榕撰，《杭州府志》（清光緒二十四年刊本）。

14. （清）楊廷望等纂修，《衢州府志》（清光緒八年衢州府署劉國光重刊本）。

15. （清）宋如林等修，石韞玉纂，《蘇州府志》（清道光四年刊本）。

16. （清）阮元修，陳昌齊等纂，《廣東通志》（清道光二年刊本）。

17. （清）曹秉仁撰，《寧波府志》（台北：中華叢書委員會，1957年據清道光二十六年沈氏重刊本影印）。

18. （清）陳壽祺撰，《福建通志》（台北：華文書局，1968年據清同治十年重刊本影印）。

19. （清）宗源瀚等修，周學濬等纂，《湖州府志》（台北：成文出版社，1970年據清同治十三年刊本影印）。

20. （清）廖必琦等修，宋若霖等纂，潘文鳳補刊，《莆田縣志》（台北：成文出版社，1968年據清光緒五年補刊本、1926年重印本影印）。

21. （清）傅觀光主纂，丁維誠纂輯，《溧水縣志》（台北：成文出版社，1970年據清光緒九年刊本影印）。

22. （清）趙之謙撰，《江西通志》（台北京華書局，1967年據清光緒十年刊本影印）。

23. （清）嵇曾筠總裁，沈翼機等總修，《浙江通志》（上海商務印書館，1934年據清光緒二十五年浙江書局重刊本影印）。

24. （清）喻長霖總纂，柯華威等協纂，《台州府志》（台北：成文出版社，1970年據1936年鉛印本影印）。

25. （清）張薈修，沈麟趾纂，《金華府志》（清康熙二十三年刊本）。

26. （明）晁瑮纂，《嘉靖新修清豐縣志》（明嘉靖間刻本）。

八、目錄類

1. （宋）晁公武撰，《宋槧袁本昭德先生郡齋讀書志》（上海商務印書館，1933年4月初版《續古逸叢書》之三十五）。

2. （宋）晁公武撰，《郡齋讀書志》（江蘇：廣陵古籍刻印社，1987年3月據清光緒十年王先謙校刊本影印）。

3. 孫猛撰，《郡齋讀書志校證》（上海古籍出版社，1990年10月第一版）。

4. （漢）班固撰，（唐）顏師古注《漢書·藝文志》（香港：太平書局，1976年7月重印）。

5. （宋）王應麟撰，《漢藝文志考證》（清光緒九年浙江書局校刊本）。

6. （清）姚振宗撰，《漢書藝文志條理》（北京中華書局《二十五史補編》，1986年6月用開明書店原版重印）。

7. 張舜徽撰，《漢書藝文志通釋》（湖北教育出版社，1990年3月第一版）。

8. （清）姚振宗撰，《隋書經籍志考證》（北京中華書局《二十五史補編》第四冊，1986年6月用開明書店原版重印）。

9. （宋）董史撰，《皇宋書錄》（《知不足齋叢書》本）。

10. 《宋史藝文志·補·附編》（上海商務印書館，1957年12月初版）。

11. （清）黃虞稷、倪燦撰，《宋史藝文志補》（《叢書集成》初編本）。

12. 《宋代書錄》（Bibliographie des Sung）Par Yves Hervouet（台北：南天書局有限公司，1980 年 1 月影印）。

13. 喬衍琯著《宋代書目考》（台北：文史哲出版社，1987 年 4 月初版）。

14. （明）楊士奇等編，《文淵閣書目》（台北：廣文書局《書目三編》本）。

15. （明）葉盛編，《菉竹堂書目》（台北：藝文印書館《百部叢書集成》本）。

16. （清）鄭元慶撰，《吳興藏書錄》（《晉石厂叢書》本）。

17. （清）鄭元慶輯，《湖錄經籍考》（北京文物出版社，1986 年 12 月據吳興劉氏嘉業堂刊本木板刷印）。

18. （清）永瑢等撰，《四庫全書總目》（北京中華書局，1965 年 6 月第一版）。

19. （清）邵懿辰撰，邵章續錄，《增訂四庫簡明目錄標注》（北京中華書局，1969 年 12 月第一版）。

20. 吳慰祖校訂，《四庫採進書目》（北京中華書局，1960 年）。

21. 余嘉錫撰，《四庫提要辨證》（香港中華書局，1974 年）。

22. 《景印文淵閣四庫全書總目》（台北商務印書館，1986 年第一版）。

23. 《景印文淵閣四庫全書書名及著者姓名索引》（台北商務印書館，1986 年第一版）。

24. 胡玉縉等撰，《續修四庫全書提要》（台北商務印書館，1972 年 3 月初版）。

25. （宋）王堯臣等編次，（清）嘉定錢東垣輯釋，《崇文總目》（台北商務印書館，1978 年 7 月台一版）。

26. （宋）紹興中官撰，（清）徐松輯，《四庫闕書目》（上海商務印書館《宋史藝文志·附編》，1957 年 12 月初版）。

27. （宋）紹興中改定，（清）葉德輝考證，《祕書省續編到四庫闕書目》（上海商務印書館《宋史藝文志·附編》，1957 年 12 月初版）。

28. （宋）陳騤等撰，趙士煒輯考，《中興館閣書目》（上海商務印書館《宋史藝文志·附編》，1957 年 12 月初版）。

29. （宋）張攀等撰，趙士煒輯考，《中興館閣續書目》（上海商務印書館《宋史藝文志·附編》，1957 年 12 月初版）。

30. 宋時官修，趙士煒輯考，《宋國史藝文志》（上海商務印書館《宋史藝文志·附編》，1957 年 12 月初版）。

31. （宋）尤袤撰，《遂初堂書目》（台北商務景印文淵閣本）。

32. （明）焦竑撰，《國史經籍志》（日本曼山館，據徐象澐梅隱書屋活字印本重刊本）。

33. （清）錢曾撰，丁瑜點校，《讀書敏求記》（北京：書目文獻出版社，1984 年據清乾隆十年沈尚傑雙桂堂刻本點校《文史哲研究資料叢書》本）。

34. （清）黃虞稷撰，瞿鳳起、潘景鄭整理，《千頃堂書目》（上海古籍出版社，1990 年 5 月第一版）。

35. （清）于敏中等奉敕編，《欽定天祿琳琅書目》（清乾隆間內府寫本）。

36. （清）阮元撰，李慈銘校訂，《文選樓藏書記》（台北：廣文書局，1969 年據國立中央圖書館藏會稽李氏越縵堂烏絲欄抄本影印）。

37. （清）吳丙湘撰，《傳是樓宋元板書目》（台北：文史哲出版社，1976 年據屭守山莊刊《傳硯齋叢書》本影印）。

38. （清）張金吾撰，《愛日精廬藏書志》（清道光丙戌活字刊本）。

39. （清）吳壽暘編，《拜經樓藏書題跋記》（《拜經樓叢書》本）。

40. （清）瞿鏞撰，《鐵琴銅劍樓書目》（清光緒丁酉年誦芬堂刊本）。

41. 瞿士良輯，《鐵琴銅劍樓藏書題跋集錄》（上海古籍出版社，1985 年 4 月第一版）。

42. （清）黃丕烈撰，繆荃孫等輯，《蕘圃藏書題識》（台北：廣文書局《書目叢編》本）。

43. （清）陳徵芝撰，《帶經堂書目》（《風雨樓叢書》本）。

44. （清）莫友芝撰，《宋元舊本書經眼錄》（清同治十二年刊本）。

45. （清）莫友芝撰，《邵亭知見傳本書目》（掃葉山房石印本，1923 年）。

46. （清）陸心源撰，《皕宋樓藏書志》（清光緒八年歸安陸氏十萬卷樓本）。

47. （清）陸心源撰，《儀顧堂題跋》（清刊本）。

48. （清）丁丙撰，《善本書室藏書志》（清光緒辛丑錢塘丁氏刊本）。

49. （清）丁申撰，《武林藏書錄》（清光緒二十九年嘉惠堂刊本）。

50. （清）葉昌熾等撰，《藏書紀事詩等五種》（清光緒二十三年丁酉十一月長沙學使署刊本）。

51. （清）葉昌熾著，王欣夫補正，《藏書紀事詩附補正》（上海古籍出版社，1989 年 9 月第一版）。

52. （明）朱睦㮮撰，《萬卷堂書目》（清光緒二十九年《觀古堂書目叢刊》本）。

53. （清）耿文光撰，《萬卷精華樓藏書志》（黑龍江人民出版社，1992 年 5 月第一版）。

54. （清）孫詒讓撰，《溫州經籍志》（浙江公立圖書館，1921 年據光緒仁和譚氏家刻本校刊重印本）。

55. 繆荃孫撰，《藝風堂藏書記》（自刊本庚子九月刻、辛丑九月訖工）。

56. 葉德輝撰，《書林清話》（北京中華書局，1957 年 1 月第一版）。

57. 傅增湘撰，《藏園群書題記》（上海古籍出版社，1989 年 6 月第一版）。

58. 傅增湘撰，《藏園群書經眼錄》（北京中華書局，1983 年 9 月第一版）。

59. （清）莫友芝撰，傅增湘訂補，傅熹年整理，《藏園訂補邵亭知見傳本書目》（北京中華書局，1993 年 6 月第一版）。

60. （清）李盛鐸著，張玉範整理，《木樨軒藏書題記及書錄》（北京大學出版社，1985 年 12 月第一版）。

61. 袁榮法撰，《剛伐邑齋藏書志》，（台北：國立中央圖書館，1988 年 5 月）。

62. 宋慈抱撰，項士元審訂，《兩浙著述考》（浙江人民出版社，1985 年）。

63. （清）瞿鏞輯，《宋金元本書影》（影印本，1922 年）。

64. 國立故宮博物院編纂，《國立故宮博物院宋本圖錄》（1977 年 6 月）。

65. 曾影倩編纂，《中國歷史研究工具書敘錄》（1968 年油印謄抄本）。

66. 顧廷龍編，《杭州葉氏卷盦藏書目錄》（上海合眾圖書館，1953 年）。

67. 范希曾編，瞿鳳起校點，《書目答問補正》（上海古籍出版社，1983 年 4 月第一版）。

68. 許逸民、常振國編，《中國歷代書目叢刊（第一輯）》（現代出版社，1987 年 11 月第一版）。

69. 汪國垣撰，《目錄學研究》（上海商務印書館，1955 年據 1934 年 8 月初版重印）。

70. 李萬健、賴茂生編，《目錄學論文選》（書目文獻出版社，1985 年 8 月北京第一版）。

71. 王重民撰，《中國目錄學史論叢》（北京中華書局，1984 年 12 月第一版）。

72. 許世瑛撰，《中國目錄學史》（台北：中華文化出版事業委員會，1954 年 10 月再版）。

73. 李曰剛撰，《中國目錄學》（台北：明文書局，1983 年 8 月初版）。

74. 來新夏撰，《古典目錄學》（北京中華書局，1991 年 3 月第一版）。

75. 北京圖書館普通古籍組編，《北京圖書館普通古籍總目（目錄門）》（北京：書目文獻出版社，1990 年 8 月北京第一版）。

76. 《台灣公藏普通線裝書目書名索引》（台北：國立中央圖書館，1982 年 1 月初版）。

77. 《台灣公藏普通線裝書目人名索引》（台北：國立中央圖書館，1982 年 8 月初版）。

78. 梁子涵編，《中國歷代書目總錄》（台北：中華文化出版事業委員會《現代國民基本知識叢書》第一輯）。

79. 王繼祥等編，《東北師範大學圖書館藏古籍善本書目解題》，（東北師範大學圖書館，1984 年 3 月長春排印本）。

80. 《國立故宮博物院善本舊籍總目》（台灣國立故宮博物院，1983 年 4 月初版）。

81. 《北京圖書館古籍善本書目》（北京圖書館編，書目文獻出版社）。

82. 《國立北平圖書館善本書目》（台北：國立中央圖書館，1969 年 12 月初版）。

83. 《中央研究院歷史語言研究所善本書目》（台北：中央研究院歷史語言研究所，1968 年 6 月初版）。

84. 《國立中央圖書館善本書目》（台北：國立中央圖書館，1986 年 12 月增訂二版）。

85. 《北京師範大學圖書館中文古籍書目》（北京師範大學圖書館，1983 年 9 月 1 日第一版）。

86. 《北京人文科學研究所藏書目錄》（台北進學書局，1970 年 8 月據北京人文科學

研究所 1938 年 5 月編印本影印）。

87. 《國立台灣大學普通本線裝書目》（台北：國立台灣大學圖書館，1971 年 12 月）。

88. 《國立故宮博物院普通舊籍目錄》（台北：國立故宮博物院，1970 年 5 月初版）。

89. 《江蘇省立國學圖書館現存書目目錄》（江蘇省立國學圖書館，台北：廣文書局，1970 年 6 月初版，收入《書目四編》）。

90. 鄧又同編，《香港學海書樓藏書目錄》（1988 年 4 月）。

91. （日本）長澤規矩也編，梅憲華、郭寶林譯，《中國版本目錄學書籍解題》（北京：書目文獻出版社，1990 年 6 月第一版）。

92. 《鈴木文庫目錄續編》（京都大學文學部圖書室，昭和四十三年五月）。

93. 李榮基編，《奎章閣圖書中國本綜合目錄》（1982 年 11 月 15 日）。

94. 《東京大學東洋文化研究所漢籍分類目錄》（東京大學東洋文化研究所，昭和四十八年二月十五日）。

95. 《普林斯頓大學葛思德東方圖書館中文舊籍書目》（葛思德東方圖書館，1990 年 9 月初版）。

96. 《尊經閣文庫漢籍分類目錄》（尊經閣文庫，昭和九年三月二十五日）。

97. 《誠庵文庫典籍目錄》（誠庵古書博物館，1975 年 9 月）。

98. 《靜嘉堂文庫漢籍分類目錄》（靜嘉堂文庫，昭和五年十二月二十日）。

99. 《內閣文庫漢籍分類目錄》（內閣文庫，昭和三十一年三月）。

100. 《東洋文庫所藏漢籍分類目錄（史部）》（東洋文庫，昭和六十一年十二月二十五日）。

101. 大野盛雄編，《愛媛大學附屬圖書館漢籍目錄》（昭和五十九年三月三十日）。

102. 《京都大學文學部漢籍分類目錄（第一）》（京都大學文學部，昭和三十四年三月三十一日）。

103. 《京都大學人文科學研究所漢籍目錄（上冊）》（京都大學人文科學研究所，昭和五十四年三月三十一日）。

104. 《京都大學人文科學研究所漢籍目錄（下冊）》（京都大學人文科學研究所，昭和五十五年三月三十一日）。

105. 《天理圖書館圖書分類目錄》（天理圖書館，昭和四十九年十月十八日）。

106. 《大阪府立圖書館藏漢籍目錄》（大阪府立圖書館，昭和四十一年三月三十日）。

107. 《神田鬯盦博士寄贈圖書目錄》（大谷大學圖書館，昭和六十三年九月三十日）。

108. 容媛輯，容庚校，《金石書錄目》（台北：中央研究院歷史語言研究所，1992 年 9 月景印一版）。

109. 容庚撰，《宋代吉金書籍述評》（天津人民出版社《容庚選集》，1994 年 6 月第一版）。

110. 倉修良主編，《中國史學名著評介》（山東教育出版社，1990 年 3 月第一版）。

九、《直齋書錄解題》之版本

1. 《直齋書錄解題》，二十二卷（《武英殿聚珍版叢書》本）。

2. 《直齋書錄解題》，二十二卷（《四庫全書珍本別輯》本）。

3. 《直齋書錄解題》，二十二卷（台北商務景印文淵閣本）。

4. 《直齋書錄解題》，二十二卷（上海商務印書館，1939年據《聚珍版叢書》鉛印《叢書集成》初編本）。

5. 《直齋書錄解題》，二十二卷（上海商務印書館，1939年《國學基本叢書》本）。

6. 徐小蠻、顧美華點校，《直齋書錄解題》，二十二卷（上海古籍出版社，1987年12月第一版）。

7. 《直齋書錄解題》，二十二卷（清李盛鐸木樨軒傳鈔繆荃孫藏宋蘭揮舊藏本，現藏北京大學圖書館，余有影印本）。

8. 清王懿榮手稿本，《直齋書錄解題》，一卷（現藏國立中央圖書館，余有影印本）。

十、近人研究陳振孫及有關之論著

1. （清）陳祺壽撰，〈宋目錄學家晁公武陳振孫傳〉（《國粹學報》第六十八期）。

2. 傅增湘撰，北平圖書館編，〈直齋書錄解題校記〉（《圖書季刊》新第三卷第一期、新第三卷第四期，1941年）。

3. 陳樂素撰，〈直齋書錄解題作者陳振孫〉（《大公報·文史周刊》，1946年11月20日）。

4. 陳樂素撰，〈略論陳振孫直齋書錄解題〉（《中國史研究》，1984年第二期）。

5. 謝素行撰，〈陳振孫及其直齋書錄解題〉（台灣中國文化學院中國文學研究所碩士論文，1969年5月，余有影印本）。

6. 喬衍琯撰，〈直齋書錄解題序〉（台北：廣文書局《書目續編》，1968年2月）。

7. 喬衍琯撰，〈直齋書錄解題札記〉（《國立中央圖書館館刊》新第四卷第三期，1970年9月）。

8. 喬衍琯撰，〈陳振孫對圖書分類的見解〉（《國立中央圖書館館刊》新第五卷第三、四期合訂本，1972年12月）。

9. 喬衍琯撰，〈書錄解題之板刻資料〉（《國立中央圖書館館刊》新第七卷第一、二期連載，1974年3月、9月）。

10. 喬衍琯撰，〈書錄解題的辨偽資料〉（《國立中央圖書館館刊》新第十卷第二期，1977年12月）。

11. 喬衍琯撰，〈陳振孫的學術思想〉（《國立政治大學學報》第四十期，1979年12月）。

12. 喬衍琯撰，〈書錄解題佚文——論輯佚與目錄學之關係〉（《國立中央圖書館館刊》新第十二卷第二期，1980年2月）。

13. 喬衍琯撰，〈陳振孫傳略〉（《國立政治大學學報》第四十一期，1980 年 5 月）。

14. 喬衍琯撰，〈陳振孫學記〉（台北文史哲出版社，1980 年 6 月）。

15. 丁瑜撰，〈試論直齋書錄解題在目錄學史上的影響〉（《寧夏圖書錄通訊》，1980 年第一期）。

16. 曹濟平撰，〈直齋書錄解題點校商榷〉（《古籍整理出版與情況簡報》，1988 年 10 月 20 日第一九九期）。

17. 何廣棪撰，〈陳振孫之生平及其著述研究〉（台北：文史哲出版社，1993 年 10 月）。

18. 何廣棪撰，〈陳振孫之生平及其著述研究論文提要〉（《碩堂文存三編》，1996 年 6 月 15 日）。

19. 何廣棪撰，〈近年來有關陳振孫及其著述研究之新探索〉（《文獻》1995 年第三期）。

20. 張鎜撰，〈甌海訪書小記〉（《浙江省立圖書館館刊》第三卷第四期）。

21. 梁子涵撰，〈兩宋簿錄考略〉（東海大學《圖書館學報》第九期，1968 年）。

22. 潘銘撰，〈宋代私家藏書考〉（香港中文大學崇基學院《華園》第六期）。

23. 阮廷焯撰，〈宋代家藏書目考佚〉（《國立編譯館館刊》第十二卷第二期）。

參考文獻，按文中出現先後次序排列編號

1. （清）王鳴盛撰，《十七史商榷》。

2. （清）張之洞撰，《輶軒語》。

3. （宋）周密撰，《志雅堂雜鈔》。

4. （元）袁桷撰，《清容居士集》。

5. （清）朱彝尊撰，《經義考》。

6. （宋）陳振孫撰，《直齋書錄解題》。

7. （漢）班固撰，《漢書》。

8. （南朝宋）范曄撰，《後漢書》。

9. （宋）朱熹撰，《大學章句》。

10. （民國）何廣棪撰，《陳振孫之生平及其著述研究》。

11. （民國）陳樂素撰，《直齋書錄解題作者陳振孫》（《大公報·文史周刊》，1946 年 11 月 20 日）。

12. （民國）宋慈抱撰，《兩浙著述考》。

13. （宋）周行己撰，《浮沚集》。

14. （後晉）劉昫撰，《舊唐書》。

15. （宋）歐陽修、宋祁撰，《新唐書》。

16. （民國）趙士煒輯考，《中興館閣書目輯考》。

17. （民國）趙士煒輯，《宋國史藝文志》。

18. （宋）晁公武撰，《郡齋讀書志》。

19. （宋）王堯臣等編次，（清）錢東垣輯釋，《崇文總目》。

20. （清）葉德輝考證，《祕書省續編到四庫闕書目》。

21. （唐）魏徵撰，《隋書》。

22. （清）紀昀撰，《四庫全書總目》。

23. （清）盧文弨撰，《直齋書錄解題新定目錄》見徐小蠻、顧美華點校本，《直齋書錄解題》附錄四。

24. （清）盧文弨撰，《抱經堂文集》。

25. （民國）王重民撰，《中國目錄學史論叢》。

26. （民國）來新夏撰，《古典目錄學》。

27. （宋）鄭樵撰，《通志》。

28. （宋）周密撰，《齊東野語》。

29. （清）于敏中、彭元瑞等撰，《欽定天祿琳琅書目》。

30. （清）周中孚撰，《鄭堂讀書記補逸》。

31. （民國）馬宗霍撰，《中國經學史》。

32. （晉）陳壽撰，《三國志》。

33. （民國）盧弼集解，《三國志集解》。

34. （清）納蘭成德編，《通志堂經解》。

35. （元）托克托撰，《宋史》。

36. （元）馬端臨撰，《文獻通考》。

37. （清）顧懷三撰，《補後漢書藝文志》。

38. （民國）傅增湘撰，〈景印周易正義序〉（《圖書館學季刊》第九卷第三、四期，1935 年 12 月）。

39. （民國）傅增湘撰，《藏園群書題記》。

40. （民國）繆荃孫撰，《藝風堂藏書記》。

41. （唐）孔穎達撰，《周易正義》。

42. （唐）陸德明撰，《經典釋文》。

43. （明）胡應麟撰，《四部正譌》。

44. （宋）晁說之撰，《嵩山文集》。

45. （唐）李鼎祚撰，《周易集解》。

46. （宋）陳師道撰，《後山談叢》。

47. （清）張海鵬輯，《學津討源》。

48. （民國）黃雲眉撰，《古今偽書考補證》。

49. （清）朱彝尊撰，《曝書亭集》。

50. （明）胡震亨校刊，《秘冊彙函》。

51. （清）劉毓崧撰，《通義堂集》。

52. （清）姚振宗撰，《漢書藝文志條理》。

53. （民國）張舜徽撰，《漢書藝文志通釋》。

54. （北齊）顏之推撰，《顏氏家訓》。

55. （唐）衛元嵩撰，《元包》。

56. （唐）房玄齡撰，《晉書》。

57. （宋）尤袤撰，《遂初堂書目》。

58. （明）陶宗儀編，《說郛》。

59. （宋）葛立方撰，《韻語陽秋》。

60. （清）孫星衍輯，《岱南閣叢書》。

61. （宋）王偁撰，《東都事略》。

62. （宋）王安石撰，《臨川集》。

63. （周）舊傳・姬旦撰，（晉）郭璞注，《爾雅》。

64. （民國）昌彼得等編，《宋人傳記資料索引》。

65. （清）陸心源撰，《宋史翼》。

66. （清）徐松輯，《四庫闕書目》。

67. （清）黃宗羲著，全祖望補，《宋元學案》。

68. （清）楊準修，趙鏜纂，《衢州府志》。

69. （宋）陸游撰，《老學庵筆記》。

70. （宋）蘇籀撰，《欒城遺言》。

71. （清）阮元修，陳昌齊等纂，《廣東通志》。

72. （清）阮元撰，《揅經堂外集》。

73. （日本）林衡編，《佚存叢書》。

74. （清）錢曾撰，《讀書敏求記》。

75. （民國）胡玉縉等撰，《續修四庫全書提要》。

76. （民國）臧勵龢等編，《中國古今地名大辭典》。

77. （宋）戴師愈撰，《正易心法》。

78. （宋）晁說之撰，《景迂生集》。

79. （宋）沈括撰，《夢溪筆談》。

80. （宋）汪藻撰，《浮溪集》。

81. （宋）游酢撰，《游廌山集》。

82. （宋）羅願撰，《羅鄂州小集》。

83. （宋）王應麟撰，《困學紀聞》。

84. （民國）孫猛撰，《郡齋讀書志校證》。

85. 北京圖書館編，《北京圖書館古籍善本書目》。

86. （宋）李光撰，《莊簡集》。

87. （宋）樓鑰撰，《攻媿集》。

88. （明）解縉等編，《永樂大典》。

89. （清）于敏中、紀昀等編，《四庫全書》。

90. （宋）葉適撰，《習學記言》。

91. （宋）陳騤撰，《南宋館閣錄》。

92. （宋）陳騤撰，《南宋館閣錄續錄》。

93. （宋）王應麟撰，《漢藝文志考證》。

94. （唐）劉知幾撰，《史通》。

95. （宋）黃震撰，《黃氏日抄》。

96. （明）鄭瑗撰，《井觀瑣言》。

97. （明）焦竑撰，《焦氏筆乘》。

98. （宋）蘇軾、蘇轍撰，（明）焦竑輯刊，《兩蘇經解》。

99. （清）莫友芝撰，（民國）傅增湘訂補，《藏園訂補郘亭知見傳本書目》。

100. （宋）王應麟撰，《玉海》。

101. （宋）周密撰，《癸辛雜識》。

102. （元）董鼎撰，《朱子説書綱領》。

103. （宋）黎靖德撰，《朱子語類》。

104. （宋）朱熹撰，《朱子文集》。

105. （宋）林之奇撰，《拙齋文集》。

106. （宋）真德秀撰，《真文忠公文集》。

107. （宋）袁燮撰，《絜齋集》。

108. （清）陸心源撰，《儀顧堂題跋》。

109. （清）黃虞稷、倪燦撰，盧文弨訂，《宋史藝文志補》。

110. （吳）陸璣撰，《毛詩草木鳥獸蟲魚疏》。

111. （晉）張華撰，《博物志》。

112. （漢）鄭玄撰，〈六藝論〉。

113. （民國）楊樹達撰，《積微居文錄》。

114. （民國）楊樹達撰，《積微居小學金石論叢》。

115. （宋）梁克家撰，《淳熙三山志》。
116. （清）莫友芝撰，《邵亭知見傳本書目》。
117. （宋）趙希弁撰，《讀書附志》。
118. （清）耿文光撰，《萬卷精華樓藏書志》。
119. （清）張宗泰撰，《魯巖所學集》。
120. （明）焦竑撰，《國史經籍志》。
121. （清）曾筠等修，傅玉露等纂，《浙江通志》。
122. （宋）羅大經撰，《鶴林玉露》。
123. （宋）葉適撰，《水心集》。
124. （明）何鏜撰，《括蒼彙記》。
125. （民國）高明撰，《大戴禮記今註今譯》。
126. （清）阮元重刊《十三經注疏》。
127. （宋）衛湜撰，《禮記集說》。
128. （民國）趙士煒輯考，《中興館閣續書目》。
129. （清）孫詒讓撰，《溫州經籍志》。
130. （明）盧熊輯，《蘇州府志》。
131. （民國）余嘉錫撰，《四庫提要辨證》。
132. （宋）李燾撰，《續資治通鑑長編》。
133. （民國）葉德輝撰，《書林清話》。
134. （清）阮元撰，〈十三經注疏校勘記〉。
135. （清）陳鱣撰，《經籍跋文》。
136. （民國）倉修良主編，《中國史學名著評介》。
137. （宋）程大昌撰，《演蕃露》。
138. （唐）杜佑撰，《通典》。
139. （宋）黃伯思撰，《東觀餘論》。
140. （宋）鄒浩撰，《道鄉集》。
141. （清）瞿鏞撰，《鐵琴銅劍樓藏書目錄》。
142. （宋）何遠撰，《春渚紀聞》。
143. （宋）王明清撰，《玉照新志》。
144. （宋）張擴撰，《東窗集》。
145. （宋）周必大撰，《周文忠公集》。
146. （清）張金吾撰，《愛日精廬藏書志》。
147. （明）孫能傳、張萱等編，《內閣藏書目錄》。

148. （明）都穆撰，《聽雨紀談》。

149. （宋）胡銓撰，《澹庵文集》。

150. （明）徐獻忠撰，《吳興掌故集》。

151. 國立故宮博物院編，《國立故宮博物院宋本圖錄》。

152. （宋）王楙撰，《野客叢書》。

153. （宋）蘇轍撰，《欒城集》。

154. （清）曹秉仁修，萬經纂，《寧波府志》。

155. （唐）韋絢撰，《劉賓客嘉話錄》。

156. （清）王梓材撰，《宋元學案補遺》。

157. （漢）許慎編，《說文解字》。

158. （民國）顧實撰，《重考古今偽書考》。

159. （唐）韓愈撰，《韓文公集》。

160. （漢）葛洪撰，《西京雜記》。

161. （清）嚴可均撰，《鐵橋漫稿》。

162. （唐）陸法言撰，《切韻》。

163. （清）江永撰，《古韻標準》。

164. （宋）程大昌撰，《雍錄》。

165. （民國）容庚撰，《宋代吉金書籍述評》（《學術研究》1963 年第六期、1964 年第一期）。

166. （民國）傅增湘撰，《藏園群書經眼錄》。

167. （清）周中孚撰，《鄭堂讀書記》。

《直齋書錄解題經錄考證》書名索引

說　明

（一）本索引收錄本書第五章〈直齋書錄解題經錄考證〉中列條之書名。各書名稱
　　　一律按原目著錄。

（二）各書所附續集、後集、外集、別集或年譜、拾遺等，均附於正集之後，不另
　　　列條。

（三）同一條目中所附錄之書，如《易補注》所附《王劉易辨》，《尚書》所附《尚
　　　書注》等，以屬單獨性質與有獨立名稱者，除仍依原目附於第一書名後外，
　　　另作獨立書名編入索引，並加注原目全名。

（四）異書同名者，於書名後加注著者姓名爲別。

（五）本索引採用四角號碼檢字法編排。

《直齋書錄解題經錄考證》著者索引

說　明

（一）本索引收錄本書第五章〈直齋書錄解題經錄考證〉中署稱之編、撰、述、注、
　　　譯、監修等人名。無編著者姓名而僅有鈔錄、刊刻者姓名，以鈔錄、刊刻者
　　　姓名編入索引。

（二）本索引一般僅錄編、撰、鈔、刊者之姓名（以字行者則爲姓字），如原目下僅
　　　署字號別稱，而在本書他處亦未出現姓名者，按原目下所用稱謂編列；如一
　　　人著書多種，原目或用姓名，或用字號別稱，則以其姓名爲正條，而列他稱
　　　爲參見條。凡僅於書目中出現之作者姓名，不予收入。

（三）同名異人，分別列條，在人名後注明時代或籍貫。

（四）頁碼後以圓括弧注之「編」、「撰」、「注」、「修」等字樣，俱依本書著錄，本
　　　書無著錄而爲編製索引時所注者，加六角括號以示區別。原題中託名或存疑
　　　之作者，括弧中分別以「託名」或「？」等表示；原目下撰著者闕疑而盧文
　　　弨校本已有辨明者，酌依盧校收錄，並加注說明。

（五）本索引採用四角號碼檢字法編排。